岩　波　現　代　文　庫

ロールズ 政治哲学史講義 II

ジョン・ロールズ
John Rawls

サミュエル・フリーマン〔編〕
齋藤純一・佐藤正志・山岡龍一・
谷澤正嗣・髙山裕二・小田川大典〔訳〕

学術 421

岩波書店

LECTURES ON THE HISTORY
OF POLITICAL PHILOSOPHY

by John Rawls

Edited by Samuel Freeman

First published 2007
by The Belknap Press of Harvard University Press.

First Japanese edition published 2011,
this paperback edition published 2020
by Iwanami Shoten, Publishers, Tokyo
by arrangement with Harvard University Press,
a division of the President and Fellows of Harvard College, Massachusetts
through The English Agency, (Japan) Ltd., Tokyo.

目次

補遺

I 目次

凡例

一、本書は、John Rawls, *Lectures on the History of Political Philosophy*, edited by Samuel Freeman (The Belknap Press of Harvard University Press, 2007) の全訳である。日本語版では、Ⅰ・Ⅱに分け、Ⅱ巻末に「事項・人名索引」を付した。

二、文中の［ ］は編者による注記、〔 〕は訳者による補足ないしは注記である。

三、原文におけるイタリック体の表記は、日本語訳では傍点を付した。

四、著者により引用されているテクストについて、日本語訳のあるものはその書誌データを〔 〕に記した。引用文については、日本語訳を参照したものが多いが、文脈に応じ適宜変更を加えた。

五、原著における明らかな誤記は、訳者の責任において訂正した。

六、索引は、原著の索引を基礎とし、人名と事項に分けてあらたに作成した。

七、頻出する、著者による他の著作の書誌については、そのつど表記せず左記にまとめる。

A Theory of Justice (Cambridge, Mass.: Harvard University Press, 1971, revised ed., 1999).〔川本隆史・福間聡・神島裕子訳『正義論 改訂版』紀伊國屋書店、二〇一〇年〕

Lectures on the History of Moral Philosophy, edited by Barbara Herman (Cambridge,

Mass.: Harvard University Press, 2000).〔坂部恵監訳、久保田顕二・下野正俊・山根雄一郎訳『ロールズ 哲学史講義』上・下、みすず書房、二〇〇五年〕

Justice as Fairness: A Restatement, edited by Erin Kelly (Cambridge, Mass.: Harvard University Press, 2001).〔田中成明・亀本洋・平井亮輔訳『公正としての正義 再説』岩波現代文庫、二〇二〇年〕

引用文献

Joseph Butler, *The Works of Joseph Butler*, ed. W. E. Gladstone (Bristol, England: Thoemmes Press, 1995).

Thomas Hobbes, *De Cive*, ed. Sterling P. Lamprecht (New York: Appleton-Century-Crofts, 1949).〔本田裕志訳『市民論』京都大学学術出版会、二〇〇八年〕

Thomas Hobbes, *Leviathan*, ed. C. B. MacPherson (Baltimore: Penguin Books, 1968).〔水田洋訳『リヴァイアサン』全四巻、岩波文庫、一九八二―九二年〕

David Hume, *Enquiries Concerning the Human Understanding and Concerning the Principles of Morals*, 2nd ed., ed. L. A. Selby-Bigge (Oxford: Oxford University Press, 1902).〔斎藤繁雄・一ノ瀬正樹訳『人間知性研究――付・人間本性論摘要』法政大学出版局、二〇〇四年、および渡部峻明訳『道徳原理の研究』晢書房、一九九三年〕

David Hume, *Treatise of Human Nature*, 2nd ed., ed. L. A. Selby-Bigge (Oxford: Oxford University Press, 1978).〔大槻春彦訳『人性論』全四巻、岩波文庫、一九四八―五二年、木曾好能・石川徹・中釜浩一・伊勢俊彦訳『人間本性論』全三巻、法政大学出版局、二〇一一・一二

年〕
Immanuel Kant, *Groundwork of the Metaphysics of Morals*, trans. and ed. H. J. Paton (London: Hutchinson, 1948).〔平田俊博訳『人倫の形而上学の基礎づけ』(『カント全集7』岩波書店、二〇〇〇年に所収)、宇都宮芳明訳『道徳形而上学の基礎づけ』以文社、二〇〇四年〕
John Locke, *A Letter Concerning Toleration*, ed. James H. Tully (Indianapolis: Hackett, 1983).〔加藤節・李静和訳『寛容についての手紙』岩波文庫、二〇一八年、生松敬三訳『寛容についての書簡』(『世界の名著32 ロック／ヒューム』中央公論社、一九八〇年に所収)〕
John Locke, *Two Treatises of Government*, ed. Peter Laslett (Cambridge: Cambridge University Press, 1960).〔加藤節訳『完訳 統治二論』岩波文庫、二〇一〇年〕
Karl Marx, *Capital: A Critique of Political Economy* (New York: International Publishers, 1967).〔向坂逸郎訳『資本論』全九巻、岩波文庫、一九六九—七〇年〕
John Stuart Mill, *Collected Works* (cited as *CW*) (Toronto: University of Toronto Press, 1963-1991).〔関口正司訳『自由論』岩波文庫、二〇二〇年、早坂忠訳『自由論』、伊原吉之助訳『功利主義論』(『世界の名著38 ベンサム／J・S・ミル』中央公論社、一九六七年に所収)、「功利主義」、川名雄一郎・山本圭一郎訳『J・S・ミル功利主義論集』京都大学学術出版会、二〇一〇年、大内兵衛・大内節子訳『女性の解放』岩波文庫、一九五七年、など〕
Jean-Jacques Rousseau, *The First and Second Discourses*, ed. Roger D. Masters, trans. Rog-

er D. and Judith R. Masters (New York: St. Martin's Press, 1964).〔本田喜代治・平岡昇訳『人間不平等起原論』岩波文庫、一九七二年、中山元訳『人間不平等起源論』光文社古典新訳文庫、二〇〇八年〕

Jean-Jacques Rousseau, *On the Social Contract, with Geneva Manuscript and Political Economy*, ed. Roger D. Masters, trans. Judith R. Masters (New York: St. Martin's Press, 1978).〔作田啓一訳『社会契約論』白水Uブックス、二〇一〇年、中山元訳『社会契約論／ジュネーヴ草稿』光文社古典新訳文庫、二〇〇八年〕

Henry Sidgwick, *The Methods of Ethics* (London: Macmillan, 1907).

Robert C. Tucker, ed., *The Marx-Engels Reader*, 2nd ed. (New York: W. W. Norton, 1978).

ミル

LECTURES ON MILL

講義I　効用についてのミルの考え方

第一節　序言――ジョン・ステュアート・ミル

（一八〇六―一八七三年）

1　ミルは、功利主義の哲学者、経済学者のジェイムズ・ミルの長男でした。ジェイムズは、ベンサムとともに、哲学的急進派のリーダーの一人でした。ミルは教育を全面的に父親に負い、学校や大学に通ったことは一度もありません。父はミルを弟たちの家庭教師にしました。そのため、ミルは、普通の子ども時代が奪われたという思いを終生いだきつづけることになったのです。

父の指導のもとで、ミルはまだ年少のうちに、政治と社会に関する功利主義的な理論を、人間本性に関する功利主義的な連合心理学とともに、完全に習得しました。彼はまた、リカード経済学について父が教えることのできるすべてを習得し、一六歳のときには、格別に優れた知識人として独り立ちしていました。

2 前に〔序論で〕お話ししたことを思い起こしてください。哲学の伝統における指導的な著作家の仕事を研究する際に一つの指針となるのは、彼らが直面していた問題を正確に特定し、彼らがその問題をどう見ていたか、どのような問いを問おうとしていたかを理解することです。そうすれば、彼らの答えは、必ずしも得心のいくものではないにしても、ずっと深いものに見えてくるはずです。最初は、古臭く興味をかき立てないと思われる著作家も、自分を啓発するものとなり、真剣な研究に報いてくれることがあります。

したがって、すべての政治哲学者と同様、ミルについても、彼がどのような問いを立て、その著作を通じて何を達成しようとしたのかを問わなくてはなりません。とくに、彼が選んだ仕事に注目すべきでしょう。彼は学者になることをめざしませんでしたし、カントがそうしたように、哲学、経済学、あるいは政治理論の独創的で体系的な著作を書くこと――彼の著作が事実上独創的で体系的であるとしても――をめざしたわけでもありません。ミルはまた、政治家や党派に与する人物になろうともしませんでした。

3 そのかわり、ミルは、自分自身を啓蒙的で進歩的な意見をもった教育者であると考えていました。彼の目的は、近代社会を組織するに相応しい根本的な哲学的・道徳的・

政治的な原理であると彼が考えるものを説明し、擁護することにありました。それを擁護しなければ、将来の社会は組織の時代(an organic age)、すなわち、一般に承認される政治的・社会的な第一原理によって統一される時代に必要とされる調和と安定を達成することはできないだろうと彼は考えたのです。

ミルは、組織の時代という観念(これは批判の時代と対比されます)をサン＝シモンから得ました[1]。ミルは、近代社会は、民主的で、工業化された世俗的な社会、つまり、国教のない社会、信仰告白を求めない国家になるだろうと考えていました。彼はそれを、イングランドやヨーロッパの他の地域に到来しつつあるのを自分が目の当たりにしている種類の社会であると考えていました。彼は、そのような社会に相応しい根本的な諸原理を定式化するならば、それらが、政治的・社会的生活に影響力をもつ、啓蒙的な意見の持ち主たちに理解されるようになるだろうと望んでいたのです。

4　自分の著作が学術的に見て卓越した仕事になること、それが哲学的・社会的思想にとって独創的な貢献となることは、ミルが選んだ仕事の一部ではなかったと言いました。しかし私は、実際、ミルが深遠で独創的な思想家であったと信じています。とはいえ、彼の独創性はつねに抑制されたものです。それには二つの理由があります。

第一に、その抑制は彼の選んだ仕事によって要請されたものです。政治的生活に影響力をもつ人々――財産と知性、そして人々を結びつける力(とりわけ統治において、物事を実行するために他者の協力を得る能力)をもつ人々(トクヴィルの『アメリカのデモクラシー』に対する批評で彼がそう述べる人々)[2]――に向けて語るためには、その著作があまりにも独創的で、学術的で、難解に思われてはなりません。もしそのようなものだったとしたら、読者を失ってしまうでしょう。

第二に、ミルの独創性は、父親に対する複雑な心理的関係によって抑制されていました。彼にとって、父親やベンサムの功利主義から公然と袂を分かつことは不可能だったと思います。もしそうしていたとしたら、ミルが政敵とみなした人々、彼が一貫して批判した直観主義的で保守的な教説をいだくトーリーたちを喜ばせる結果になったでしょう。[3] しかしミルは、二つのエッセイ、「ベンサム」(一八三八年)と「コールリッジ」(一八四〇年)において、ベンサムの教説に対する重大な留保を公然と表明しました。匿名で書かれた「ベンサム哲学考」(一八三三年)では、彼がベンサムに対していっそう批判的であることは驚くにあたりません。[4]

5　自分の選んだ仕事において、ミルが大きな成功を収めたことは明らかです。彼は、ヴィクトリア時代の最も影響力のある政治的・社会的な著作家の一人となりました。私たちの目的にとって、彼の仕事を理解することはその著作の欠陥を理解することにも役立ちます。ミルの著作はしばしば、まとまりのない曖昧な用語で書かれており、最も込み入った問題を論じるときでさえ自己懐疑によって妨げられることのない、ほとんど絶え間なくつづく高尚な文体と説教がましい論調が見受けられます。ミルを好まない人々は、ミルは人を説得しようとしてそれに失敗すると今度は人を説き伏せようとしたと語っています。

そういう欠陥は、(だいたい一八五〇年以降の)広く読まれている後期の論考において読者を最も困惑させるものとなっています。そのうちの三つ、『功利主義』(*Utilitarianism*)、『自由論』(*On Liberty*)、『女性の隷属』(*The Subjection of Women*)についてはこの講義でも論じます。この頃には、ミルはイングランドで傾聴される人物となっていました。彼はそのことを自覚していましたし、その地位を維持しようとしていました。しかし、ミルの生涯において最も生産的な時期は、おおまかに言って一八二七年から一八四八年にかけてです。ミルが並外れた才能をもっていたことを疑う人は、この時期の著作を読みさえすればそれがわかるはずです。この時期には、『経済学の未解決の問題についての論考』(一八二九年から一八三一年にかけて執筆され、第五論考は部分的に一八三三年に執筆されましたが、一八四四年まで公刊されませんでした)にはじまり、一八三〇年代の多くの才気あふれる論考や一八四三年の『論理学体系』がそれにつづき、一八四八年の『経済学原理』へといたります。

彼の著作には欠陥がありますが、ミルを読むときに自分が彼よりも優れているかのような態度でのぞむことは大きな誤りです。彼は偉大な人物ですし、私たちの注意と尊敬に値します。

J・S・ミルの伝記的データ

一八〇六年　五月二〇日、ロンドンに生まれる。
一八〇九―二〇年　父親による集中的な家庭教育の時期。
一八二〇―二一年　フランスのサミュエル・ベンサム卿の家で過ごした時期。
一八二二年　法学の研究。新聞への最初の寄稿。
一八二三年　東インド会社での仕事の開始。
一八二三―二九年　「功利主義協会」やグロート宅での友人との研究の時期。
一八二四年　『ウェストミンスター・レビュー』創刊。一八二八年まで寄稿する。
一八二六―二七年　精神的危機。
一八三〇年　ハリエット・テイラーに出会う。一八三〇年の革命時パリに滞在。
一八三二年　ベンサム死去。第一次選挙法改正法案。
一八三三年　「ベンサム哲学考」公刊。
一八三六年　ミルの父親死去。

一八三八年　「ベンサム」公刊。「コールリッジ」公刊(一八四〇年)。
一八四三年　『論理学体系』公刊。生涯に八版を重ねる。
一八四四年　『経済学の未解決の問題についての論考』公刊。執筆は一八二九―三一年。
一八四八年　『経済学原理』公刊。七版を重ねる。
一八五一年　ハリエット・テイラーと結婚。彼女の夫ジョン・テイラーは一八四九年に死去。
一八五六年　東インド会社の主席審査員に就任。
一八五八年　東インド会社退職。ハリエット・テイラー死去。
一八五九年　『自由論』公刊。
一八六一年　『功利主義』および『代議制統治論』公刊。
一八六五年　ウェストミンスター選出の議員に当選。一八六八年に落選。
一八六九年　『女性の隷属』公刊。
一八七三年　五月七日、アヴィニョンで死去。
一八七三年　『自伝』公刊。
一八七九年　『社会主義論』公刊。

第二節　ミルの功利主義の一つの読み方

1　私は、『功利主義』論を、ベンサムに対するミルのより早い時期の批判と結びつけて理解する読み方を提起したいと思います。最初に「ベンサム哲学考」(一八三三年)、次に一八三六年の父親の死の二年後に書かれた論考「ベンサム」(一九三八年)を読みます。この論考は、彼の論考「コールリッジ」(一八四〇年)とともに、ベンサムと父親の功利主義からの最も公然たる訣別を示しています。公然たる訣別という言い方をしたのは、講義のなかでやがて明らかになるように、ミルが展開した功利主義の形態は、彼らとはたいへん異なった教説だったからです。しかし、これは解釈の問題ですし、この解釈は広く共有されているわけではありません。

「ベンサム哲学考」(テクストを引用する際にはＲＢと略記して参照します)において、ミルはまず、ベンサムの哲学をこう定義します。「第一原理は、……次のようなものである。幸福こそ――その語によって快楽および苦痛の回避を意味する――それ自身で望ましい唯一のものであり、他のすべてのものはこの目的への手段としてのみ望ましいにすぎない。したがって、可能なかぎり最大の幸福を生みだすことが、人間のあらゆる思想と行為の、ひいてはあらゆる道徳と統治の唯一の適切な目的である。さらに快楽と苦痛は、人間の行動を事実上支配している唯一の力である」(RB第二段落)。次いでミルは、ベンサムの見解に対して、とりわけ次の異論を提起します。ミルは、第一にベンサムは、効用原理を哲学的に真剣に正当化しようとする試みをどこでも行っておらず、論敵をぞんざいにはねつけるような論調で扱っていると非難しています。ミルは、異なった哲学的・道徳的教説をいだく者はもっと公平な扱いに値すると論じます(RB第三―六段落)。

2　第二に、ベンサムは、効用原理をミルが特定帰結の原理(the principle of specific consequence)と呼ぶ狭い意味で解釈しているとミルは批判します。それはもっぱら、ある種の行為が、それが一般に実行されるなら引き起こすであろう帰結の計算からその行為を是認したり、否認したりする原理です。ミルは、この原理が多くの場合に適切であること、たとえば、法的な誘導や罰則によってある種の行動を促したり、抑止したりすることに携わる立法者の観点から見れば適切であることを認めます。ミルは、ベンサムの仕事が法学や立法の研究を進展させる長所をもっていることを認めます(RB第八―九段落)。

ミルの異議は、効用原理のこの種の解釈は、同時代の根本的な政治的・社会的な問題を扱うにはあまりにも狭すぎるということにあります。というのも、そうした問題は、人間の性格全体に関わっているからです。ミルによれば、この場合私たちは、いかにしてよい行動に対して法的な誘因を与えたり、いかにして人が犯罪に手を染めるのを抑止するかということに主要な関心をもつのではなく、社会の成員がそもそも犯罪に手を染めようとはせず、望ましい行動を行いたいという気持ちをすでにそなえた性格――目的、欲求、感情をともなう性格――をもつようにするために、基本的な社会的諸制度をいかに編成すべきかということに主要な関心をもたなくてはならないのです。このような広範囲に及ぶ問題は、特定帰結の原理にとどまることなく、それを越えて、行為が人々の性格形成にどう関係するのかを考慮に入れ、さらにそこから政治的・社会的な諸制度が人々の行動一般をどう導くのかについて考察することを私たちに求めます。立法は、もっと広い歴史的コンテクストに照らして眺められなければならず、次の理論と結びつけられなくてはなりません。それは、「組織された諸制度や一般的な政体についての理論であり……、[それらは]国民的性格を形づくり、共同体の成員を完成に向けて導き、彼らを堕落から防ぐための大いなる手段とみなされなければならない」(RB第一二段落、広く第七―一二段落を参照)。

3　第三に、ミルは次のように言います。ベンサムは、人間本性の分析者としては高く評価することはできない、彼は、私たちが将来の快楽と苦痛に関する欲求のバランスによって完全に動かされると誤って想定している、彼は、数においても種類においても原理的に数えることのできない動機(人間の欲求と嫌悪)を数え上げようとする誤った試みをしている、と。ベンサムはまた、良心や義務感といった最も重要な社会的動機のいくつかを無視しており、そのため彼の見解は心理学的に見て自己中心的な論調を帯びる結果に終わっている、と(RB第二三—三〇段落)。

さらにミルは、人間の進歩にとって最大の希望は、私たちの性格とそれを規制し、支配する欲求における変化にあることを、ベンサムはとらえそこねていると批判します。ベンサムの失敗は、政治的・社会的な諸制度を人々の社会教育の手段として、社会生活の条件をその文明の段階に適合させる手立てとして理解しなかったことと結びついています(RB第三五段落)。

4　最後に、ミルは、ベンサムの主な誤りは、人々を実際に動かしている一部の動機だけを固定的にとらえ、人々を「彼らが現実にそうであるよりもはるかに冷静で、より思慮深い計算家」とみなしていることにあると言います。このような傾向は、利益を人為的で理性的に特定されるものと見る彼の考え方とも相俟って、立法の効果は、報酬と罰則についての市民の合理的計算によって達成されるものであり、法や政府は必要な法律上の保護を提供するためのものであると考える方向にベンサムを導きました。ベンサムは、習慣や想像力の役割と効果を過小評価し、人々が制度に寄せる愛着——それは制度が連続して存在していること、それが外から見て同一であることに依存しています——

が重要な意義をもつことを過小評価しています。制度を人々の歴史的な記憶に適合したものにし、制度がその権威を維持するのを助けるのは制度の連続性と同一性にほかなりません(RB第三六―三七段落)。ベンサムは、長く存続する制度や伝統によって、数え切れない妥協や調停――それなしには、いかなる統治も長続きはしないとミルは信じています――が可能になっているという事情を見逃しています。ミルにとって、ベンサムは「半面の思想家」(a half-thinker)にとどまります。つまり、ベンサムはたしかに非常に有益な多くのことを語ったが、彼自身はそれを真理の全体であるかのように示してはいても、実際には、真理の残りの半分を他の人々に委ねていると見るのです(RB第三六―三七段落)。

5　ベンサムに対するこのような批判に留意しながら、『功利主義』の各章は、ミルが一八三三年の「ベンサム哲学考」で述べたような、自分の異論に自分で応答する仕方でベンサムや父親の教説の一部を定式化し直そうとする試みとみなすことができる、と示唆したいと思います。ミルはつねに、自分は功利主義者であると明言し、その教説に、いわばその内側から修正を加えているのだと語っています。そのような修正をめぐる一つの論争は、功利主義の理に適った一般的な特徴から見た場合、ミルによる修正が本当に功利主義と整合したものであるか、それとも、それは実質的に異なった教説に等しいのか、もしそうだとすると、それはいかなる教説なのかというものです。この問題はしばらく措くことにしましょう。

『功利主義』の第一章は、ベンサムに対する最初の批判を提起しています。そこで、ミルは、効用原理の正当化という問題について論じるつもりだと述べています。そして、そのために必要なことを第一章第三―五段落で素描しています。この章と、第四章および第五章とがあわさって、彼の正当化が完全な形で示されます(全体に関する議論は、第一章第三―五段落、第四章第一―四、八―九、一二段落、第五章二六―三一、三二―三八段落に見られます)。(テクストを参照する場合、章の後に段落の数を挙げます。いつものように、みなさんもぜひテクストに段落の番号をふってください。)

『功利主義』におけるミルの議論は、後にヘンリー・シジウィックがその『倫理学の方法』(第一版一八七四年、最後の第七版一九〇七年)においてきわめて詳細に展開した議論を先取りするものです。おおまかに言うと、直観主義の学派(ミルの論敵であるシジウィックやヒューウェルといった、保守主義の著作家も含まれます)に属する人を含めて、誰もが、正しい行動の一つの主要な根拠はそれが人間の幸福を増大させることにあるということを認めている、というのがその議論です。したがって、もし効用原理と対立するような何らかの他の第一原理があるとしたら、私たちは、両原理が対立する場合には、いずれの原理が優先されるべきかを何らかの仕方で決定し、その問題を解決しなければなりません。ミルもシジウィックも、十分に一般的な原理としては効用原理以外のものはない、効用原理は他を統制する第一原理に要求されるすべての特性をそなえていると論じます。

さらに、ミルとシジウィックの両者は、効用原理は、私たちが実践において用いることの多い原理であり、私たちがそれを用いるなら、私たちが熟慮して下す道徳的判断がどのような順序と整合性を実際にもっているかがわかると論じます。両者は、人々が反省し、比較考量するときには常識《コモンセンス》道徳は二次的なものであり、したがって潜在的には功利主義的であると主張します。次の講義でお話しするように、ミルは第五章第二六―三一段落において、正義のさまざまな指示と結びつけて、この種の議論を行っています。

6　第二章の最初の諸段落において、ミルは効用の観念を再定式化しています。私たちの目的にとって最も有意な関係のある第一―一八段落に焦点を当てましょう。それは次のように区分することができます。

第一段落…序論。

第二段落…ミルが修正しようとしている、おおまかに見てベンサムが与えた形での効用原理についての言明。

第三―一〇段落…功利主義は豚にのみ適合する教説であるという異論の提示。この異論に応えることを通じて、ミルは究極目的としての幸福について自分の説明を示していきます(この点については後に取り上げます)。これらの段落は一体をなしています。それはさらに、第四章第四—九段落において綿密に論じられます。

第一一—一八段落…これらの段落もまた一体をなしており、二つの異論について論じています。最初のものは、幸福は得られないがゆえに功利主義を実践に移すことはできないという異論です。第二の異論は、人間は幸福なしでやっていくことができる存在であり、幸福なしでもやっていけるように私たちの性格を形づくることこそ高貴な徳性を達成するための条件である、とするものです。

第二章の残りの段落は、他のさまざまな異論を取り上げています。そのなかで第二章第二四—二五段落は、道徳的な指示《プリセプツ》や原理と、最高の統制的基準としての効用原理そのものとの関係についてのミルの見解を素描したものとして重要です。これについて私の意見を述べたいと思います。両段落は、ミルは行為功利主義者なのかそれとも規則功利主義者なのかに関する近年の議論に関係しており、次の講義でこの問題について手短に触れます。

7　第三章は、私たちが、効用原理にもとづいて行為する、つまり、強制的な社会的圧力とみなされる世論を含め、さまざまな種類の外的な法的・社会的制裁から独立したこの原理にもとづいて行為する確固とした統制的な欲望をいかにして自然なものとして獲得しうるのかについてのミルの説明を含んでいます。第二章が、ベンサムの特定帰結の原理を越えて国民的性格を形づくり、それを教育する基本的制度に適用されるべき効用原理を展開しているのとちょうど同じように、第三章は、ベンサムの合理的で計算を旨とする利己的な心理学とミルがみなすものを越える議論を展開しています。ここでは、第三章第八―一一段落がとくに重要です。これについては後で論じます。

第四章は、ミルによる効用原理の正当化の本質的な部分(いわゆる論証)を含んでいます。他方、第五章は、正義のさまざまな原理や指示の功利主義的な基礎を取り上げ、またいかにそれらが道徳的・法的権利を支持するかについて論じます。ミルは、ベンサムがこの問いを満足のいく仕方では扱わなかったと考えています。この問いについてのミルの議論は印象深いもので、この論考の最も力強い部分の一つです。これは次の講義の主題となります。

第三節　究極目的としての幸福

1　さて、第二章をご覧ください。回り道をせずに、第二章第一〇段落におけるミルの要約的な言明を見ることからはじめましょう。彼はここで次のように述べています。

「最大幸福の原理によれば……究極目的は、量・質ともに、できるだけ苦痛を免れ、できるだけ享受が豊かな生活であり、他のあらゆるものが望ましい(私たち自身の善を考えるにせよ他者の善を考えるにせよ)のは、この究極目的を参照するからであり、この究極目的のためである」。

2 ミルが究極目的(最大幸福)を生活(第二章第一〇段落)、あるいは生活の様式や様態(それぞれ第二章第八、六段落)という言い方で表現していることに注目しましょう。幸福は、単純なものであれ複雑なものであれ、たんに快適な、好ましい感情、もしくは一連のそうした感情ではありません。それは、その生の主体である人格が経験し、生きるものとしての生活様式、あるいはこう言ってよいでしょうが、生き方(a way of life)を意味します。ここで私は、生活様式は、その目的を成し遂げるのに多少なりとも成功するときに幸福であると考えます。

ミルは、たんなる感情としての、あるいはある種の感官的経験としての快楽と苦痛については語りません。むしろ、ミルが快楽と苦痛について、とりわけ快楽について語るときには、彼はそれを、その源泉によって、すなわち諸能力——それを行使することは享受に値する活動に含まれます——によって区別される、享受に値する活動であると考えます(第二章第四段落)。ミルが、高次の諸能力と低次のそれとの区別に言及するのはこのことに関連しています。

（a）高次の諸能力とは、知性の能力、感覚や想像の能力、道徳感情の能力です。それに対して、

（b）低次の諸能力とは、私たちの身体の必要《ニーズ》や要求に結びついた諸能力で、その行使は、たんなる感官の快楽を生じさせます（第二章第四段落）。

3　こうして要約すれば、究極目的としての幸福は、生活の様式（あるいは様態）――生き方――です。私たちの生活様式は、高次と低次の快楽の双方にとって適したところ、すなわち、享受に値する諸活動を適切に順序づけながら、高次・低次双方の諸能力をそれぞれ行使するのに相応しいところをさまざまに含んでいます。

第四節　明確な選好の基準

1　欲求の質のテストは次のようなものであると述べられます。ある快楽は、次の場合に、他の快楽よりも質的に高いと判断されます。

（a）二つの快楽を経験してきた人々が、ある快楽と結びついた活動を他の快楽と結びついた活動よりも明確に選好し、しかもこの選好がその快楽を選好するいかなる道徳的

責務の感情からも、また、その環境上の利点についてのいかなる考慮からも独立している場合がそうです（第二章第四段落）。

(b) 他の快楽に対するある快楽の明確な選好（たとえば、「動物的な欲望よりも高められた諸能力」［第二章第四段落］をもつことと結びついた快楽への選好）は、この快楽の享受は断念されたり、放棄されたりしないということを意味します。というのも、私たちの本性によって可能なそれ以外の快楽の享受が量的にどれほどのものであろうと、たとえ選好された快楽が「より大きな量の不満足」を含むことが知られているとしても、その快楽が選好されるからです（第二章第五段落）。

(c) 明確な選好は、自己意識と自己観察の習慣を獲得した人がいだく選好です（第二章第一〇段落）。

2 明確な選好の基準は四つの要素を含みます。

(a) 二つの快楽（享受に値する活動）の間で比較を行う人は、両者を相当程度知っていなければなりません。通常、これは両方を経験していることを含みます。

(b) そういう人は、自己意識と自己観察の確立した習慣を身につけていなければなりません。

(c) 身についた明確な選好は、道徳的責務の感覚による影響を受けてはなりません。

(d) それは、当の快楽の環境上の利点(永続性、安全性、価格等々)やその結果(報酬や罰)にもとづいて形成されてはならず、快楽としてその内在的な性質の観点から形成されねばなりません。

(c)と(d)が相俟って、快楽の質対量という言い方をするための拠り所が得られます。この点についてはすぐに立ち戻って論じます。

3 快楽を比較するにあたって、環境における利点を考慮に入れてはならないとミルが言うとき、彼の念頭にあるのは、(ミルが描くような)高次の快楽を選好することに対してベンサムが与えた理由づけです。ベンサムはこう述べています。「快楽の量が等しければ、［ダーツ・ゲームの］矢は詩と同じくらいよい」(5)。ここで、私たちが人生計画に従って生きるときの、生活様式や生き方について考えてみましょう。この計画は、何らかのスケジュールに従って私たちが取り組むさまざまな活動から構成されます。このことに留意すると、ベンサムが言いたいことは、私たちの生活様式を特定する諸活動のスケジュールを組むとき、(時間単位ごとの)ダーツの限界効用がまさに(時間単位ごとの)詩の限界効用に等しくなる点が生じるということです。ベンサムは、通常、私たちが詩(高次の諸能力を行使する諸活動)に注ぐ時間とエネルギーの総量は、ダーツ(や他の同様のゲームや娯楽)に注ぐ時間とエネルギーよりも大きいということを認めています。人間の心理を考慮すると、私たちがそれに疲れ、飽き、興味を失う前に、詩に対してはダーツよりも多く時間とエネルギーを注がれることがある、というのがその説明です。

ベンサムの見方はこうです。快楽の源泉(快楽を生じさせる活動)は関係ない、強度と持続が同一であれば、快楽は快楽であり、快楽にほかならない、と。ベンサムが、限界効用においては、ダーツは詩と同じくらいよいと言うとき、彼は詩を低く評価する意見を表明しているのではなく(実際のところ、ベンサムはそういう意見をもっていましたが(6))、その快楽主義的な教説を述べているにすぎません。

4　しかし、次の問題があります。ミルは、第二章第八段落において、快楽の量や強度の違いも私たちの選好のうちに示され、それによって知られるということを認めています。すなわち、私たちの決定や選択において、私たちは相異なった快楽の強度や量をどう評価しているかをも顕示していることを認めています。しかしそのとおりだとすると、明確な選好の基準は、いかにして相異なる快楽の質や量を区別することができるのでしょうか。

その答えは、私たちが選好する生活様式を特定する諸活動のスケジュールの特殊な構造、同様に、そのスケジュールを組み立て、環境の変化に応じてそれを修正する際に私たちが顕わにする優先順位にある、と思います。

したがって、(活動としての)ある快楽が他のそれよりも高い質のものであることが示すのは、私たちが、私たちの本性がなしうるかぎりでいかに低次の快楽がみたされようとも、それと引き換えに、高次の快楽を完全に放棄しよう(それをスケジュールから、私たちの生き方から除外しよう)とは思わない、ということです。私たちの生き方をアレンジする(あるいは私たちの諸活動のスケジュールを練る)とき、低次の快楽を高次の快楽に引き換える交換レートは、実際には、無限に高くなる場合があります。どれほどの量の低次の快楽が得られても高次の快楽を放棄するのを拒むということは、高次の快楽に特別な優先順位があることを示しています(第二章第五—六段落)。

5　まだ、もう一つの問題が残っています。というのも、明らかに、諸活動のスケジュールを組み立てる際にも、高次の快楽を低次の快楽に引き換える逆の交換レートが、実際には、無限に高くなる場合も生じるに違いありません。なぜなら、私たちは、自分を良好で健康な状態に保ち、元気でいるためには、最低限の時間とエネルギーをそのためにとっておかねばならないからです。それは、私たちが他の諸活動、とりわけ高次の活動を実効的に遂行しようとしているときにも不可欠なものです。快楽の量と質を区別するミルの考えを肯定するためには、二つの交換レートがなぜ無限に高くなるか、つまり実際にはなぜ互いに異なるのかを説明できなければなりません。自分を良好で健康な状態に保ち、元気でいるために不可欠な必要最低限を確保する場合については、説明は生理学的、心理学的なものに求められます。それは、私たちの健康状態と気力に関わります。これに対して、もう一つの交換レートの場合、説明は、高次の諸能力の行使を含む諸活動に内在する特性に求められます。

6 まとめましょう。快楽(活動)の量と質についてのミルの区別は次のとおりです。私たちが明確に選好する生き方に眼を向けるとき、その生き方を特定する(適度な期間にわたる、たとえば一年の)諸活動のスケジュールはいくつかの特性をそなえている、とミルは考えます。

(a) そうしたスケジュールには、区別されるべき本質的に二つの種類の活動があります。つまり、高次の諸能力の行使を含む活動と低次の諸能力の行使を含む活動です。これら二種類の諸能力は、先に説明した意味で質的に異なった快楽の源泉とみなされます。

(b) スケジュールを組み立てる際、私たちは、もちろん、低次の快楽を生じさせる活動にも重要な位置を与えなければなりません。それは、正常な健康や活力、心理学的に見た福祉を保つために必要です。この最低限がいったん確保されるなら、低次の快楽のさらなる充足は急速に重要性が低下し、すぐにゼロに近づきます。

(c) 他方、この最低限を越えると、高次の快楽はすみやかに優勢になり、適度な期間にわたる諸活動のスケジュールに示されるような、私たちの生き方の焦点や中心になります。最低限を越えると、私たちは、高次の快楽を生じさせる活動を、低次の快楽の充足による埋め合わせがいかに大きなものであろうと、けっして何の抵抗もなくあきらめたり、断念したりはしなくなります(ミルが第二章第五段落において述べるように)。

(d) 最後に、右の(c)でなされる評価においては、環境上の利点、結果も考慮に入れられませんし、集団としてのより高次の活動も、それが活動のスケジュールを実践的に可能なもの、実行可能なものとするために不可欠である場合を除いては、考慮に入れられることはありません。

快楽の「質」対「量」という用語法に力を与えているのは、一つのまとまりとしてのこれらすべての特性です。ミルがこの区別を語るとき、彼の念頭にあるのは、私たちの生き方を特定する諸活動の包括的なスケジュールという特殊な構造と高次の諸能力の行使に私たちが与えている優先です。したがって、私たちが幸福についていだく構想は、どのような生を送ることができるかについての理に適った期待が与えられているとき(第二章第一二段落)、多少なりとも成功裡に生きられる生き方の構想のことです。高次と低次の快楽があるということは、私たちは、高次の諸能力を要求する諸活動に中心的な焦点を当て、それを優先するような特殊な構造をもつ生き方を明確に選好しているということにほかならないのです。

第五節　明確な選好の基準についてのさらなるコメント

(a) 第一に、ミルの目的にとっては、高次の快楽のクラスと低次の快楽のクラスそれぞれのなかでさらにきめの細かい区別が必要であるとは、私は思いません。ミルは、功利主義とは豚にだけ向く教説にすぎないという、カーライルや他の人々によって提起された異論を論駁することに関心をもっています。彼は、この非難は、人間の本性について浅い見方を想定していると反論し、高次の快楽と低次の快楽を区別することによってそれに応じたのです。この区別がなされ、高次の快楽を求める明確な選好が確立されるなら、ミルは、異論への論駁に成功したことになります。彼の教説全体を見れば、高次の快楽と低次の快楽のなかでさらに精緻な区別を行うことは本質的ではありません。

(b) ミルは、(第二章第八段落において)「苦痛と快楽は同質ではなく、苦痛はつねに快楽と異質である」と述べています。彼はさらに、快楽と苦痛それぞれの内部での区別や、快楽と苦痛との区別は、実際の決定や選択をもたらす私たちの判断に映しだされているとも言っています。これによってさらに強調されるのは、快楽の質と量の区別は、私たちの生き方を特定する諸活動についての選好されたスケジュールに埋め込まれた特殊な構造的性質や優先順位に依存しているということです。

(c) このことから帰結するのは、快楽の質と量についてのミルの区別が感官にもとづく感情や経験の種類としての快楽や苦痛という私たちの内部にある性質の区別に依拠していると考えるのは大きな誤りだということです。ミルが行っている、行う必要のあるすべての区別は、私たちの実際の決定や選択に映しだされます。ミルが言わんとしているのは、そうしたすべての区別は、私たちが明確に選好する生き方の特殊な構造や優先順位にはっきりと見られる事柄に依拠しているということだ、と私は思います。

第六節　ミルの根底にある心理学

1 さて、『功利主義』で述べられる効用についてのミルの構想の根底にある道徳的心理学のいくつかの側面について論じましょう。この心理学は、いくつかの重要な心理学的諸原理からなっています。一つの原理——尊厳の原理——は、私たちがいま論じてきた幸福の観念を支持するものです。第三章第六—一一段落で考察されている別の原理、つまり、一般的な幸福は倫理的な尺度として承認されるものであり、人類はその同胞と結びついて生きようとする欲求をもつという原理は、道徳の基本原理とみなされる効用原理が究極の拘束力《サンクション》をもつというミルの考えを支持します。まず、尊厳の原理からはじめましょう。

私たちは、正常な人間存在として、明確に選好する生き方に埋め込まれている構造と優先順位を参照することによって、快楽の質の違いという観念にどのような意味が与えられうるのかを検討してきました。もっとも、ミルはこの基準で議論を終えてはいません。彼は、（第二章第四、六段落で）私たちは、高次の諸能力を要求する諸活動に焦点を当てない生を品位の劣る生活の形態であると考えている、と述べます。

そのような〔品位の劣る〕生を生きようとは思わないことに、私たちは、誇り、自由と人格的独立への愛、さらには権力欲すら帰すこともできる、と彼は言います。しかし、ミルは、最も適切な説明は、高次の諸能力を発展させる程度に応じてあらゆる人間がもつ尊厳の感覚に求められる、と考えます（第二章第六段落）。この最後の点について、ミルはこう言おうとしているのだと思います。私たちの高次の諸能力が、それに相応しい訓練や教育によって実現され、そしてその能力の発展が、逆境はもとよりとして、貧窮した境遇や機会の欠如によっても妨げられない、そういう程度に応じて、と。

2　ミルは、尊厳の感覚は、それを害するいかなる生活様式も私たちが――特別の説明がなくても――欲することができないほど、私たちにとって重要なものであると確信しています（第二章第七段落）。尊厳を維持しようとする欲求は幸福を犠牲にすることなしにはみたされないと考えることは、幸福を満足と取り違えている、とミルは考えます。

ミルの尊厳の観念は、彼が高次と低次の快楽について語っていることとどう関係しているのか、という問いが生じます。それは、同じ区別を行う別のやり方なのでしょうか、それとも、その区別にさらに別の要素をつけ加えているのでしょうか。そして、それは、彼の功利主義と整合するのでしょうか。

この点についてはテクストは不明瞭であるように思います。私としては、尊厳の観念は、新しい要素をつけ加えていると考えてみたいと思います。そこで生じる問いは、それが、私が示してきたミルの見解と整合する仕方で解釈されうるのかどうかです。この問いについては、後に『自由論』を取り上げる際に論じることにしましょう。新しい要素とは次の要素です。つまり、私たちは、低次の快楽よりも高次の快楽を求める明確な選好をもっているだけではなく、また、高次の諸活動に適切に焦点を当てる生き方によって涵養され、そうした諸活動を維持していくのに足る欲求をもとうとする、一段階上の欲求ももっているということです。

この一段階上の欲求とは、まず、高次の諸能力をもつ人間存在として、そうした能力が実現され、涵養されることへの欲求であり、第二に、私たちの高次の諸能力を起動させ、その行使を享受するのに適した欲求をもつこと、そしてそれを妨げるような欲求はもたないことに私たちがいだく欲求です。

3　ミルが、尊厳の感覚と結びつけて、理想や人間の完成《パーフェクション》という言葉を用いていることを（第二章第七段落）に留意することが重要です。彼は、自尊、身分、地位という言い方をしていますし、品位が劣る、あるいは価値がないと私たちがみなすある種の生き方に言及しています。実際、彼は、楽しめるものや好ましいものとは別に、もう一つの価値形態を導入しているのです。すなわち、称賛に値するものや価値あるもの、その反対としての、品位を貶めるものや軽蔑されるものという基準がそれです。(7)

その場合、私たちの尊厳の感覚は、ある生き方は称賛に値し、私たちの本性にとって価値のあるものであるのに対して、他の生き方は私たちにとって価値のない、相応しいものではないと私たちが認めていることと結びついています。尊厳の感覚は道徳的責務の感覚から引きだされるものではないという点をつけ加えることが必要です。かりにそうだとすれば、それは、異なった価値形態である尊厳の感覚にも、明確な選好の基準の条件の一つにも抵触するでしょう。

注

（1）　サン＝シモンの信奉者たちからなるフランスの一派は、歴史的に見て、組織の時代の後には、批判の時代、つまり、疑念と懐疑主義によって特徴づけられる時代が来ると考えていた。

(2) John Stuart Mill, *Collected Works* (*CW*) (Toronto: University of Toronto Press, 1963–1991), Vol. XVIII, p. 163.

(3) Mill, *Whewell on Moral Philosophy* (1852). *CW*, X を参照。

(4) これが最初に匿名で出てくるのは、Edward Lytton Bulwer, *England and the English* (London: Richard Bentley, 1833) in *CW*, X の付録Bにおいてである。

(5) Jeremy Bentham, *Rationale of Reward*, in *The Works of Jeremy Bentham* (London: Simpkin, Marshall, 1843–1859), Vol. II, p. 253.

(6) この点については、ミルの論考「ベンサム」(*CW*, Vol. X, pp. 113f) における彼のコメントを参照。そこで、ミルは、「詩についてのベンサムの風変わりな意見」という言い方をしている。彼によれば、ベンサムは、音楽、絵画、彫刻を楽しんだが、「言葉を用いる……詩については、彼はまったく楽しむことがなかった。言葉は、厳密な論理的真理以外の何かを述べるために用いられる場合にはその適切な場所から外れてしまう、と彼は考えた」。そうだとしても、ベンサムによるダーツの矢および詩の引用は、「彼が最も評価し、称賛した事柄についても等しく彼が言ったであろう逆説的な言い方にすぎない」と、ミルは述べている。

(7) ミルがこれらの価値について論じているのは以下においてである。"Bentham" in *CW*, X, pp. 95f, 112f, および『自由論』第四章第四―一二段落など。

講義Ⅱ　正義についてのミルの説明

第一節　ミルに対する私たちのアプローチ

1　今回の講義は、ミルに対する私たちのアプローチを説明し、それをロックやルソーに対するアプローチと関連づける、いい機会です。

ロックについては、主に二つのことを論じました。第一に、私たちは、正統性についての彼の説明を、すなわち、理想的な歴史に生じうる体制としての正統な体制について彼が示す基準を考察しました。私たちは、それが、根本的な自然法によって課されるいかなる義務にも悖《もと》ることなく、合理的な人間が契約によってつくる体制を意味するということを見ました。第二に、私たちは、ロックによる所有の説明を考察し、それが基本的な政治的自由における不平等(財産資格にもとづく参政権)、したがって階級国家とどのように両立するかを見ました。

ルソーについても、主に二つのことを考察しました。第一に、彼による不平等の説明を、その歴史的起源に関して、また、文明の悪徳や害悪を惹き起こすその政治的・社会的帰結に関して考察しました。これは、そうした悪徳や害悪を完全には取り除くことはできないとしても、それらに歯止めをかけるような、何らかの正しさや正義の原理は存在するのか否かという問いを促します。『社会契約論』は、この問いに答えるものです。ルソーは、社会契約を、自由かつ平等な市民たちの政治的・社会的協働の規範として望ましい原理を特定するものとみなします。私たちは、彼の一般意志の観念を理解しようとしました。

〔第二に〕私たちは、ルソーが社会契約という観念をロックよりさらに重視していることを見ました。彼は、平等(と不平等)の役割と意義を、より深いもの、より中心的なものであると考えました。公正としての正義[1]は、この両方の点で、ルソーの議論により忠実に従うものです。

2　ミルを理解する際の問題を述べることからはじめましょう。ミルは多くの著作において、彼がときに「近代世界の諸原理」と呼ぶ一群の諸原理に言及しています。それらの原理は、社会の基本構造を規定する政治的・社会的原理であると考えることができます[2]。私はつづく二つの講義で、『自由論』および『女性の隷属』を取り上げる際に、より詳細にそれらの原理について論じたいと思います。いまのところは、彼がそれらの原理を、近代の民主的な多数者が惹き起こしうる抑圧に対して、個人や少数者の権利を守るために必要なものであると考えている、と述べておけば十分でしょう(『自由論』第一章)。

さて、私は、ミルの政治的・社会的正義の諸原理の内容が公正としての正義の二つの原理の内容にたいへん近いと信じています。(3) その内容は、私たちの現在の目的にとって、両者の実質的内容がおおまかに言って同一である、とみなしうるほど近いものであると考えています。ここで生じるのは、次の問いです。

見たところ功利主義的な見解が、いかにして公正としての正義と実質的に同じ内容(同じ正義原理)を導くのでしょうか。少なくとも二つの答えがありうると思います。

(a) おそらく、政治的正義のこれらの諸原理が両見解において正当化されうる——導かれうる——結果、両見解は、重なりあうコンセンサスがあればそれが支持するのと同一の仕方で、これらの諸原理を支持します。(4) 私は、『公正としての正義 再説』において、基本構造のための諸原理を選択する原初状態の当事者は効用関数と私が呼ぶものを用いているとみなしうると述べました。それは、自由かつ平等であると考えられ、二つの道徳的能力——正義感覚の能力と善の構想の能力——によって特徴づけられる市民たちの根本的な必要《ニーズ》や要求にもとづく関数です。それは、人々の実際の選好や利益にもとづくものではありません。この適切に構築された関数を用いるなら、当事者は正義の二原理を採択することになるでしょう。(5) ミルの効用の構想もほぼ同じ帰結にいたるということがあります。これが、私たちの探究したい一つの答え方です。

(b) 他方、自分の学説がその近代世界の諸原理へと通じると考えた点でミルは間違っていたのかもしれません。自分の効用の構想がまさにそうした原理を導くとミルは考えていたのかもしれませんが、もしかすると実際にはそうは考えなかったのかもしれません。

3 この第二の答えは正しくないと考えるべきだと私は思います。私は、ミルくらいの並外れた才能をもつ人物は、その全体的な教説に関わる基本的なところで誤ることはありえないのではないかと思うのです。もちろん、そういう人物も些細な誤りや間違いはするでしょうが、それは取るに足らないことですし、私たちがそれを修正することもできます。しかし、根底レベルでの根本的な誤りについては、そうはいきません。もしそうした誤りがあると考えるほかないとすれば落胆せざるをえませんが、そういうことはまずありそうもないと考えるべきでしょう。

私は、このことを、方法上の指針として述べています。それは、私たちの読むテクストにどのようにアプローチし、それをどのように解釈すべきかに関して私たちを導くものです。ある仕方でテクストを解釈するときに誤りであると私たちが思う場合には、著者もまたそのことに気づいているはずだと考えるのです。むしろ、私たちの解釈が間違っていそうだ、と考えるのです。そういう場合には、その難点を避けるためにテクストをどう読むことができるだろうか、と自問することになります。

さしあたり、私は、第一の答えが正しいと考えます。したがって、ミルの効用の構想は、彼の道徳的心理学や社会理論の根本的な諸原理とともに、正当にも次のように考えるようミルを導いているのだと想定します。つまり、彼の言う近代世界の諸原理は、効用を最大化するにあたって、すなわち『功利主義』の重要な第二章第三—一〇段落で描かれる生活様式(生き方)として解された人間の幸福を最大化するにあたって、他の諸原理よりも上手くはたらくだろう、という考えです。

4 ミルの教説のこのような理解が正しいかどうかをチェックするためには、私たちが読む『功利主義』、『自由論』、『女性の隷属』の諸論考におけるその詳細を見なくてはなりません。彼がいくつかの重要な政治的問題をどのように扱っているのかを理解し、効用の構想が近代世界の諸原理、とりわけ正義原理および自由原理とどのように結びついているのかを検討する必要があります。

この目的のために、私は、ミルの見解は、それを彼の効用の構想という観点から理解するなら、(6)功利主義的なものとみなしうるという一つの妥当な読み方——最も妥当だとは主張しませんが——を示してみようと思います。私は、ミルは卓越主義的な価値に対して重要な役割を認めていると彼の思想を読みますが、彼の見解は、卓越主義的な価値に対して政治的問題、とくに自由の問題における理性ほどの重みを与えてはいないという点でなおも功利主義的です。このことを、次の二つの講義で説明します。

ミルの見解に見られる特徴は、それが、あるきわめて特殊な心理学的第一原理によって表される、人間本性についての特有の心理学的説明に依拠しているということです。ある箇所で、ミルはそれを「私たちの情動の組成の一般法則」(『功利主義』第五章第三段落)という言い方で表現しています。そうした諸原理のなかには以下のものが含まれます。最初の二つについては前回の講義で論じました。

(a) 明確な選好の基準…『功利主義』第二章第五―八段落
(b) 尊厳の原理…『功利主義』第二章第四、六―七段落、『自由論』第三章第六段落
(c) 他者と結びついて生きる原理…『功利主義』第三章第八―一一段落
(d) 個性の原理…『自由論』第三章第一段落
(e) アリストテレス的原理…『功利主義』第二章第八段落

明らかに、これらの諸原理はさまざまな仕方で関係しあっています。ある原理が他の原理を支持したり、その根底にあるように思います。たとえば、(b)は(a)の根底にあると、少なくともそれを支持していると考えることもできます。しかし、この問題はいまは措

くことにしましょう。

5　これらの諸原理が妥当ではないと考える人も多いでしょうが、それらが正しいかどうかについては論じようとは思いません。これらの諸原理こそ、まさに、ミルの教説をきわめて特殊な人間心理学にもとづかせているものです。正義の政治的構想にとっては、その諸原理においてもっと堅固なものである方が、そして、その構想を、できるだけ常識にとってより明白と思われるような人間本性の心理学的特性にのみ依拠させた方がよいのではないか、と考えることもできるでしょう。しかし、それでもミルの心理学的な原理が正しいとしたら、彼の教説もしっかりしたものであるということになります。

ここには可能性の幅があります。政治的構想は、きわめて特殊な人間心理学に依拠することもできます。そうではなく、人格や社会についてのきわめて特殊な規範的構想と結びついたより一般的な心理学に依拠することもできます。そのような規範的構想の例として、公正としての正義において用いられている心理学を見てみましょう(7)。諸々の政治的構想は、一方の規範的な政治的構想と他方の基本的な心理学的原理の分業関係をそれがどのように描くかによって異なってくるのではないか、と私は考えています。ミルがそう理解するくらいの一般的で抽象的な効用原理を用いるなら、明確な結論に達するためには、かなり特殊な心理学が必要になってくるように思われます。それに対して、公正としての正義の心理学は、後で説明するような意味で、多分もっと一般的なものでありうると思います。

第二節　ミルによる正義の説明

1　ミルは、第五章「正義と効用の結びつきについて」、すなわち『功利主義』の長い最終章——それはこの書の三分の一以上を占めています——において、正義について説明しています。彼は、十分に論じるためにこの主題を最後までとっていたのです。彼は、功効用原理と正義について私たちがいだく確信や感情との一見したところの不整合は、功利主義的な道徳理論における唯一リアルな難点であると考えているからです（第五章第三八段落）。彼の応答の仕方から明らかになるように、彼が検討するそれ以外の多くの異論は誤解かそれ以下のものにもとづいていると彼は考えています。彼は最終章で自分にとってリアルな問題となっていた事柄を論じます。この問題についての彼の見事な議論は、彼自身がそれについてよく探究したことの成果に違いありません。

私が考える第五章におけるミルの議論の概略は次のとおりです。

第一部分　第一—三段落…問題の記述

第二部分　第四―一〇段落…六種類の正当なもしくは不当な行動
第三部分　第一一―一五段落…正義概念の分析
第四部分　第一六―二五段落…(a)正義感情、(b)諸権利の基礎(後者については第二四―二五段落)
第五部分　第二六―三一段落…効用原理によってのみ解決される諸々の正義の指示の衝突
第六部分　第三二―三八段落…人間の福祉にとって本質的なものに必要な規則として定義される正義

2　二つの一般的なコメント

(a)議論の第一部分で、ミルは、第五章全体の問題を次のように述べています。正義感情あるいは正義感覚にはかなりの心理学的強度があり、それゆえ、それは一見したところ効用原理と衝突します。したがって問題はこうなります。この感情は、にもかかわらず、効用原理と何らかの仕方で整合的に説明されうるのでしょうか。ミルが示そうとしているのは、整合しうるという答えです。彼は、(a)私たちが正当または不当であると考える事柄の種類が与えられ(第二部分)、(b)私たちの心理学的な構造が与えられるなら、私たちは、いかに正義感覚が生じ、なぜそれが――実際そうであるように――心理学的な強度をもつかを説明することができる(第四部分)、と述べています。ミルは、彼が示そうとしていることを、第五章第三段落でこう述べます。「人々が正当であるとか不正であると呼び習わしているものすべてに、一つのまたは一連の共通の属性がつねに存在しているとすれば、この特定のまたは一組の属性が、私たちの情動の組成の一般法則によって、その特定の性格や強度をもつ感情をそのもとに集められるかどうか、それとも、そうした感情が説明できないものであり、自然によって特別に用意されたものと見なければならないかどうかが判断できるだろう」。

もちろん、ミルは、前者が真であること、不正義の感覚の強度は効用原理および私たちの道徳的心理学の双方と整合するものとして説明できることを示そうとします。ミルは、その議論を第五章第二三段落においてこう要約します。「……正義感情とは、自分または自分が共感をいだく人々に対する侵害や損害に反撃したり仕返ししようとする動物的な欲求が、拡がりのある共感という人間の能力と知性的な自己利益という人間の考えによって、すべての人々を包括するように拡がったものであると、私には思われる。この感情は、後者の要素[拡がりのある共感と知性的な自己利益]から道徳性を引きだし、前者[自分に対する侵害に反撃しようとする動物的な欲求]からその特有の感情の動きと自己主張のエネルギーを引きだすのである」。

このように正義感覚は、正義とは何か種に独特のもの《スイ・ゲネリス》であるという直観主義的な見解を支持しません。むしろミルは、それが、正義の功利主義的な説明やその感覚がどのように生じるかについての妥当な心理学的説明と完全に合致すると考えます。正義は効用原理から独立して、またそれから切り離されて並存するような基準でもなく、効用原理に対抗するような大きな重みをもちうるものでもありません。そうではなく、正義は効用原理から派生するものなのです。

(b) 議論の最後の二つの部分、つまり第五と第六の部分は、ミルが効用原理に与えようとしている種類の正当化を例証しています。つまり、効用原理と一見衝突するような指示や尺度があるにもかかわらず、注意深く省察するなら、そうではないことが示されます。このことは、私たちが先に述べた考えを支持します。つまり、ミルは、効用原理を正当化する際、道徳的・政治的な教説の第一原理として役立ちうるのは、十分な一般性と適切な内容をそなえた道徳的原理だけである、と主張するのです。

この種の議論は、第五部分の第二六―三一段落において見事に示されています。そこで、彼は、正義のさまざまな指示の間の抗争は、そのいずれかの指示よりも高次の原理に訴えることによってのみ解決されうると論じます。彼は、詰まるところ、効用原理だけがこの役割を果たしうると考えるのです。こうして彼は、たとえば第五章第二八段落において、ある行為が不正であることには同意しながらも、その理由については互いに意見を異にする人々について、次のように述べます。「……この問題がただ正義の問題として論じられるにとどまり、正義の根底にあってその権威の源泉となっている原理まで掘り下げられないならば、私にはどの理由を挙げる論者も他を反駁できるとは思えない」。最後の第三二段落から第三八段落は、その効用原理をミルがいかに正当化しているかについての残りの部分になります。

第三節　道徳における正義の位置

1　第五章の第二部分において、ミルは、一般的な道徳的意見が正または不正とみなしているさまざまな種類の行為や制度を概観します。いわば、彼はここでデータを記述しているのです。正義は効用や道徳的心理学の原理から引きだされるものであるという彼の説明は、この概観において彼が示す論点と適合するものでなければなりません。

ミルは六つの論点を示しています。これは手短に次のように要約できるでしょう。

(a)　人々の法的権利を侵害することは不正であり、それを尊重することは正しいと一般に考えられています(第五章第五段落)。(ここでは、法は不正ではないと暗黙のうちに想定されています。)

(b)　しかし、法のなかには不正なものもありえますから、人々は、彼らがもつべきではない法的権利を与えられていることもあります。また、人々は、彼らがもつべき法的権利を否定されていることもあります。こうして、第二の種類の不正義は、人々が道徳的権利をもつ事柄が彼らから取り上げられたり、阻まれているということです(第五章第六段落)。

(c) 人々が、彼らがそれに値するもの——善であれ悪であれ——をもつべきことは正しく、彼らがそれに値しないもの——ここでも善であれ悪であれ——をもつことは不正です(第五章第七段落)。

(d) 信頼を裏切ることや合意を破ることは不正です。同様に正統な期待に背くことも不正です(第五章第八段落)。

(e) 権利に関する事柄においては、不公平であること、すなわち、そこにもちだされるべきではない考慮によって影響を被ることは不正です。公平＝不偏(impartiality)——関係のある考慮によってのみ影響を受けること——は、裁決を下す力をもっている裁判官、教師、両親といった人々に課せられる正義の義務です(第五章第九段落)。

(f) 公平と緊密に結びついているのが自然的正義という意味での平等です。すなわち、すべての人の権利に平等な保護を与えるという正義です(第五章第一〇段落)。

2 このようなデータの概観につづけて、ミルは、正義の概念が彼の功利主義全体の教説にあって、どこに位置づけられるかを示しています。図6の図式をよくご覧ください。

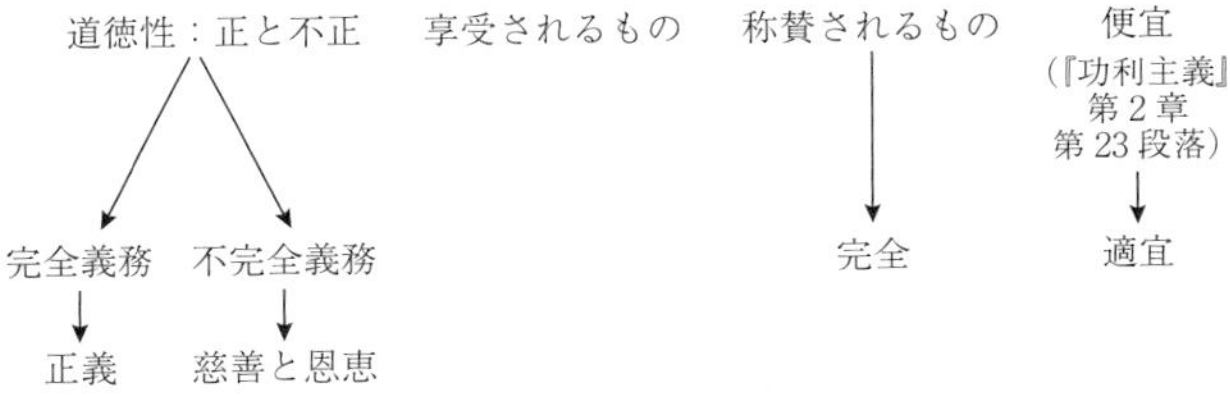

図６　ミル──評価の観点

評価の観点というのは、価値の最も一般的な概念を示すための私の言葉で、ミルの言葉ではありません。ミルが認めるすべての価値の形態は、道徳的なものも非道徳的なものもこのなかに含まれます。ミルの分類は周到になされているわけではありません。それでも、それは、道徳(正と不正)を他の、享受されるもの、称賛されるもの、適宜ないし便宜から区別し、次いで、道徳のなかで、正義を慈善や恩恵から区別するのに役立ちます。

道徳、すなわち正と不正についてミルが行っている定義は次のようになります。正しい行為とはなされるべき行為であり、不正な行為とはなされるべきではない行為です。後者について言えば、適切に行為しなかった場合は何らかの仕方で罰せられるべきです。そういう行為は、法、公共的な非難(道徳的意見)、良心の呵責のいずれかによって罰することができます。ここには、たいへん異なった三つの種類の制裁があります。効用の考慮は、行為がなされるべきかなされるべきではないかを決めます。それはまた、それぞれ異なった事例にどの制裁が適用されるのが最もよいかを決めます。この場合、「良心の呵責」は、間接的に道徳的教育に関わっています。ある種の行為については、彼らの良心がそうした行為を行うことを非難するように人々を教育することが最も適合した制裁となります。

ミルの考えを要約しましょう。ある行為が不正なのは、それが、たんに、一般になされるときに悪しき結果を惹き起こす種類の行為であるだけではなく、その結果が、ある程度の法律遵守を確かなものとするのに――完全な法律遵守である必要はありません、そのためにはドラコン流の厳格な対応が求められることもありますから――適切な制裁を確立することが総体としての社会的効用を増大させるほどその行為が悪いものでもある場合です。とはいえ、こうした制裁を設けることは効用の観点から見てつねにコストを伴います。それは、警察、法廷、監獄といったコストを含みます。公共の道徳的意見や良心による制裁もやはり、さほど明白ではないとしても、不効用を含みます。にもかかわらず、不正な行為の場合の得失について言えば、利得は、そうした制裁を科すのを正当化するに足るものと判断されます。

3 正‐不正というより広いカテゴリーのなかで、正義と不正義を他から――たとえば慈善や恩恵またその欠如から――区別するのは個人の権利という観念である、とミルは考えます。彼はこう述べます。「正義の意味するものは、することが正しく、しないことが不正であるというだけのものではなく、ある[特定できる]個人が自分の道徳的権利として私たちに要求しうるものである」（第五章第一五段落）。対照的に、いかなる特定できる個人も私たちの恩恵や慈善に対しては道徳的権利をもっていません。正義の「完全な」義務は、ある特定できる個人においてそれに対応する権利をもたらします。そうした個人は、自分の権利が保障されることを社会に対して要求する正当な権利をもっています。ミルは、もっと後の箇所でこう述べています。「何かあるものを個人の権利と私たちが呼ぶのは、その権利を所有しているものの保護を、法の強制力もしくは教育や意見の強制力によって社会に求める妥当な要求をもっていることを意味する。彼が、何らかの理由で、あるものが彼に保障されることを社会に求める十分な要求をもっていると私たちがみなすなら、私たちは、それに対して彼は権利をもっていると言う」（第五章第二四段落）。「そこで、私の考えでは、権利をもつということは、それを所有することを社会が私に保護しなければならないものを私がもつことである。反対者がなぜ社会が保護しなければならないのかとまで尋ねるなら、私は、一般的効用という理由以外のものを挙げることはできない」（第五章第二五段落）。

4　私のミル解釈によれば、(8)権利の所有は一般的に適用することのできる正しさと正義の規則によって明確に特定されます。つねにというわけではありませんが、しばしば、適切に正当化されない法的規則もあります。しかし、ミルにとっては、権利をもつことは、個々の事例における効用（対価と便益）には依存しません。特定の場合においては権利が覆されることがありえますが、そういうことは、きわめて異例な環境のもとでのみ生じることです。このことは、とくに、正義の基本的な権利について当てはまります。

実際、権利の制度化は、私たちが個々の場合において効用計算をしなくて済むように、いやそれを不要なものとするために設計されるものです。基本的な権利によって与えられる安全性は、もし、そうした効用計算によって明らかになる些細な利得のために権利が侵害されることもありうるという考えが拡がるなら、危うくなってしまいます。

要約しましょう。権利をもつということは、個々の場合における効用の得失に依存するのではなく、むしろ、正義の（法的その他の）規則や、それが一般的に執行されるときの規則としての効用に依存します。ただし、効用の得失が何らかの仕方で明らかに非常に大きいというきわめて例外的な環境においてのみ、権利はその効用によって覆されることがあります。そうした例外的な環境のもとでは、個々の事例において、効用によって導かれることに対抗する規則が停止されるのです。

第四節　ミルにおける道徳的権利の特徴

1　ミルにおいて、道徳的権利は三つの特徴をもっているように思われます。このことはとくに政治的・社会的権利に当てはまります。ミルは、それを、次の二つの講義で描く、近代世界の諸制度にとって不可欠なものとみなします。ここでは、第五章第一六―二五段落、第三二―三三段落における彼の説明にもとづいてお話ししましょう。

第一の特徴はこうです。たとえば正義の権利のような道徳的権利が存在するためには、それを支持する特別の重みをもった理由がなければなりません。その理由には、必要とあらば法の強制力をもって、そうした権利を他者が尊重することを正当に要求しうるだけの十分な重みがなければなりません。したがって、その理由には、そうした目的を確実に実現するために必要な制度機構の設立を正当化するだけの十分な緊要さがそなわっていなければなりません。

ミルが述べているように、そうした理由は、「人間の福祉にとって不可欠な要素」(第五章第三二段落)、「私たちの生活の基盤そのもの」(第五章第二五段落)と結びついています。繰り返し言えば、そうした理由は、「きわめて重要で人の心に訴える」(第五章第二五段落)種類の効用にもとづいています。

2　道徳的権利の第二の特徴は、その有無を言わさぬ性格です。このことによって私が言いたいのは、ミルにとって、そうした権利をもつことは、何かを要求することに対する道徳的な(たんに法的であることと対比される)正当化を手にしている、ということです。たとえば、私たちの自由が他者によって尊重されることは、それが法的制裁によるのであれ、一般の道徳的意見によるのであれ、どちらであろうと適切です。そうした権利は絶対的なものではありません――つまり、権利はときに覆されることもあります。諸権利は互いに衝突することがありますので、ある権利が覆されるのはしばしば他の権利によってです――が、にもかかわらず、すでに見たように、それらは、たいへん特別な重みと緊要さをもった理由以外のものによっては覆されえないものなのです。

こうしてミルは、正義の権利は、たとえば、政策あるいは人間事象のある部門を扱う最良の方法といった理由によっては覆されえないと示唆します。第五章第三二―三三段落を見てください。ここで彼は、「正義は政策《ポリシー》よりも神聖なものであり、まず正義を満足させてから政策に耳を傾けるべきである」(第五章第三二段落)と考えることは間違いではないと述べています。ミルの見解は、基本的正義の優先とほぼ同じことを述べているように思われます。ミルが少し後で次のように述べているのは、このことを立証しているように思います。「正義とはある特定の道徳的規則を表す呼び名であって、人生を導くように他のどのような規則にもまして人間の福祉にとって不可欠な要素に緊密に関わり、したがってそれ以上の絶対的な責務を求める」(第五章第三二段落)。ミルはさらに、正義の本質は個人に内在する権利の本質であり、それはこのより拘束的な責務を認め、内に含んでいるとまで言います。他者の自由に不正に干渉することを私たちに禁じる正義の道徳的規則は、「……人間の福祉にとって、他のどのような格率よりも決定的に重要であり、その他の格率は、それがどれほど重要であろうと、人間事象のある部門を扱う最良の方法を指し示すにすぎない」(第五章第三三段落)。こうした議論は、総じて、よく知られたドゥオーキンによる原理の問題と政策の問題の区別、同様に彼の言う切り札としての権利の観念を先取りするものです(9)。

道徳的権利、とりわけ正義の権利の第三の特徴は、それらが正当なものとする要求は既存の法や制度に対抗する力をもっている、ということです。もしその制度編成がそうした要求を否定する場合には、法や制度の改革が考慮されるべきですし、環境にもよりますが、その改革が正当化されることもあります。

3　さて、私たちがここで考察するのは、法的権利、つまり法や制度によって承認される権利は二つの仕方で正当化されうる、という問題です(10)。

(a)　適切な政策の原理や共通善の原理、そしておそらくまた効率的・実効的な組織の原理に訴える仕方、ないしは、

(b)　道徳的権利、たとえば、政治的・社会的正義の権利に訴える仕方。この道徳的権利は、特殊な性質をもった既存の法的制度に先だって、しかもそれとは独立に特定することができる、と私たちは考えます。というよりむしろ、私たちは、諸個人のいだく基

本的必要や要求を考慮することによって、道徳的権利が何であるかを確定します。そうした必要や要求が正義の権利に対する人々の主張の根拠となるのです。ミルが、「私たちの生活の基盤そのもの」(第五章第二五段落)、「人間の福祉にとって不可欠な要素」(第五章第三二段落)、あるいは他の類似した言い方に訴えるとき、彼は、そうした必要や要求のことを言っているのです。

さて、この二種類の正当化はたいへん異なったものです。たとえば、ある穀物について、その生産を奨励し、価格の変化を円滑にし、といった価格保証システムの構築を検討している議会を考えてみましょう。これは政策の問題です。農民が価格保証システムに対して道徳的権利をもっているとは誰も思わないでしょう。これと対照的なのは、基本的権利、たとえば良心の自由や参政権です。政策の問題は、ある特定の環境においてそれを実行するのが正しいかどうか、最善かどうかという問題です。しかし、正義の権利を法的に保護することはこれとは別の問題です。

肝心なのは次のことです。(右の例における)価格保証の政策は、社会全体の福祉に訴えることによって、あるいは、共通善に訴えることによって正当化されます。これに対して、正義の権利を参照する法の正当化は、端的にそうではありません。むしろ、ミルの見解は、社会全体の福祉や共通善とは独立に特定しうる諸個人の不可欠な要求——権利はそれにもとづきます——を指しています。

正義の権利を具体的に特定していくとき、集合的な社会的福祉は明白な参照の対象とはなりません。人間の福祉にとって不可欠な要素や私たちの生活の基盤としての要素を特定する際、ミルは、総効用を最大化するという考えによってそれを行ってはいません。彼が眼を向けているのは、諸個人の基本的必要であり、諸個人の生活の枠組みそのものを構成するものです。とはいえ、ミルはまた、なぜ私たちが正義の権利を法的に保護すべきなのかと問われたら、「一般的効用以外のいかなる理由」も挙げることはできないと言うでしょう(第五章第二五段落)。

第五節　ミルの二面的基準

1　ミルは、諸個人の基本的権利——ここで、私はそれを政治的・社会的な正義の基本的権利として解釈します——を特定するにあたって、二面的基準[11](a two part criterion)にコミットしているように思われます。その二つの面とは次のものです。

(i)　第一面…私たちは、人間の福祉にとって不可欠な要素や生活の基盤に注目します。これらの本質的要素や基盤は、集合的な考慮から離れて道徳的権利を(見たところでは)正当化します。そして、

(ii)　第二面…私たちは、それを執行することが集合的意味での社会的効用にとってと

りわけ生産的であり、したがってその効用を最大化するであろう一般的規則に注目します。

ミルによる権利の説明が矛盾をきたさないためには、ミルの基準の二つの面が(異常な事例を除いて)つねに収斂するということが真実でなければなりません。[12] 少なくとも長期的に見るなら、集合的な意味での社会的効用を最大化することは、つねにではないとしても、通常は、法的規則が正義の基本的諸権利を特定し、その保護を執行することができるように、政治的・社会的な制度を設計することを要求します。これらの権利は、私たちの個人的な生活の基盤そのものを構成するものによって特定されます。そして、その規則の執行は、すべての人に平等な仕方で、人間の福祉にとって不可欠な要素を保障し、保護します。そうした要素が正義の権利を基礎づけるのです。

2 しかし、私たちは、ミルの基準の二つの面がつねに一致するということをどのようにして知ることができるのでしょうか。ミルは、一般的な社会的効用の最大化は、すべての人に同一の平等な正義の権利が保障されることを要求する、ということを『功利主義』第五章において示そうとはしていません。より大きな社会的効用が少数者に対してその平等な権利の一部を否定することによって達成されるといった事態がなぜ起こりえないのでしょうか。少数者に対して正義の道徳的権利が完全に否定されるといった事態を考える必要はありませんが、なぜ、各人は、正義の道徳的権利のすべてについて平等な保護を享受しえなければならないのでしょうか。何に依拠することによって、ミルは、各人は平等に保障されるべき同一の平等な権利をもたなければならない、と自信をもって主張することができるのでしょうか。

ミルが、一般の意見は次のような見解をとっていると述べていることに注意しましょう。それは、正義に適うものは、それが「一般的に便宜〔言い換えれば、集合的な社会的効用、第二章第二三段落〕とは……区別され、観念としてはそれに対立する」ものでありながらも、長期的な視点から見れば、つねに便宜と一致しているという見解です。この点については、第五章第一―二段落における彼の意見を見てください。このことは、第五章において、ミルが主として二つの点に関心をもっていることを示唆しています。

一つは、効用原理と整合する私たちの不正義の感覚の心理学的な強度(あるいは強さ)を説明することです。

もう一つは、功利主義的な見方から、社会が保護しなければならない――最も例外的な場合においてのみその侵害が許容される――一定の道徳的権利や正義の権利が存在しうるという事情を説明することです。

しかし、私の問題、そして〔H・L・A・〕ハートの問題はこうです。これまでミルが述べてきた事柄からは、一般に、万人に平等な権利を執行することが、いかにしてミルが理解する意味での効用を最大化するかが私たちには不明である、という問題です。このことを確かめるためには、私たちはかなり特殊な想定をしなければならないのではないでしょうか。もしそうだとするなら、その想定とは何でしょうか。とくに、どのような特殊な想定をミルはしているのでしょうか。それを特定することが、ミルを理解するという私たちの課題の一部です。この問題については後で立ち返って論じましょう。

3　ちなみに、「各人を一と数え、誰もそれ以上には数えない」というベンサムの格率に訴えることは役に立ちません。その理由は次のとおりです。

(a)　ある仕方でこの格率の意味を理解するなら、それは、ただ、いかに効用が測られるべきかという問いから生じる規則にすぎません。すなわち、さまざまな人々の平等な効用には、社会的効用を総計する際に平等に重みが与えられなければならない、という規則です。社会的効用関数は、ただ、すべての人に同一の重みを与える(各人が一として数えられる)効用の線形的な総計です。この点については、第五章第三六段落の注を見てください。H・S・メインの言うバラモンは、彼が、一人のバラモンの効用はバラモンではない人々の効用の二〇倍に数えられなければならないと述べるとき、この規則に抵触します。(13)

「各人[各々]を一と数える」のこの解釈は、社会的効用を測り、それを総計するにあたっての当たり前のことを言っているにすぎません。それは、快楽は快楽であり、それが誰の意識のなかに生じようと同一の重みが与えられなければならない、と言っているにすぎません。それは、平等な快楽に対する平等な正義です。しかしそれは、測るということはどういうことかを言っているにすぎません！　これを一定量の水を測ることになぞらえてみましょう。ある貯水池の一クォートの水は別の貯水池のそれに等しい。しかし、これは、平等な権利があらゆる人に保障されなければならないのはなぜかという問いを示すものではありません。ミルの答えは意外にも、この問いを意識したものとはなっていません。それがなぜなのかは私には不明です。

(b)　別の仕方で解釈するなら、「各人を一と数える」は、各人は「幸福のすべての手段に対する平等の要求」をもつ、あるいは「すべての人格は平等な扱いへの権利をもつ」ということを意味します。もっともミルは、「ある承認された社会的便益が逆のことを要求する場合を除いて」(第五章第三六段落)と付言していますが。その場合、不正義は、一部には、社会的便益によって、社会的効用を長期的に最大化するのに必要なものによって正当化されない不平等にあります。この第二の解釈でも、私たちはいまいるところからは抜け出せません。

4　答えを試みなければならない二つの問題が残されています。

第一に、ミルは、正義の基本的権利を特定するための彼の基準の二つの面が別々のものとならないことに、なぜあれほど自信をもっているのでしょうか。別の仕方で言い換えるなら、近代世界の諸原理——公正としての正義の二つの原理に類似した内容をもつ諸原理——を実現する政治的・社会的な制度が、近代世界の歴史的条件を与件とすると き、社会的効用を(長期的に)最大化するうえで不可欠なものである、ということに、彼はなぜあれほどの自信をもっているのでしょうか。そして、彼の答えは、『功利主義』第二章第三一〇段落で具体的に描かれた彼の効用の構想にどう依存しているのでしょうか。

第二に、ミルの示す自信は、人間本性についてのかなり特殊な心理学的原理にもとづいているという私たちの推量が正しいとすれば、このより特殊な原理とは何でしょうか。そして、ミルは、この原理が、近代世界の諸原理を正当化するにあたって彼の効用の構想と連携してどのようにはたらくと考えているのでしょうか。ミルの教説を完全に順序立てて説明できたとしたら、それが、固有の意味で功利主義的であると言えるのかどうかを問わなくてはならないでしょう。しかし、この問題はさしあたり措いておきます。私たちの最初の目標は、彼の見解を理解することでなくてはなりません。

第六節　他者と結びつこうとする欲求

1　前回の講義で、私たちは、心理学的原理としての尊厳の感覚を考察しました。この感覚は、幸福を高次の諸能力の行使を含む活動に特別な位置と優先を与える生き方とみなすミルの見解を支持します。ここでは、彼の心理学におけるもう一つの原理、すなわち他者と結びつこうとする欲求に眼を転じましょう。この欲求は、功利主義的な道徳の究極的拘束力とミルが呼ぶものとの関連で、第三章第八―一一段落で取り上げられています。それは、正しく行為しようとする欲求ないし意欲を含んでおり、この時点で論じるに相応しいものです。

すでにお話ししたように、第三章は、ミルの道徳的心理学の一部を示し、私たちが、効用原理と正義の要求から(たんにそれに従ってではなく)行為するように動かされうるのはいかにしてか、についてのミルの説明を示しています。この章の議論にはあまり明快ではないところがありますが、私たちの目的に照らして満足のいく仕方で理解することができるでしょう。

ミルの示す主要な論点の一つは次のことです。つまり、道徳的判断についての私たちの哲学的説明がどのようなものであれ、道徳的な区別が超越論的あるいは客観的な基礎をもつと考えるか、それとも私たちの見解は自然主義的、さらには主観的ですらあると考えるかにかかわらず、私たちは、道徳的な行為者として、良心や道徳的確信によって、あるいは他の何らかの道徳的な動機づけの形態によって動かされることがなければ、道徳的原理から行為することはないというのは真実である、という論点です。正しい行動は私たちの本性や性格のうちに何らかの基礎をもっていなければなりません。したがって、超越論的な教説や直観主義的な教説も、功利主義的あるいはその他の教説と同様、何らかの道徳的心理学を含んでいるに違いありません。

ミルの示すもう一つの主要な論点は、私たちが、他の道徳的原理と同様、効用原理から行為するように教えられうるということを、歴史的経験が示しているということです。彼は、効用原理は、私たちの道徳的心理学のうちに、少なくとも他のあらゆる原理のそれと同じくらいには確実で自然な足場をもっていると主張します。

2 さて、第三章の結論となっている第八—一一段落に焦点を当てたいと思います。第八—九段落は、第一〇—一一段落もそうであるように、一つのまとまりをなしています。まず、第八—九段落からはじめましょう。この箇所でミルは、彼の道徳的心理学のいくつかの一般的テーゼを、こう述べています。

(a) たしかに、私たちの道徳的な感情や態度は、各人のうちに訓練や教育なしに自生的に存在しているという意味で生得のものではありません。しかし、発話したり推論する、あるいはまた都市を建設したり農業に従事するといった教育を受けた諸能力のように、それらも私たちの本性から自然に成長するものです。道徳的な感情や態度は、ある低い段階までは自生的に発現するものですが、それらはまた高い水準の陶冶や発達へともたらされうるものでもあります。

(b) ミルは、外的な制裁や、連合の法則(the laws of association)により導かれる早い段階での道徳的訓練が十分に活用されるなら、私たちの道徳的能力はほとんどいかなる方向にも涵養されうるものであることを認めています。しかし、次のような違いがあります。完全に人為的につくられ、私たちの本性によって支持されない早い段階での連合は、しだいに知的な分析のもつ〔連合を〕解体する力に道を譲っていくことになります。義務の感情は、それが私たちの本性に合った、その自然な感情と調和する原理と結びつかない場合には、知的な分析がまさって、私たちを動かす力をしだいに失っていくでしょう。これは、人為的なものと対比される自然なものというミルの基準の一部をなしています。

(c) したがって、ミルは、効用原理の内容が与えられるとき、この原理と結びついた義務や道徳的責務の感情がこの不可欠な条件をみたすことを示す必要があります。というのも、もしそうではないとしたら、義務や道徳的責務は人為的なものとなり、それゆえ、反省や分析を前にして掘りくずされてしまうでしょう。

3　ミルは、このことを第一〇―一一段落で示そうとします。ミルは、人間の本性には効用原理を支持する強力な自然的感情、すなわち他者と結びつこうとする欲求がある、と述べることから議論をはじめます。この欲求は、それが連合の法則にもとづく学習から切り離されている場合でさえ、進展する文明の影響力によってしだいに力強くなっていく傾向がある、そういうものです。まず、この他者と結びつこうとする欲求の内容を考察し、次いで、文明が進展するにつれそれをより強力なものにしていく影響力について考察しましょう。

(a)　ミルは、第一一段落で、この欲求の内容を、幸福の手段をめぐって他者と競合する立場に立つべきではないという欲求として描いています。それはまた、私たちの感情や目的と他者の感情や目的との間には調和があるべきであり、私たちの行動の目的と他者のそれとは対立するのではなく補完しあうものであるべきだという欲求です。ミルの念頭にあるのは、他者と結びつこうとする欲求は、互恵性(reciprocity)の原理から行為する欲求である、ということです。というのも、彼は、第一〇段落において、他者と結びついている感情は、それが完全なものである場合には、その便益に他者もまたあずかるのではないような、自分自身にとって便益となるいかなる条件もけっして欲しないだろう、と述べているからです。(14)

(b) この欲求は、なぜ私たちの本性から自然に生じてくるのでしょうか。ミルは、社会状態それ自体が私たちにとって自然なものであるだけでなく、必要かつ習慣的なものであると考えています。社会にとって本質的ないかなる特性も、私たちは、私たち自身にとっても等しく本質的なものであるとする傾向があります。社会は、いわば、私たちの自然な生育地《ハビタット》であり、したがって、社会にとって本質的なものは私たちの本性と調和しているはずなのです。しかし、近代社会にとって本質的な特徴は、文明の進歩によってどのような影響を被ってきたのでしょうか。他者と結びつこうとする欲求は、ますますいまの時代を特徴づけるものとなっています。そこでミルは、この欲求をさらに持続させるような、進歩する社会に特殊な性質があるはずだと考えるのです。

(c) ミルは、第三章の長い第一〇段落のなかで、その特性を簡潔に説明しています。彼はその特性を明確に挙げているわけではありませんが、彼の主要な考えは、無数の変化によって、近代社会はますます、人々が他者の感情や利益に当然与えられるべき顧慮を払わねばならないということを認めるような社会になってきている、というものです。近代文明における平等の進展、他の人々との大規模な協働、そして他の人々に集合的な目標を提起することが多くなっていること、これらのことによって私たちは、個人の目的ではなく共有された目的のために、ともにはたらかなければならないということを自覚するようになったのです。

(d) 近代社会における平等の進展は次のような仕方で生じます。ミルは、主人と奴隷の社会を除いて、人々の間に成立するすべての社会は、すべての人の利益が顧みられることがなければ成り立たない、と考えます。そして、互いを対等な者とみなす人々同士の社会は、万人の利益が等しく考慮に入れられねばならないという理解に立つときにのみ成り立ちうるものです。社会のあらゆる段階において、各人は、「絶対君主を除いて、他の人と平等な条件のもとで生きるのであり、あらゆる時代において、他の誰かと「平等ではない」条件のもとで恒久的に生きていくことが不可能になるような状態に向かって何らかの進歩がなされる」。このようにして、より大きな平等に向かう文明の進歩は、他者と結びついて生きようとする欲求を強化していくのです。

さらに言えば、この欲求は私たちの本性に合った、それと調和するものであり、人為的なものではありません。なぜでしょうか。それは、平等という条件が社会にとって自然なものだからです。それは、歴史的に見て古くからある障害や、強制と征服に由来し、支配と無知によって長らく維持されてきた権力と所有の不平等を除去し、旧社会の一般的に見て貧しい状態を取り除くことによってもたらされます。

4 さて、それでは、尊厳の原理から見て、平等な正義との関係において効用原理に究極的な拘束力をもたせているのは何でしょうか。ミルの記述を見ると、効用原理は二つの構成要素をもっているように思われます。第一の構成要素は、他者と結びつこうとする欲求です。これは、近代の平等という条件によって支持され強化されるものです。他方、第二の構成要素は、この欲求についての一定の確信、それに関わる態度です。

第二の構成要素については、説明を加えて明らかにする必要があるでしょう。この欲求をいだく人々にとっては、それにともなう感情と同じくらいこの欲求も自然なものだと感じられる、とミルは考えているのだと私は思います。つまり、連合の法則が指導する教育あるいは社会の強制力に依拠する法則によって、彼らがいだく欲求が規定されているかもしれない、と反省や分析を行うことなど、彼らには思い浮かびさえしないということです。したがって、彼らがそういうことを反省や分析によって理解したとしたら、〔他者と結びついて生きる〕この欲求はしだいに消え失せていくでしょう。反対に、彼らはこの欲求を、それなしに生きることが望ましくない、そうした属性であると考えるようになるのです。

こうして、人為的なもの対自然的なものというミルの尺度に照らせば、他者と結びついて生きる欲求は自然なものであり、分析によって掘り崩されることはありません。他者と結びつこうとする欲求についてのこのような確信（実際のそうしたすべての確信や態度）こそ、ミルの議論において、効用原理に究極の拘束力を与え、正義を求める私たちの意欲の究極の基盤にあるものなのです。

ここで生じるのは次の問いです。ミルがここで与えている答えや説明は、どれだけ堅固なものでしょうか。私たちは本当にそれに得心がいくでしょうか。もっと上手く説明する必要はないでしょうか。私たちには上手くやれるでしょうか。

注

(1) 正義の政治的構想という観念は、私の次の著作で論じられている。『正義論 改訂版』および『公正としての正義 再説』を参照。後者は以降、〔注の中では〕*Restatement*〔『再説』〕と表記して引用する。

(2) 社会の基本構造は、その主要な政治的・社会的諸制度、および一つの協働のシステムのうちでこの諸制度が連関する仕方からなっている（*Restatement*, pp. 8f〔『再説』一六頁〕）。

(3) 正義二原理とは、次のようなものである。(a)各人は、平等な基本的諸自由からなる十分適切な枠組みに対する同一の侵すことのできない請求権をもっており、しかもその枠組みは、全員にとっての諸自由からなる同一の体系と両立するものである。(b)社会的・経済的不平等は、次の二つの条件をみたさなければならない。第一に、社会的・経済的不平等が、機会の公正な平等という条件のもとで全員に開かれた職務と地位にともなうものであること。第二に、社会的・経済的不平等が、社会のなかで最も不利な状況にある構成員にとって最大の利益になるということ。この最後のものは、「格差原理」と呼ばれる。「マキシミン原理」という表現を好む論者もいるが、私は、不確実性のもとでの決定を指すマキシミン・ルールからこれを区別するために、格差原理という表現の方を選ぶ(*Restatement*, pp. 42f〔『再説』八三―八四頁〕)。

(4) 重なりあうコンセンサスとは、同一の正義の政治的構想が、理に適った、だが互いに対立しあう宗教的・哲学的・道徳的諸教説――それを信奉する相当数の人々をもち、世代の交代を越える教説――によって是認されるという意味でのコンセンサスのことである(*Restatement*, p. 32 and p. 184〔『再説』六二、三六二頁〕)。

(5) *Restatement*, p. 107〔『再説』二一三―二一六頁〕.

(6) ミルの効用についての構想がそれ自体功利主義的であるかどうかはまったく別の問題である。私はそうではないと信じるが、この点についてはいまは措く。

(7) 人格や社会についての規範的な構想は、私たちの道徳的・政治的な思想や実践によって得られるものであり、生物学的あるいは心理学的な特徴によって与えられるものではない。社会を公正な協働システムとして明確に規定する公正としての正義においては、生涯にわたり十分に協働する成員としての役割を果たしうる、自由かつ平等な人格というそれにともなう観念を私たちは用いている。公正としての正義における規範的・政治的な人格の構想は、市民としての人格の能力と結びついている。彼らは自由かつ平等であり、二つの道徳的能力をもっている。(1)正義感覚のための能力(協働の公正な条項を明確に特定する政治的正義の原理を理解し、適用し、それにもとづいて行為する能力)、および(2)善の構想のための能力(人間の生において価値あるものとは何かについての個人の構想を明確に特定する、一群の順序づけられた最終的な目的・目標――普通は包括的な宗教的・哲学的・道徳的な教説のなかに位置づけられる——をもち、修正し、合理的に追求する能力)がそれである。彼らはまた、二つの道徳的能力を行使するうえで必要となる理性、推論、判断の能力ももっている。

彼らは、全生涯にわたって社会的協働に携わり、平等な市民として社会に参加するのに必要な道徳的能力を必要最小限もっているとみなされる点で、平等である。彼らは、自分自身や互いを、善の構想をもつための道徳的能力を保持しながら、彼らがそう望むなら、理に適った、しかも合理的な根拠にもとづいてその構想を修正し、変更する能力を保持していると考えているという点で、自由である。もし彼らがそうすることを選択するとしても、彼らのアイデンティティは損なわれない。彼らはまた、自分たち自身が妥当な要求をなす源泉である——自分の善の構想を促進するために自分たちの制度に要求する正当な権限が自分にある——ことを自らに認めるという点でも自由である(*Restatement*, pp. 18–23〔『再説』三五—四四頁〕)。

(8) 私はここでフレッド・バーガーの議論に従っている。Fred Berger, *Happiness, Justice, and Freedom* (Berkeley: University of California Press, 1984), p. 132.

(9) Ronald Dworkin, *Taking Rights Seriously* (Cambridge, Mass.: Harvard University Press, 1978), pp. xi, 184–205〔木下毅・小林公・野坂泰司訳『権利論』増補版、木鐸社、二〇〇三年〕を参照。

(10) この区別は、H・L・A・ハートの次の論考に見出される。H. L. A. Hart, "Natural Rights: Bentham and John Stuart Mill," in his *Essays on Bentham* (Oxford: Clarendon Press, 1982), pp. 94f.〔「自然権——ベンサムとジョン・スチュアート・ミル」(H・L・A・ハ

ート、小林公・森村進訳『権利・功利・自由』木鐸社、一九八七年に所収)〕. 私はこの論考に多くを負っている。

(11) Ibid., p. 96.

(12) 私たちはそれらが必然的に収斂することを要請しない。

(13) H.S. Maine, *Lectures on the Early History of Institutions* (London: Murray, 1897), pp. 399f.

(14) ミルがこのように述べている事実は、格差原理(*Restatement*, pp. 42f〔『再説』八三―八四頁〕を参照)の方が効用原理よりも、平等と分配的正義についてのミルの見解をよりよく表現しているのではないか、と考えたい気持ちを私たちにいだかせる。だが、ここではこの点については立ち入らないことにしよう。

講義Ⅲ　自由原理

第一節　『自由論』（一八五九年）の問題

1　ミルがその第一章で定式化した『自由論』の問題を述べることから講義をはじめましょう。その問題とは、意志の自由という哲学的問題ではなく、市民的ないしは社会的自由の問題です。それは、「社会が個人に対して正統に行使しうる権力の性質と限界」に関わる問題です。これは古来の問題ですが、ミルは、それが同時代のイングランドの社会状態にあって、新たな条件のもとで異なった形態をとるようになったと信じています。したがってそれは、これまでとは異なった、ミルの見解によれば、より根本的な扱いを求めています（第一章第一段落）。ミルの念頭にあるのは、社会が民主的、世俗的になり、しかも工業化が進む新たな組織の時代には、自由をめぐる問題が生じるということであり、彼はそれを先取りして論じるのです。

問題は、君主あるいは一般に支配者の暴政から社会をいかに守るかということではありません。というのも、この問題は、統治権力に対するさまざまな憲法上の歯止めを確立することによって、そして政治的な特権や権利によって解決されてきたからです。問題は、民主的な統治そのものの権力の濫用、とりわけ多数者が少数者に及ぼす権力の濫用に関わります。「人民の意志……とは、実際には、人民のなかで最も数が多い、最も能動的な部分の意志、すなわち多数者、言い換えれば自分たちを多数者として認めさせることに成功した人々の意志を意味する。したがって、人民がその一部を抑圧しようとすることがありうるのであり、これに対しては、他のあらゆる権力の濫用に対してと同様に、十分な警戒を払う必要がある」(第一章第四段落)。このようにミルの関心は、トクヴィルが彼に先だって注意を喚起した、いわゆる「多数の暴政」にあります(1)。

2　しかし、ミルは、「優勢な意見や感情の暴政」に対しても等しく関心をもっていたことに注意しましょう。「社会が、法的刑罰以外の手段を用いて、それ自身の考えや慣行を、それに同意しない人々の行動の規則として押しつけようとする傾向や、社会のやり方と調和しないいかなる個性の発達をも阻止する傾向……。個人の独立に対して集団の意見が正統に干渉しうることには限界がある。その限界を見出し、それを侵害から守ることは、人間的事象の望ましい状態にとって、政治的専制からの防衛と同様欠くことのできないものである」(第一章第五段落)。さらにミルは、この問題が、新たに参政権を獲得した労働者階級――最も数の多い階級――が発言権をもつ、到来する民主的な社会の新たな条件のもとで生じるだろうと予見しています。

したがって問題は、こうした新しい環境にあって、「個人の独立と社会的統制を適切に調整する」ことです(第一章第六段落)。法的であれ道徳的であれ、一定の行動規則は明らかに不可欠です。この問題を同一の仕方で解決しうる二つの時代はありません。それぞれの時代がそれ自身の仕方で考えるのは、「自明でそれ自体正当なこと」なのです(第一章第六段落)。

3　この点でミルは、社会において優勢な道徳的意見に特有の多くの欠陥を強調します。たとえば、そうした意見はたいていは無反省であり、慣習や伝統の効果として保持されています。人民は、自分の道徳的確信を支持するのにいかなる理由も必要ないと考えがちです。そして実際、哲学者のなかには、私たちの感情は「理由に優り、理由を不必要にする」(第一章第六段落)と考えるよう私たちを促す者もいます(ここでミルはおそらく保守的な直観主義者に言及しています)。次いで、ミルは、彼が攻撃したいと考えている主要な原理の一つを挙げています。「人間の行動の規則について人々にその意見をもたせている実践的原理は、各人の心のうちにある感情、つまり自分や自分の同感する人々が、彼らにそう望むようにあらゆる人は行動しなければならないという感情である」(第一章第六段落)。もちろん、誰も「自分の判断基準が自分自身の好みだなどと認めたりはしない」。しかしミルは、それが真実だと主張します。「ある行動についての意見は、理由によって支持されていないなら、一人の人間の選好としての価値があるにすぎない。また理由が挙げられるとしても、それがたんに他の人々によって感じられる同様の選好に訴えるものにすぎないとしたら、それは依然として一人の代わりに大勢の人々の好みであるというだけのことである」(第一章第六段落)。しかしほとんどの人にとっては、他者の選好によって支持された自分自身の選好が完全に満足のいく理由であり、実際、それが、自分の道徳的確信を支持するためにもっている唯一の理由なのです[第四章第一二段落も参照]。

4　社会において優勢な道徳的意見は、理由や反省を欠いた、相互に支持しあうような共有された選好に傾いているとミルは確信しています。とはいえ、そうした意見は多くの種類の原因からの影響を被っています。

(a)　たとえば、有力な社会階級が存在するところでは、その国の道徳のかなりの部分は、その階級の利益とその階級的優越の感情を反映します。

(b)　しかしまた、社会の一般的で明白な利益も、道徳的意見に影響を与えるうえで一定の役割、大きな役割を果たしています。したがって、効用(そうした利益への訴えというヒュームの言う緩やかな意味での)の果たす役割は、重要でないとは言えません。しかしながら、そうした一般的利益は、理由によって承認されるからというよりもむしろ、一般的利益から生じる共感や反感の帰結としてその効果を得ているのです。

ここでミルの議論を要約しましょう。理由の裏づけのない社会の好悪、社会の支配的部分の好悪は、これまでのところ、一般に遵守するよう定められた規則を決定している主要素であり、それは、法律と優勢な意見の制裁によって強化されています。したがって「多数者の感情が、依然として、純粋で熱烈なところでは、彼らは他を服従させようとする要求をほとんど弱めていないことが見出される」(第一章第七段落)。

5　ミルの議論を細部に立ち入って見てきました。それは、そうした細部の議論が、彼が自由の問題をどのように理解していたか、彼が自由原理——最初に述べられるのは第一章第九段落においてです——の何を実効的なものとして見ていたかを認識するのに役立つからです。ミルは、社会的規則と個人の独立との調整について、これまでそれを現実に規定してきたものだけを変えようとしているのではありません。ミルはまた、公衆——彼が呼びかけようとしている教養ある意見——が、そうした調整についてどのように推論するかをも変えようとしているのです。彼は自由原理を到来する民主的な時代における公共的理性の原理として提示しているのです。彼は、そうした調整の問題をめぐる公衆の政治的決定を導くべき原理としてそれを見ているのです。というのも、彼は、優勢な、熟慮されていない意見の影響力が、新たな民主的な社会では過去にそうであったよりもさらに増幅されるのではないかと恐れているからです。

ミルが「いま」こそ変革を行う時期であり、状況は希望のないものではないと考えていることに注意しましょう［とくに第三章第一九段落を参照］。「多数者は、まだ、政府の権力は彼らの権力であり、その意見は自分たちの意見であると感じるようにはなっていない」(第一章第八段落)。もし、新しい労働者階級を含めて、多数者を構成する人々がそのように感じるようになるとしたら、個人の自由は、それがすでに世論による侵害にさらされているのと同じように、政府による侵害にもさらされることになるでしょう。

他方で、ミルは、そうした政府による侵害に対しては多くの潜在的抵抗があると考えています。しかし、彼が見るように、状況は流動的であり、おそらくどちらの方向にも転じるでしょう。「政府の干渉が正当であるか不当であるかを慣行によって識別する公認の原理は存在しない。人々は彼らの個人的な選好によってそれを決定している」(第一章第八段落)。

彼らは、「どのような事柄が政府によってなされるのが適当かについて、自分たちが一貫して堅持している」何らかの原理に従って決定することは稀である。政府がまさに干渉に乗り出すのは(流動的な状況にあっての)このような原理の欠如のためであり、それは正しいこともあると同じくらい間違っていることもある、とミルは言います(第一章第八段落)。

6 この議論を第一章第一五段落のそれと照らし合わせてみましょう。そこでは、ミルは、現在、個人の権力が減少する一方で社会の権力が増大する傾向があると主張しています。そうすると、ミルは以下に挙げることをしようと望んでいたのだと言うことができます。

(a) 彼は、到来する新たな民主的時代に相応しい自由原理を述べることを意図しています。この原理は、社会的規則と個人の独立をどう調整すべきかをめぐる公共の政治的討論を統制することになります。そして、

(b) 説得力ある議論によって、ミルはこの原理への支持を得て「……道徳的確信の強固な障壁」(第一章第一五段落)を築こうとしています。自分自身の意見を押し通そうとする人民の性向はそれに対立する力によってのみ抑制することができます。この場合ミルは、その力は、少なくとも部分的には、道徳的確信の力であると考えています。そして、

(c) そうした議論は理由にもとづいていなければなりません。というのも、そういう場合にこそ、人民は、広く共有された、相互に支持しあう選好に対立するものとしての純粋に道徳的な確信に訴える必要があるからです。ここで、理由に支持される議論によ

ってミルが意味しているのは自由原理（第一章第九―一三段落で彼が説明しているようなそれ）にもとづく議論であり、それが効用についての彼の考え方と結びついていることが明らかになります（第一章第一一段落）。この原理は、理に適った原理が要請するすべてに応える――それ以外の原理はそうした要請には応えない――と、彼は考えています。

自由原理は、したがって、個人の独立と社会的統制との適切な調整に関わる自由な公共の討論を規制するものと考えられた、公共的な政治的原理として提示されています（第一章第六段落）。そのようなものとして、それは、到来する時代に要請される目標、願望、理想をもつように国民的性格を形づくっていくための手段となるのです。

ここで私は、ミルが選んだ仕事は明らかであると言いましょう。彼は、自分を影響力のある意見の教育者であると考えているのです。それが彼の目的です。彼は状況が望みのないものだとは考えていません。将来はなおも開かれています。到来する時代におけるる民主的な多数者が惹き起こしうる暴政を未然に防ごうとすることは理に適っていないわけでも、非現実的な考えにすぎないわけでもありません。明らかに、ミルは、道徳的確信、政治的・社会的な問題をめぐる知的な討論には顕著な実効性があるとしています（この点でミルとマルクスは異なっているように思われます。とはいっても、より正確にその違いを述べるにはどうしたらよいかという問題はあります。マルクスもまたその

『資本論』には社会的役割があると考えているからです)。理由と議論によって説得を試みることは、重要な姿勢であると言えます。少なくとも、事態が流動的でどちらにも向かいうる環境にあってはそうです。私は、ミルの論調はとりたてて楽観的であるとは言いたくありません。彼は、いま現在の環境のもとでなしうる最善のことだと彼が考えていることを為しているだけなのです。

以下に挙げるミルの『自由論』の部分はとくに注意深く読む必要があります。

第一章…すべて
第二章…第一―一一段落、および最後の五段落(第三七―四一段落)
第三章…第一―九、一四、一九段落、および第一三段落の重要な一節
第四章…第一―一二段落
第五章…第一―四段落および最後の八段落、第一六―二三段落(統治と国家社会主義と官僚制について)

第二節　ミルの原理についての予備的な論点

1　ミルの自由原理の意義と力強さを取り上げる前に、それに関するいくつかの予備的

な論点を考察しましょう。彼がそれを、一定の列挙された諸自由を包含するものとして考えていることにまず注目しましょう。そうした諸自由はリストの形で示されており、自由一般、ないしは自由それ自体の定義によって示されてはいません(この手続きは公正としての正義において、この点でミルを踏襲しながら用いられたものです)。特別な保護を受けるのは、そして、特定の法的・道徳的な正義の権利によって定義されるのは、こうしたリストとして示される諸自由です。

(a) まず(意識という内面の領域をカバーするものとして)、良心の自由、思想と感情の自由、あらゆる主題——実践的であれ思弁的であれ、科学的であれ道徳的であれ、あるいは神学的であれ——に関する意見と感情の絶対的自由が挙げられます。言論と出版の自由は、実際には、いま挙げた諸自由と不可分です。

(b) 第二に、趣味と幸福追求の自由。つまり、他者の正統な利益(あるいは道徳的権利)を侵害しないかぎり、他者が私たちの行動を愚か、低劣、誤りであると思おうとも、「私たち自身の性格に相応しい私たちの人生計画」を立てる自由。

(c) 第三に、他者の(正統な)利益を侵害しないあらゆる目的のために他者と結合する自由。つまり結社の自由(a)、(b)、(c)については第一章第一二段落を参照)。ミルはこう付言しています。「これらの自由が全体として尊重されていない社会は、その統治形態がどのようなものであろうと、自由ではない。これらの自由が、絶対的かつ無条件に存在しない社会は、どのような社会も完全に自由だとは言えない」(第一章第一三段落)。このように、ほとんどの場合、ミルはこれら特定の諸自由を擁護することによって議論を展開しています。彼は、第二章と第三章においてそれぞれ(a)と(b)に主として焦点を当てています。

2　次に、自由原理が適用されるとミルが語る際の、その射程と条件に注目しましょう。

(a)　それは子どもと未成熟の大人には、また精神的に障碍のある人には適用されません(第一章第一〇段落)。

(b)　それは後進社会には適用されません。ミルはこう述べます。「原理としての自由は、人類が自由で平等な討論によって進歩しうるようになる時代以前の状態に対しては適用されない」(第一章第一〇段落)。ミルは、この論考で関心をもっている諸国民は、そうした状態に到達してから長い間経った諸国民であると注意を促しています。

(c)　後段でミルは、自由原理は外敵に囲まれ、つねに敵対的な攻撃にさらされている人民には適用されないと付言しています。また、国内の動乱や抗争に悩まされている人民にも適用されません。いずれの場合も、自己保存を緩めることは命取りになりかねないからです(第一章第一四段落)。

3 こうした記述から明らかになるのは、自由原理は第一の、あるいは最高の原理ではないということです。それは効用原理に従属するものであり、それによって正当化されるものです。というよりもむしろ自由原理は、ある種の中間公理なのです(『功利主義』第二章第二四—二五段落)。にもかかわらず、自由原理は非常に重要なものの一つです。それは公共的理性の原理、すなわち民主的な社会において公衆の討論を導く政治的原理なのです。

自由原理がミルによって中間公理、副次的な原理としてみなされていることは(第二章第二四段落)、彼が第一章第一一段落で述べていることからも確かめられます。彼はこう述べています。「効用から独立したものとしての抽象的権利の観念から私の議論のために引きだしうるいかなる利点も私は放棄する……。私は、効用はすべての倫理的問題の究極の審級であると考えている」。そして彼は決定的に重要な補足をしています。「……しかし、それは、進歩する存在としての人間の恒久的利益にもとづく、最も広い意味での効用でなければならない」。

次の講義では、この恒久的利益について論じ、それを、ミルの見解の根底にある心理学的な原理と結びつけたいと思います。いまのところは、そうした利益のなかには、「私たちの生活の基盤そのもの」を確立する正義の道徳的権利が確実に保障されることへの利益が含まれるという点に注目したいと思います(『功利主義』第五章第二五段落)。他の恒久的利益は、その条件が進歩的な変化を推し進めるエンジンにとって不可欠な部分となる、自由な個性の条件〔が保障されること〕への利益です。

ミルはこう考えているのです。民主的な社会が、個人と社会の関係に関わる規則をめぐる公共の討論を規制するに際して自由原理に従うときにのみ、そして民主的な社会が、その態度と法をそれに従って調整するときにのみ、その政治的・社会的な制度は、進歩する存在としての人間の恒久的利益を市民が実現しうるように国民的性格を形づくっていくという役割を果たすことができる、と。

第三節　ミルの述べる自由原理

1　ミルは、第一章第九―一三段落、第四章第三、六段落、第五章第二段落において、さらに第五章第三、四段落における説明を加えて、自由原理を表明しています。最初の所説において、自由原理は次のように描かれています（第一章第九段落）。「……人類が、個人的にまたは集合的に、誰かの行為の自由に正統に干渉することが許される唯一の目的は自己防衛である」。彼はこうつけ加えます。「……文明社会の成員に対して、彼の意志に反して正しく権力を行使しうる唯一の目的は、他者に対する危害の防止である。彼自身の幸福は、物質的なものであれ道徳的なものであれ、それを正当化する十分な理由とはならない」。ある人自身の善は、「彼を諫めたり、理由を挙げて彼を納得させたり、彼を説得したり、彼に懇願する」十分な理由にはなるが、「彼を強制したり、それに応じない場合に彼に何らかの罰を与える」十分な理由にはならない。そのような強制を正当化するためには、当の行動が誰か他の人に害悪を及ぼしそうであるという見通しが必要である。自分自身にだけ関わるある人の行動については、「彼の独立は、当然のこととして、絶対的である。彼自身に対しては、彼自身の身体と精神については、個人は主権的である」(第一章第九段落)と、ミルは言います。

2　もちろん、ミルのねらいは、この原理を、国家の制裁として執行される法や他の制度による自由の制約と同様、彼が「世論の道徳的強制」と呼ぶものの帰結である自由の制約に対して適用することにあります。私たちは自由原理を次の三つの条項という形で定式化することができます。

第一条項…社会はその法や共通意見の道徳的圧力によって、個人の信念や行動が他者の正統な利益や(道徳的)権利を侵害するのでないかぎり、それにけっして干渉を加えてはなりません。とりわけ、公共の討論においては、正‐不正に関わる理由のみに訴えなければなりません。これは、次の三種類の理由を排除します(『自由論』第三章第九段落、第四章第三段落)。

（i）パターナリスティックな理由。これは、他者自身の善にもとづく理由を引き合いにだします。その善は、他者の個人的観点から見て賢明であり思慮深い事柄によって定義されます。

（ii）卓越や人間の完成の理想という理由。それは私たちの、あるいは社会の卓越や完成の理想を参照することによって特定されます（『功利主義』第二章第六段落、『自由論』第四章第五、七段落、第四章全体のなかでも第三一一二段落が重要）。

（iii）反感、嫌悪ないし選好の理由。『功利主義』第五章第一四―一五段落で定義されているように、反感、嫌悪あるいは選好は正‐不正の理由によって支持されうるものではありません。

こうして、ミルの自由原理を公共的理性の原理として読む一つの仕方は、特定種類の理由を、立法に際して、あるいは世論による（社会的制裁としての）道徳的制裁を導く際に排除するものとしてそれを理解することです。公共的理性においては、右に挙げた三種類の理由は無効とみなされます。

私は、ここで解釈の問題についてみなさんに注意を促したいと思います。私は、自由原理の第一条項を、社会は、個人の信念や行動が他者の正統な利益や道徳的権利を侵害するのでないかぎり、それにけっして干渉を加えてはならない、ということを述べたものとして読みました。これは、この原理をミル自身が表明する際の仕方と必ずしも一致するわけではありません。彼は第一章第九段落において次のように述べています。「……人類が、個人的にまたは集合的に、誰かの行為の自由に正統に干渉することが許される唯一の目的は、自己防衛である」。あるいは「他者への危害を防止するために……」。あるいは「〔その人の〕行動が……誰か他の人に対する害をもたらすことが予測されていなければならない」。あるいは「人間の行動のなかで、社会に従わなければならない部分は、他者に関わる部分だけである」。そしてミルは、第一章第一一段落では「他者を害する」行動、第四章第三段落では「他者の利益に有害な仕方で影響する」行動という表現をしています。

明らかに他者が行う多くの事柄が私たちに関わりますが、このことは、他者が行う事柄は私たちに害悪をもたらすということを意味しません。ミルが第四章第三段落で述べているように、「個人の行為は……他者の憲法上の権利のいずれかを侵害するまでにいたらないとしても、他者にとって有害であることがありうる」。「関わる」(concern)や「影響する」(affect)は非常に多くの事柄をカバーする一般的な用語です。したがって、私たちは、ミルが用いる言葉の暗黙の多義性や曖昧さをどう解消するかを決定しなければなりませんし、しかもそれは、彼のテクストを理解する仕方でなされなければなりません。この目的のために、私は、第三章第九段落によって与えられ、第四章第三段落によって支持される主要なテクストを読んでいるのです。第四章第三段落にもとづいて、次のように述べたいと思います。

第一条項…社会は、その法や刑罰によって、あるいは強制的なものとしての道徳的意見によって、個人の信念や行動が他者の正統な利益――法的規定のうちに明示された（正当化されていると想定される）、あるいは（道徳的）権利とみなされるべきであるという暗黙の了解のある利益――を侵害する、すなわち損ねたり破壊するのでないかぎり、その個人の信念や行動にけっして干渉を加えてはならない。

この定式もなお何らかの注釈や解釈を必要とはしますが、私たちは明確な教説を得たと考えていいでしょう。さて、これをより正確に理解するために、第三章第九段落の冒頭部分、そして同じ段落の後の部分から少し文章を拾ってみましょう。社会は、「他者の（道徳的）権利および（正統な）利益によって課された制限内で」個性の涵養を許容しなければならない。そのかぎり、諸個人は、「他者のために厳格な正義の規則に従っているとみなされうる」のであり、この制限のなかで、彼らは、「個性を打ち砕くものは何であれ専制である」がゆえに、異なった人間が彼らの選ぶままに異なった生を生きるのを許すよう、異なった人間の本性に自由な展開の余地を与えなければならない。

当面はこのミルの議論を受け入れることにして、説明をつづけましょう。

さて、ミルは、他の文脈においては――たとえば、個人の生活やさまざまな結社の内的生活の文脈においては――、他者の（道徳的）権利を侵害するところまではいかない他者への配慮が健全な理由となりうることを否定していません。もちろん、そういう他者への配慮は健全な理由たりえます。さらに、他者の信念や行動に対して私たちがいだく反感や不快感は、それらが私たちの権利や正統な利益に影響を及ぼさないとしても私たちにとって苦痛であることを、ミルは否定していません。もちろん、そういうのは苦痛ですね！　つまり、一般的な用語を使うなら、それは不効用です。

彼の見解は、進歩する存在としての人類の恒久的利益を促進するためには、社会は、先に挙げた三種類の理由をそれが排除するよう導く自由原理を断固として堅持する方が上手くいくというものです。このように、ミルの原理は、公共的な政治的討論において用いることのできる諸々の理由に戦略的な制限を課し、そのことによって、公共的理性の観念を明確に特定します(これを私の『公正としての正義 再説』における公共的理性の観念と比較してください(2))。

3　第二条項…ある種の個人的な信念や行動が、第一条項が許容する正－不正についての考慮によって示されたような、他者の正統な利益や道徳的権利を現実に侵害するならば、公共の討論が、そのような信念や行動が何らかの仕方で制約されるべきか否かという問題を適切に取り上げることができる、ということになります。そして、その問題について、その制約にメリットがあるか否かを論じることができる、ということになります。もちろん、その討論は、先に述べた三種類の理由を排除して行われなければなりませんが。

他者の正統な利益や道徳的権利(現在そう理解され、明確に特定されているものとしての)に対する侵害のみが法や道徳的意見による干渉を正当化しうるからといって、それがつねにそうした干渉を正当化するわけではない、ということに注意しましょう。許容される理由にもとづいて、その干渉にメリットがあるかどうかが、なおも論じられる必要があるのです。

第三条項…問題はそうしたメリット如何《いかん》によって解決されなければならない。

4 まとめましょう。ミルの自由原理の実質的な力は、第一条項が排除した三種類の理由によって与えられています。第二、第三の条項は、実際には、『功利主義』第五章第一四―一五段落が定義する正‐不正の理由、とりわけ、道徳的権利と正義の理由が問題を解決しなければならない、と語っています。その結果、ただ特定種類の理由――ただ特定種類の効用――だけが、ミルの用いる公共的理性の形態を引き合いにだすのに相応しい、ということになります。

第四節　自然権（抽象的権利）について

1　ミルが、なぜ、（第一章第一一段落において）効用から独立したものとしての抽象的権利の観念から引きだすことのできる、彼の議論にとってのいかなる利点も利用しないと述べているかを考察しましょう。

もちろん、一つの明白な理由は、ただ、読者に彼の哲学的な立場を伝え、道徳的であれ、法的であれ、あるいは制度的であれ、すべての権利は効用にもとづくものであるという彼の公式上の功利主義的な見解を確証するためです（『功利主義』第五章第二五段落）。

功利主義者は一般に、たとえば私的所有などさまざまな権利を承認してきました。彼らは、一般的な福祉を増進するがゆえにそうした権利は正当化されると考えました。しかし、少なくとも原理的には、私的所有権の制限、あるいはその完全な廃棄が、現在の、あるいは将来の社会状態という観点から見て、一般的福祉にとってさらに有益であると論じることも可能です。

ミルは、この議論の一般的な形態を受け入れます。彼の見解に固有の特徴は、彼が効用を、進歩する存在としての人間の恒久的利益という観点に沿って解釈する点にあります。権利は効用から離れて哲学的に正当化されうるというのは、効用がベンサム流に、あるいはミル流に解釈されるのであれ、あらゆる功利主義者が退ける考えです。これが自然権の観念を彼らが拒否する一つの理由であり、ベンサムはこの観念を「まったくのナンセンス」(nonsense on stilts)と表現しました。(3)

2　しかし、ミルがなぜ抽象的権利を認めないかを説明する第二の理由は、彼による自由原理の定式化がそれをすでに前提としているように思われるということです。彼はこのことを否定したがるでしょうが。

しかし、他を圧する社会の多数者が、一握りの他者における自分自身に関わる行動に干渉を加えたいという気持ちに駆られるとき――「思想と討論の自由」についての力のこもった章で、ミルは多数者にはそうするいかなる権利もないと語っています(『自由論』第二章第一段落)――、なぜ彼らはそうしてはならないのかと尋ねたくなります。効用をある仕方で理解するならば、効用の総和はそうすることによって明らかに増大するように思われるからです。

同じところ(第二章第一段落)で、ミルもこう述べています。思想と討論の自由という原理は、強制や統制の問題が起こるときには、個人に対する社会の扱いを絶対に支配する、と。ミルが「絶対に」という言葉で言おうとしているのは、自由原理はいかなる例外も許容しない、民主的な時代の正常な状態のもとでは(少なくとも非常に特殊な環境を除いて)、この原理はつねに妥当するということだと私は思います。自由原理は、蹂躙されえない何らかの自然権を引き合いにだしていないのに、一個人についてさえこの原理はつねに妥当し、いかなる例外も許容しないとどのようにして論じることができるのかと問わざるをえなくなります。

ここで私たちは、ただ一人の人間に対してさえ、全人民も政治的討論を沈黙させる権力(権利)をもたないと主張する、第二章第一段落のミルの言明を心に留めておかなくてはなりません。そうした権力は、それが人民によって行使されるのであれ、政府によって行使されるのであれ、正統ではありません。彼はこう述べています。「もし一人を除いた全人類が同意見で、ただ一人の人間がそれに反対の意見をもっているとしても、人類がその一人を沈黙させることが不当なのは、その一人にそうする力があったとして、彼がその力で人類を沈黙させるのが不当なのとまったく同じである」。この文章を読むと、再びこう問いたくなります。自然権あるいは抽象的権利のいかなる教説も背景にないはずなのに、人の数の問題は、討論を沈黙させる正当化に関してまったく違いをもたらさないとどうして言えるのでしょうか。ミルは、ただ修辞的な装飾に耽っているだけなのでしょうか。

3　到来する民主的な社会の公共的な政治的構想は、例外なしに――ただ一人の異論者の場合にそれが適用される場合でさえ――自由原理をつねに肯定することが、進歩する存在としての人間の恒久的利益の増進にとってよりよいということをミルが自分なりの仕方で語るときも、私は、右の文章を抽象的権利の教説を示唆するものとして解釈します。

ミルが行っていることは、自由原理を、基本的な政治的・社会的諸制度をいかに規制すべきかをめぐる公共の政治的討論を支配する効用原理に従属する原理として提唱することだという点に留意しましょう。彼が、そうした諸制度を民主的な時代に相応しい国民的性格を形づくり、それに向けて教育するための制度とみなしていることを思い起こしてください。私たちが自由原理とそれが適用される現在と将来の条件を理解するとき、進歩する存在としての人間の恒久的利益として効用が適切に理解されるならば、効用にもとづいて例外をつくるいかなる十分な理由もないことがわかるだろう。彼はそう述べているのです。

この解釈は、ミルが第二章第一段落で述べていることによって確かめられます。彼はこう記しています。「もし意見というものが、その意見の所有者以外には何の価値もない個人の所有物であるならば、またその享受を妨げられることがたんなる私的な損害でしかないとすれば、その損害が少人数に与えられたのか大勢に与えられたのかによって、多少の違いが生まれるだろう。しかし、意見の表明を沈黙させることに特有の害は、それが全人類から便益を奪うという点にある。現存の世代のみならず後の世代からも、また その意見を支持する人々のみならず、それにもましてそれに反対する人々からも、奪うのである。もしその意見が正しいとすれば、人々は誤謬を真理と取り替える機会を奪われる。また、もしその意見が誤っているとすれば、彼らは、前の場合とほとんど同じくらい大きな便益、すなわち真理と誤謬との衝突から生まれる真理のいっそう明らかな認識……を失うのである」。

もちろん、ミルは、政治的、社会的、道徳的、哲学的、宗教的な諸教説という一般的な事柄に関する意見のことを念頭においています。彼は、これらの一般的な教説のいずれが真であるか、あるいは最も理に適っているかを知ることが、進歩する存在としての人間の恒久的利益(安全と個性)に適っていると信じています。彼はまた、これらの問題についての理に適った信念にとって不可欠の条件は、議論と探究の完全な自由であることを確信しています。「私たちが最も確かな根拠をもっている信念でさえも、それが無根拠であることを証明せよと全世界に向かって絶えず呼びかける以外に、何のよるべき保証もないのである」(第二章第八段落)。

こうして、ある意見を表明しようとする個人を沈黙させることによって、私たちは、まさしく自由な討論の公共的過程を損なうことになります。この自由な討論の過程こそ、進歩する存在としての人間の恒久的利益を同時代にあって増進させるために不可欠なものなのです。さらに、自由な討論に対してなされる侵害はそれを補うだけの利点をもちません。討論を沈黙させることは、誤った種類の国民的性格を育ててしまうだけではなく、社会とその成員から真理という便益を奪ってしまいます。この最後の点は、『自由論』第二章第三―一一段落の「不可謬性の議論」のところで明らかにされています。そこで、ミルは、いかなる人間も、彼のいだく確信には関わりなく不可謬ではない、もし反対意見を表明するすべての人が抑圧されるならば、誤った確信をもつ人々は真理を発見する機会を失うことになる、と論じています。

結　論

これまで論じてきたように、公共的理性の観念は、受容可能な理由をそうでない理由から区別するという考え方を含んでいます。しかし、なぜすべての理由が受容可能ではないかについて根拠がなくてはなりません。というのも、たしかに、すべての理由が数え上げられるべきだと考えることは容易だからです。正義についての相異なった政治的構想は、もちろん、それぞれ相異なった理由を受容可能なものとみなし、そうみなすことについて相異なった根拠を提供しうるのです。

公正としての正義においては、公共的理性に照らして受容可能な理由を制限する根拠は、リベラルな正統性原理です。すなわち、憲法の本質事項と分配的正義の基本的な問題をめぐる市民の集合的な政治権力は、すべての市民が是認しうると理に適った仕方で予期しうる政治的価値への訴えにもとづかなければならず、したがって、共有された公共的な理解に依拠しなければならないという原理です。自由な制度が導き、支持する理に適った多元性の事実を所与とすれば、市民は、この正統性の原理に従って自分の権力を行使する義務を互いに負います。このことが実現される民主的な社会においては、市民としての礼節の理想が現実のものとなります(4)。

言うまでもなく、ミルの公共的理性の観念を支持する根拠は〔公正としての正義とは〕異なりますが、対立するところはほとんどありません。彼の掲げる、道徳的権利と正義に沿った自由原理、そして近代世界の他の諸原理はすべて、最高の効用原理に従う諸原理です。自由原理は、公共の討論において、厳格に遵守されなければなりません。公共の討論は、市民をある種の国民的性格に向けて教育する社会の基本的な諸制度の一部です。それが、平等な自由を当然のものとして前提とし、最も効果的な仕方で人類の恒久的利益を増進する制度であることは言うまでもありません。

注

(1)　Alexis de Tocqueville, *Democracy in America* (1st ed., 1835)〔松本礼二訳『アメリカの

デモクラシー』全四巻、岩波文庫、二〇〇五―〇八年〕を参照。

(2) 他者に対して、私たちの政治的判断を公共的に正当化するということは、公共的理性〔理由〕によって他者を説得することである。すなわち、根本的な政治的問題に相応しい推論とその帰結によって、そして、他者にとっても、承認し是認することが理に適っているような信念、根拠、政治的価値に訴えることによって、他者を説得することである。*Restatement*, p. 27〔『再説』五二頁〕また第二六節を参照。

(3) ベンサムは『アナーキズム的誤謬』(*Anarchical Fallacies*)において次のように述べている。「自然権は端的に言ってナンセンスである。自然で絶対的な〔時効の制約を受けない〕権利などというのは、レトリック上のナンセンス、まったくのナンセンスである」。*Nonsense upon Stilts*, ed. Jeremy Waldron (London: Methuen, 1987), p. 53 を参照。ウォルドロンが編集したこの本は、人間の権利に対する歴史的に見て重要な三つの批判、ベンサム、バーク、そしてマルクスによる批判を含んでいる。

(4) *Restatement*, pp. 40-41〔『再説』七八―八一頁〕, 90-91〔『再説』一八〇―一八一頁〕におけるリベラルな正統性の原理および理に適った多元性の事実についての議論を参照。また、Rawls, *Political Liberalism* (New York: Columbia University Press, 1993; paperback ed., 1996), pp. 137, 217 も参照。

講義Ⅳ　全体として見たミルの教説

第一節　序　論

1　もう一度、ミルの教説について私たちが考察したいと思っている問題を述べましょう。彼の言う意味での近代世界の諸原理、すなわち、正義と自由の原理は、おおまかに見て、正義二原理と同じ内容をもっていると私は想定してきました。そこで私は、ミルにおけるよく秩序づけられた社会は、公正としての正義のそれにきわめて類似した基本的な制度をそなえているのではないかと考えます。

「近代世界の諸原理」という名称は『女性の隷属』第四章第二段落からとったものです。そこでミルは、「結婚における隷属の法則は近代世界の諸原理すべてと甚《はなは》だしく矛盾する」と述べています。『女性の隷属』の別の箇所では、ミルは、「近代社会が内含する諸原理」(第一章第二三段落)、「道徳と政治において近代の運動がもつ(諸)原理」(第四章第五段落)という別の表現の仕方をしています。彼はまた、「近代世界に特有の性格」という表現もしています。それにつづくのは、近代の制度と社会の観念の性質、自由な運動と妨げのない個人の選択を許す開かれた社会——これは、万人が固定された社会的地位に生まれる過去の貴族制的な秩序に対置されています——の原理についての記述です（第一章第一三段落）。

2　近代世界の主要な諸原理は、以下に掲げるものであるように思います。もっとも、ミルは、それらの間での相対的な重要性については論じていませんが。〔書名を挙げていない〕すべての参照箇所は『女性の隷属』を指します。[1]

(a) 平等な正義および(基本的な)権利の平等の原理…第二章第一一—一二、一六段落、第四章第三、五、九、一八段落(『功利主義』第五章第四—一〇段落も参照)

(b) 自由原理…第一章第一三段落、第四章第九—二〇段落(『自由論』第一章第九—一二段落も参照)

(c) 開かれた社会、および職業と生活様式の自由な選択の原理…第一章第一三—一五段落

(d) 機会の平等…第一章第二三—二四段落

(e) 経済的・社会的な自由と公正な競争の原理…第一章第一四—一六段落

(f) 対等な者の(社会的)協働の原理…第二章第七—一二段落

(g) 夫婦の平等という近代の結婚の原理…第一章第二五段落、第二章第一二、一六段落、第四章第二、一五―一六、一八段落
(h) 公共的な慈善の原理(自助に向けて人を助けるための)…第四章第一一段落

3　かりにそう呼べるとして、ミルのフェミニズムは、今日のもっとラディカルなフェミニズムとは異なっているというのが私の意見です。彼のフェミニズムは、ただ、女性にとっての完全な正義と平等、女性がたいへん長い間服従を強いられてきた支配を廃棄することを意味しています。ミルは、結婚における女性の地位を耐えがたいものと見ました。彼の念頭にあったのは、たとえば、女性の所有が法律上夫の所有になり、女性は夫に服従を誓わなければならないという事実でした。貞節を措くとしても、女性の社会的服従は、ミルにとっては次のようなものとして際立ったものでした。「近代の社会的諸制度から切り離された事実、その根本法則となったものにただ一つ違背するもの、旧世界の思想と慣行がそれ以外のところではすべて吹き飛ばされたのに、最も普遍的な関心をひく一つの事柄において保持されている、旧世界のただ一つの遺制」(第一章第一六段落)。

このことは今日多くの人々にとっては明白なことで、おそらく自明とさえ思われるでしょうが、ミルの時代にはそうではありませんでした。同時代の人々は彼を二つの主題

に関してファナティックであると考えていました。一つは人口の増加で、彼は、それが労働者階級の福祉を低下させると考えました。もう一つの主題が女性の隷従でした。ミルの議論は、これらの主題についてはただただバランスを欠いているとみなされたのです。彼らは首を横に振り、ミルの話に耳を傾けるのをやめました。

しかし、ミルはこの二つの主題は相互に関連しあっていると理解しました。労働者階級の福祉は、家族の規模を制限することを求めます。このことはまた、女性の平等にとっても必要なことです。さらに言えば、家族が専制の学校となるべきではないとしたら、法のもとでの夫婦の平等が要請されます。彼が第二章第一二段落で述べているように、「家族は、正当に構成されるなら、自由という徳性の本当の学校となるだろう」。家族が専制の学校であるかぎり、男性の性格はひどく腐敗し、それは社会のすべての制度における平等にとって望ましい傾向を弱めます。したがって、ミルのフェミニズムは明らかに女性の隷従は重大な不正であるという確信に根ざしたものですが、それはまた、彼の心においては、女性にとっての平等な正義を実現するというはるかに射程の広い社会的な善によっても支えられていました。

第二節　ミルの教説の枠組み

1　さて、ミルの教説の枠組み——その基本的な道徳的・心理学的な想定——を見ることにしましょう。それは、当初はベンサムとミルの父親のそれとして提示された彼の功利主義が、どのようにして、彼のいう近代世界の諸原理へと転じていくようになったのかを理解するためです。

この問いにアプローチするために、私たちは、まず、彼の効用の構想を明確な選好の基準とあわせて検討しました。次いで、正義の道徳的権利の観念と個人の基本的権利を特定する際の明らかな二面的基準について論じました。そして、彼の自由原理が公共的理性を支配する原理であること、それが効用原理に従属する原理として位置づけられていることを考察しました。このことから、私たちは次のような問いに導かれます。

第一に、なぜミルは、彼の言う近代世界の諸原理、つまり正義と自由の原理や先に挙げた諸原理が、それらが基本的な諸制度のうちに現実化されるなら、最終的に、進歩する存在としての人類の恒久的利益によって定義される効用を最大化する原理になるということに確信をもったのでしょうか。この場合、もちろん、効用とは、『功利主義』第二章第三一〇段落に照らした意味でのそれですし、人類の恒久的利益という観念は『自由論』第一章第一一段落によるものです。

私たちはまた、ミルの教説が幸福以外の他の諸価値をどのように扱っているか、彼の教説がどのような特殊な仕方で人間本性についての心理学的な説明に依拠しているかを知る必要があります。これは私たちを次の問いに導きます。

第二に、ミルの教説は、一定の卓越主義的な価値や理想――彼が承認する観念としての称賛すべきものや卓越したものに当てはまる価値や理想――をうちに含み、それを重視しているのでしょうか、それとも、幸福と解される効用の構想がひとたび認められるとして、彼の教説は、ただ人間本性を最も深いレベルで記述する心理学的な原理に依拠しているだけなのでしょうか。

2 私としては、後者の理解が正しいということに完全な確信をもつことを避けながら、ミルについての私たちの研究を、基本構造に適用される政治的・社会的教説として定式化された彼の功利主義全体の心理学的な読解を素描する(それ以上のことは私にはできません)ことによって締めくくりたいと思います。この読み方は、他の状況においては、彼の見解が、それとは異なった、概して副次的な形をとりうることをなおも許容しますが。政治的・社会的な恒久の利益は、通常は、より特殊で副次的な考慮を凌駕します。

この心理学的な読み方は、(『功利主義』第二章第三―一〇段落において定義されたものとしての)幸福のみが善であり、幸福は、つねに長期的な視点を考慮する政治的・社会的な制度編成によって最大化されうるという観念をもってはじまります。この観念によって、効用原理にその政治的・社会的意味の一つが与えられます。それは、ミルの政治的教説において最高の道徳的原理であると私は示唆したいと思います。もう少し安全な言い方をすれば、それは、道徳的な正－不正と政治的・社会的正義についての彼の説明にとっての最高の原理なのです。

3　すでにお話ししたように、ミルは、より明確な結論を導くために、人間本性についてのきわめて特殊な心理学的構想に依拠します。人類の恒久的利益（簡略化してそう表現します）としての効用という彼の構想が与えられるなら、そして、現在の趨勢をともなった近代世界の条件が与えられるなら、この構想は、基本的な正義と不可欠な自由の原理を生みだすのに十分に規定的なものであると、ミルは考えています。私たちの課題は、彼の心理学的な第一諸原理を示し、彼が、その諸原理が他の諸前提と結びつくなら、いま述べた結論を導くはずであると考えるにいたったのはどういうわけかを素描することです。

主要な心理学的諸原理は以下に挙げるものだと思います。

(a)　明確な選好の基準…『功利主義』第二章第五―八段落
(b)　尊厳の原理…『功利主義』第二章第四、六―七段落、『自由論』第三章第六段落
(c)　他者と結びついて生きる原理…『功利主義』第三章第八―一一段落

(d) アリストテレス的原理…『功利主義』第二章第八段落(『正義論』第六五節も参照)
(e) 個性の原理…『自由論』第三章第一—九段落
(f) 私たちの自然的善の承認…『功利主義』第三章第一〇—一一段落

最初の三つについては、ミル講義ⅠおよびⅡですでに論じました。最後の原理は、私たちがその自然的善を承認するための能力、自然的善を社会的・結社的な学習の——しばしばある種の報酬や罰則によって学ばれる——たんなる人為的な産物にすぎない表面上の善から区別する能力として描かれます。もちろんこれらの諸原理を述べるもっといいやり方はあるでしょうが、当面はこのリストで十分です。

私の基本的な考えは、ミルの教説において、こうした心理学的な諸原理は次のような役割を果たすということです。つまり、規範的な効用原理や、近代世界の歴史的・社会的条件とその変化の趨勢といった他の考慮に沿って、心理学的な諸原理は人類の四つの恒久的利益が何であるかを特定します。

このように理解するとしても、ミルがたびたび卓越主義的な価値を参照していることをどのように理解すればよいかを説明するという課題は残ります。この問題については、彼の見解全体を視野に入れることができる最後までとっておくことにしましょう。

第三節　人類の恒久的利益の最初の二つ

1　さて、ここでこう問いましょう。これらの利益が恒久的であるという意味を私たちはどのように理解すべきでしょうか。どのような仕方で、それは、人間は進歩する存在であるという観念と結びつけられているのでしょうか。ミルはこの問題を論じてはいませんので、私たちがそれを明らかにしなくてはなりません。

私は、進歩する存在としての人類という観念は、人間の文明における多少とも連続的な改善の可能性を含意すると考えます。それは、最後には、『功利主義』第三章第一〇―一一段落に描かれた完全な平等の状態としての社会の正常かつ自然な状態へといたります。この状態において、社会は、ミルの掲げる平等な基本的正義と自由の原理に完全に適合するものとなります。したがってミルにとって、進歩とは、実践的に見て最良の、正常で自然な社会の状態へと時間をかけて、あるいはその方向へとしだいに近づいていく前進にほかなりません。

ところで、進歩が可能であるためには、一定の必要条件が得られなければなりません。『功利主義』第五章に従って、恒久的利益の一つは、平等な正義という基本的な道徳的権利が保障される利益であると言いましょう。このことが意味しているのは、私たちが社会のなかでいだいている利益は、その法や制度を通じて、そしてその共通の道徳的意見を通じて、それが、「私たちの福祉にとって不可欠の事柄」を保障し、「私たちの生活の基盤そのものを安全なものとする」ことへの利益である、ということです(『功利主義』第五章第三二、二五段落)。

次に、進歩する存在としての人間という観念から生じる恒久的利益について考察しましょう。そのような利益がみたさなければならない二つの条件があるように思います。

(i)(道徳的に見て)実践的に最良の社会状態が達成されるまで続く進歩、あるいは文明の進展にとって不可欠な社会的条件への利益。

(ii)それ自体最良の状態の条件であり、その作用のために必要となる社会的条件への利益。そうした条件はそれが最良の状態でありつづけるために必要とされるものです。

したがって、恒久的利益とは、二つの意味で恒久的です。それは、最良のそれゆえ自然な社会状態に向けての継続的な進歩にとって不可欠な条件への利益という意味で恒久的であり、また、最良の状態にひとたび到達した後に、その状態にとどまるために必要となる条件への利益として恒久的です。最良の社会状態というミルの観念に暗黙のうちに含まれているのは、そうした社会こそ社会的存在としての私たちの本性を最もよく実現するという観念です。それは、最も完全な仕方で、私たちの高次の諸能力を喚起するとともにそれを行使させ、私たちの最も重要な欲望や願望をみたすものです。これらの欲望や願望はみな、平等な正義という基本的権利や他者の正統な利益と整合するものです。この最後の点については、『自由論』第三章第九段落を参照してください。

まとめましょう。最初の恒久的利益は、平等な正義という基本的権利への利益です。言い換えれば、それは、平等な状態としての最良の社会状態への継続的な進歩にとって不可欠な、同様に、ひとたび到達した状態にとどまりつづけるために不可欠な条件に人々がいだく利益です。

2『自由論』第二章から、私たちは、第二の恒久的利益を特定できると思います。この章は、ミルが言うところの意識という内面の領域を守る諸自由を論じていることを思い出してください。その諸自由とは、良心の自由、思想と表現の自由、実践的であれ思弁的であれ、科学的であれ、道徳的、神学的であれ、あらゆる主題についての意見と感情の絶対的自由のことです。

ミルはここで、宗教と哲学、道徳と科学についての一般的教説、そして一切の一般的な政治的・社会的問題と政策に関わる事柄についての信念と討論に関心をもっています。彼は、平和を破壊したり、群衆を暴力に駆り立てがちな扇動としての言論について、あるいは、戦時において軍隊の移動について情報を暴露する言論、それに類する他の多くの事例について語っているわけではありません。彼は、『自由論』第三章第一段落においてこの種の事例に言及し、そうした言論は制限されうるものであることを認めています(第二章第一段落の脚注)。

したがって、第二の恒久的利益は、思想の自由や良心の自由を保障する法や制度、そして公共的な態度(public attitudes)に関わる社会的条件への利益です。『自由論』第二章におけるミルの議論は、こうした条件はあらゆる主題をめぐる真理の発見にとって不可欠であるというものです。さらに言えば、彼はまた、私たちは真理を知ることに恒久的利益をいだいていると考えています。彼は、たとえばドストエフスキーといったロシアの小説家に見出されるような暗い思想をいだくことはありません。『カラマーゾフの兄弟』における大審問官についてのイワンの物語、つまり、真理を知ることは恐ろしいことであり、私たちを絶望的な気持ちに陥らせ、快適で不可欠な幻想を維持するために独裁的体制を支持する用意を私たちにさせるという話を思いだしてください。聖アウグスティヌスとドストエフスキーは、西洋の思想における二つの暗い精神であり、アウグスティヌスはこの精神を深く形づくってきたのです。

3 『自由論』第二章第三―一一段落における、多くの批判が寄せられる不可謬性についてのミルの議論は、いまの主張の正しさを立証しています。その議論はおおよそ次のようにまとめられるでしょう。社会が、その法や制度を通じて、特定の一般的教説についての議論を禁じるとき、それは暗黙のうちに、そうした事柄についての真理はすでに確実性をもって知られていると想定している。言い換えれば、社会は、現に受け入れられている教説が真実にして十分に正しいものではない、すなわち不可謬ではないというようないかなる可能性も存在しない、と想定している。ミルはなぜこのように主張するのでしょうか。

彼の議論は次に挙げる想定に依拠しているのではないかと思います。

(a) 一般的教説についての真理を知ることは、つねに有益である。少なくとも一般的教説が重要である場合には、そうすることは非常に有益である。

(b) そうした教説についての自由な討論は、誤謬を正すための必要条件である。

(c) 自由な討論はまた、私たちが自分たちの信じる一般的教説が正しいということに合理的な確証を得るための必要条件である。

(d) 自由な討論は、私たち自身の信念を十分にかつ適切に理解し、評価するための、そのようにしてその信念をわがものとしていくための必要条件である。『自由論』第三章第二―八段落を参照してください。

(e) 現存の社会は、一般的教説についての自由な討論から学び、それによって進歩することを許す状態にある。

これらすべての想定にもとづいて、ミルは、社会が、一般的な討論を沈黙させることを不合理であると主張するのです。社会が自らを不可謬であると考えるのでなければ、すなわち、社会がすでに真理を所有していると思い込み、それが誤っている可能性はないと考えるのでなければ。彼の議論は、そういった考えを背理であるとみなし、この背理があらゆる事柄によって否定されるという形で進められます。というのも、もし社会がすでに真理を所有しているのではないと考えるとしたら、あるいは、その真理が誤りであるリアルな可能性が実際にあるとすれば、あるいは、その真理の何らかの側面を評価しそこねているとしたら、その場合には、社会は、進歩する存在としての人間の恒久的利益の一つを理由もなく危険にさらしていることになります。これが、私たちが真理を知ることに、したがってまた、あらゆる重要な事柄について真理を発見し、それを評価するために不可欠な条件を維持することに利益をいだく理由です。

第四節　他の二つの恒久的利益

1　さて、もう二つある恒久的利益を取り上げましょう。そのうち最初のものは、『自由論』第三章でミルが論じる自由と結びつけることができます。

それは、趣味と幸福追求の自由、正義の平等な権利と正‐不正についての指示によって保護された他者の正統な利益を侵害しないかぎり、私たちの性格に適合する生活様式を制約なく形づくっていく自由です。たとえ他者が私たちの生活様式を愚かで無思慮、称賛に値しないどころか軽蔑すべきものとさえみなすことがあるとしても、私たちはそうすることにおいて自由なのです。こうした自由とともに、それを実効的なものにする結社の自由も挙げられます。

これらの自由が確固として保障されることへの利益を、個性の条件への恒久的利益と呼びましょう。この利益には、同じ志向をもつ他者と結びつくことへの利益も含まれると解します。さて、『自由論』第三章第一〇—一九段落で、ミルは、これらの自由は文明の進展にとって不可欠の条件であると主張します。第三章第一七段落において、彼は、「改善の唯一信頼できる恒久の源泉は、自由それ自体である」と述べます。とすれば、彼は、この恒久的利益は、思想の自由および良心の自由への恒久的利益とともに、私たちが進歩する存在としてもつ利益にほかなりません。

もちろん、こうした自由は、いま不可欠であるだけでなく、ひとたび到達した最良の社会状態においても不可欠なものです。そういう自由はミルにとって根本的なものであるため、彼はそのことをあまり明確には表現していません。それを次のように表現することができるでしょう。こうした自由が十分に尊重されるところでのみ、明確な選好の基準を適切に用いることができる、と。このことの重要性については、誇張しすぎるということはありません。自由な制度という条件のもとでのみ、人々は、どのような生活様式が彼らに(ミルの言う意味での)幸福の最良の機会を提供するかについて知る、あるいはそれについて理に適った決定を下すための十分な自己理解を得ることができるのです。この基本的な論点については、すぐ立ち戻って取り上げるつもりです。

2　最後に、第四の最後の恒久的利益を見ましょう。私は、この恒久的利益を(『功利主義』第三章第八―一一段落で述べられる)次のようなミルの信念と結びつけます。それは、社会の正常な状態、私たちの最も深い本性に十分に適合した状態とは、(先に概観した)平等な正義の権利と自由が確実に保障される社会であるという信念です。

この正常な(しかも自然な)社会状態にあっては、万人の利益が平等に考慮されなければならないという条件がみたされないかぎり、他者と結びつくことはできません。この状態は、翻って、他者と結びついて生きようとする欲求――ミルはそれを私たちにとって自然なものとみなします――を生じさせます。この無造作な表現によって彼が言おうとしているのは、他者もまたその便益のうちに包含されないかぎり、どのような社会的条件からも自分の便益を得ようとはしない欲求のことです。私たちはここで互恵性の原理を手にします。『功利主義』第三章第一〇段落にはこう書かれています。「人間の精神が改良されていく状態では、その影響力は絶えず増大し、一人ひとりの個人のうちに、他のあらゆる人と結びついているという感情が生まれやすくなるだろう。その感情は、それが完全なものであるなら、自分にとってどれほど有利な条件でも、他者にとって便益とならないものは、誰もけっして考えたり望んだりしなくなるだろう」。

したがって、第四の恒久的利益は、社会の自然な状態を平等な状態として明確に規定し、それを安定した平衡が可能になる状態とするような社会的条件や制度に私たちがいだく利益です。

3 まとめましょう。四つの恒久的利益とは以下のものです。

(a) 第一に、平等な正義という基本的諸権利を保障する制度に対する恒久的利益(その諸権利は『功利主義』第五章で論じられています)。これらの諸権利は、「私たちの福祉にとって不可欠なもの」を保護し、「私たちの生活の基盤そのものを安全なものとし」、進歩にとって不可欠なものです。私たちはこの利益を文明のあらゆる段階においてもちます。

(b) 第二に、思想の自由や良心の自由を肯定する自由な制度や道徳的意見からなる公共的態度に対する恒久的利益。こうした制度や態度は、平等な状態としての自然な社会状態への進歩にとって、同様に、この状態を維持するためにも不可欠なものです。

(c) 第三に、個性を許し、趣味の自由や私たちの性格に相応しい生活様式を選択する自由を保護し、鼓舞する自由な制度や公共的態度に対する恒久的利益。これらはみな私たちが自分の生活様式を自分自身のものとすることを可能とします。これと一対のものとして、個性を実効的なものにする結社の自由があります。

(d) 第四に、平等な状態としての自然で正常な社会状態を実現するために必要となる、正義に適った自由な制度や公共的態度に対する恒久的利益。

第五節　明確な選好の基準との関係

1　この節で、進歩する存在としての人間の四つの利益についての私たちの概観を締めくくりたいと思います。この概観が完全なものであると主張するつもりはありません。ミルの見解には他の恒久的利益もあるでしょうし、四つの区別には明らかに人為的なところもあります。しかし、この区別は、彼の教説が一貫していることを示すうえで有益であると思います。

すでにお話ししたように、ミルが主張しようとしているのは、彼の効用の構想(『功利主義』第二章第三一〇段落)を私たちが採用したなら、彼の正義と自由の原理は、この原理を是認する共通の道徳的意見によって補完され、恒久的利益をかなえるうえで最も実効性のある政治的・社会的な秩序を明確に特定することになる、ということです。近代世界の条件と人間の心理についての原理が与えられるなら、政治的・社会的な制度を編成するこれ以上よい方法はありません。しかし、ミルの想定にもとづくとき、なぜ、これは真実であると言えるのでしょうか。彼は、詳細をどう見ているでしょうか。

2　ミルの教説全体にとって決定的に重要なのは、正義に適った自由な社会的な制度編成のもとでのみ、明確な選好の基準は適切に用いられうるということです。この基準は、ある快楽ないしは活動が質の観点から言って他のそれよりも高次であり、高次の諸能力をそなえた存在にとってはより適切である(その意味でよりよい)という判断を含んでいることに留意しましょう。いま述べた後半部分は、尊厳の原理と結びついています。これは注目すべき帰結をもたらします。つまり、正義に適った自由な制度編成がなければ、ミルの言う意味での効用を最大化するために必要な事柄についての的確な知識や情報を、社会は端的に言って得ることができないのです。次の二つの理由からそう言えます。

(i)　第一に、諸個人が、単独であれ他者とともにあるのであれ、その性格や性向に最もよく適合する仕方で自分の諸能力を教育、開発しうるのは、ただそのような制度のもとにおいてのみです。したがって、人々が明確な選好によって是認する活動を私たちが知るためには、そのような制度が必要なのです。そして、

(ii)　第二に、効用を最大化するために、それゆえ、四つの恒久的利益を増進しうる

より的確で詳細な法律や規制が何かを知るために必要な情報を所有しうるような、いかなる中枢機関――いかなる中央情報局や計画委員会――も、社会には存在しないのです。

3　一つのアナロジーを考察してみましょう。ミルは、言ってみれば、各人は、完全な競争市場における一企業のようなものであると想定します。そうした市場にあって、企業は、その支出と収入の価格を与件として、何を生産すべきかを決定します。何をすべきかを知らせてくれる中央の計画機関は存在しません。経済理論が設定するような一定の条件のもとでは、各企業がその利潤を最大化するとき、社会生産全体は(パレートの言う意味で)効率的に産出されることになります。

アナロジーはこうです。企業が、何をどれだけ生産すべきかを最もよく知りうると考えられるのは、ただ競争市場という条件のもとでのみです。競争市場で設定される価格は、企業が効率的であるために下す決定にとって必要な情報を含んでいます。したがって、各企業は互いに独立して、その生産の決定を自由に行う状態におかれます。

ミルの見方によれば、個人がどの高次の諸活動が自分の本性や性格に最もよく応えるものであるかを知りうるのは、平等な正義と自由な制度という条件のもとで、適切に教育を受け、自分の諸能力を開発する機会を与えられる場合だけです。

肝心なのは、ミルの言う意味での効用を最大化するためには、正義に適った自由な制度を構築し、人々の諸能力を教育することが必要だということです。これは、明確な選好の基準が作用しうる背景的な条件を確立します。効用を最大化しようとして、社会がそれ以外の制度を利用するなら、それはただ闇雲に進むことになるでしょう。自由な制度という社会的条件のもとで育てられ、教育を受けた人々だけが、各人それぞれの事情にのぞんで必要な情報をもつことができるのです。

4　ここで、私のコメントとしていくつかの意見を述べさせてください。第一に、すでに注目したように、ミルは、高次の快楽のクラスと低次の快楽のクラスそれぞれのなかで、きめの細かい区別を行ってはいないと私は思います。野球は高次の活動です。違いないですね。彼は、一部には、功利主義とは「豚にとってのみ価値のある教説にすぎない」(『功利主義』第二章第三段落)というカーライルの教説に反駁し、高次の快楽と低次の快楽、高次の諸能力と低次の諸能力は――明確な選好の基準によって――区別されうるということを強調することに関心がありました。彼の目的にとっては、おおまかな区別で十分なのです。

第二の意見はこうです。きめの細かい区別が欠けていることは、すべての正常な個人は、ある人は他の人よりも才能に恵まれているということを認めるとしても、等しくその高次の諸能力を享有し、行使することができるとミルが考えていることを意味しています。次のように言えば、このことをより精確に表現できるかもしれません。(適切に教育され、その他の条件をみたしている)正常な個人にとっては、彼らが自分の生にとって中心的なものにしたいと望むある範囲の高次の諸活動がある、と。ミルはまた、まともな機会がありさえすれば、彼らは実際にそうするだろうし、そのことに特段の説明は必要ないと主張します(もちろん、そうした諸活動の範囲は各人によって異なります)。ミルが『功利主義』第二章第七段落で述べる説明によって、このことは確かめられます。そこで彼は、尊厳の原理、すなわち明確な選好の基準を支持する基本的な心理学的原理から明らかに逸脱する事例を説明しています。高次の諸活動や諸能力がもっぱら知的なもの、美的なもの、学術的なものであるという考えはばかげています。

第三の意見です。才能に恵まれた人(そういう人がいることを認めるとして)の高次の快楽は、才能にさほど恵まれない人の高次の快楽よりも価値が高いわけではありません。適切な教育を受け、正義に適った自由な制度のもとに生きる、普通の人々が明確に選好するすべての活動には、それに劣らない価値があるとみなされます。さらに言えば、実際問題として、そもそもそうした諸活動の価値を比べる必要が生じるいかなる機会も存在しない、ということが明らかになると私は思います。しかし、そのことを示す必要はあるでしょう。ぞんざいな言い方になりますが、快楽の質における違いが、社会政策に影響を及ぼしうる、また実際及ぼすべきであるように思います。きめの細かい区別をする必要はないとするとき、私たちはこのことを認めることができるでしょうか。ここで私たちは問題の核心に触れることになります(2)。

最後に、第四の意見です。ミルにとっては、社会や、中央の計画機関が、たとえば、ある種の心理学的な試験を使って、どのような特殊な生活様式がそれぞれ特殊な個人にとって最善であるかを告げる際に用いることができるような、人間本性についての一般的な心理学的理論は存在しません。私たちが得ることのできる最良の情報は、自由な諸個人による決定を見ることとです。私たちは、彼らが、必要とされる自由な条件のもとで、自分自身で自分の生活様式について決定するに任せます。彼らは、どの一群の高次な諸活動が、自分の生の核心をつくるうえで最善なのかを決定しなくてはなりません。この情報をあらかじめ私たちに与えてくれるような一般的な心理学的理論は存在しないのです。

5　まとめましょう。平等な正義の権利と三種類の自由は、同時代の民主的な社会に生きる平等な市民が、それぞれ自分に最も適合した生活様式を見出すうえで最良の立場にあることを可能にするために必要となる制度的な条件を明確に特定します。この結論は、進歩する存在としての私たちの恒久的利益という観点から見て効用を最大化するためには、正義に適った自由な制度が不可欠である、とミルがなぜ考えているのか――そう考えているように私には思えます――を説明するのに役立ちます。

第六節　個性との関係

1　私たちは、個性の原理が明確な選好の基準と結びついていることを見てきました。そこで、この原理が基本的な心理学的原理としてもつ意味を考察する必要があります。ミルは、『自由論』第三章第一段落で次のように述べています。「第一義的に他者に関わるのではない事柄においては、個性が自己を主張することが望ましい。その人自身の性格ではなく、他の人々の伝統や慣習が行動の規則となっているところでは、幸福の主要な構成要素の一つであり、また個人的・社会的な進歩のまさしく第一の構成要素をなすものが欠けていることになる」。これが心理学的な原理であることは、幸福の構成要素の一つである個性によって示されます(この点については、『自由論』第三章第一―九段落がすべて重要です)。

ミルは、個性には二つの要素があると考えています。

(a)　一つは、高次の諸能力の発展と行使を含む、私たちのさまざまな自然的諸力の自己発展(self-development)というギリシアの理想です(第三章第八段落)。

(b) 二つめは、自己統治(self-government)というキリスト教の理想です。これは、とりわけ(私がミルを読むかぎり)、正義の基本的権利によって私たちの行動に課される制限の承認を含んでいます(第三章第八―九段落)。

2 ミルは第三章第八段落でこう述べます。私たちが善き存在によって創造されたと考えることがあらゆる宗教の教えだとしたら、私たちが、高次の諸能力を、それらを涵養し、展開することができるようにするために――それらを根絶し、使い尽くすためにではなく――もっていると信じることは宗教に適っている。私たちの諸能力に埋め込まれている理想的な構想の実現に向けて私たちが近づいていくのは神の喜ぶところであるということもまた、宗教に適っている。ここで、ミルは、「人類がなしうる善のすべては、〔神への〕服従よりなる」、そして、人間の諸能力、諸力、感受性は撲滅されねばならないとする、「人間性についてのカルヴァン派の構想」と呼ぶものを退けているのです(第三章第七段落)。

ミルの見解は、卓越主義的な理想として示されているように見えます。後で、どこまでそれを心理学的な教説として読むことができるかを考察しましょう。いまのところは、ミルが、そうした理想を、明確な選好の基準が尊厳の原理とともに作用するために必要となる条件のもとで、人々が採用し、追求するだろう生き方を特徴づけるものとして見ているがゆえに、彼は、ここで理想に言及しているのだと述べるにとどめましょう。そうした理想は、私たちの自由で十分に発展した本性に最も合致するような生き方を特徴づけているのです。

3　ミルにおける個性の観念の一つの特徴は、それをより旧い見解と比べることによって明らかになります。ロックがその『寛容についての書簡』(一六八九年)において寛容について論じるとき、彼は、宗教戦争をいかに克服するかという問題に大きな関心をもっていました。彼は、国家内部の自発的結社として教会を位置づけ、国家は一定の制限内で良心の自由を尊重しなければならない、とする解決案を示しました。宗教戦争の時代には、信仰の内容が何にもまして重要であるということは当然と考えられていました。人は真理を、真実の教説を信じなければならない、さもなくばその人は自分の救済を危ういものにしてしまう、と。宗教上の誤謬は最悪のこととして恐れられていました。そうした誤りを示す者は極度の恐怖を惹き起こしました。

しかし、ミルの時代には、問題の見方は明らかに変化していました。寛容の原理をめぐる闘争はずっと前に解決を見ていました。もちろん、信仰の内容が重要でないわけではありませんが、それをいかに信仰するかもまた重要です。いまや、私たちが自分の信仰をどの程度自分自身のものとしているか、どこまでそれを理解しようとしたのか、そのより深い意味をどこまで突きとめようとしたかが問われます。そして、私たちの生活において私たちの信仰に中心的な役割を与えるということは、いわば、たんにそれを口にすることではありません。

こうした態度は、それが宗教戦争が経過するなかで生じたものだとしても、近代的なものです。それは、もちろんミルの独創ではありません。彼は、ヴィルヘルム・フォン・フンボルトにそうした態度があることをはっきりと認めています(一九七二年)。また、ミルトンはすでに『アレオパジティカ』(一六四四年)の第四九節でこう語っています。「……自分の牧師が言ったとか、最高長老会議の決定という理由だけで、それ以外の理由を知ることなく信ずるなら、信ずる行為は本物であっても、奉ずる真理そのものがその人を異端にする」、と。ルソーもまた、この種の考え方に多大な影響を及ぼしました。彼は、自己と、自己観察によって培われる自己の内面の生活に内在する価値を強調しました。その源泉が何であれ、ミルは、『自由論』第三章第一一九段落において、こうした考え方に重要な表現を与えています。

信仰上の誤謬は、もはやかつてと同じ仕方で恐れられることはありません。これは近代的な態度の一部をなしています。たしかに、誤謬は多大な害悪をもたらすことがありますから、恐れられなくなるわけではありません。しかし、地獄に堕ちる罪が避けられなくなるから、恐れられるのではありません。誠実さと良心もまた重要です。明らかにミルは、誤った宗教的信念をもつ人が、それによって、それを理由として、天罰を受ける可能性があるとは考えていません。彼は、誤謬がそのような帰結をもたらさないことを当然とみなしています。私の推測では、この信念は、ミルにおいてそうであるように、個性という価値が中心的価値となるために要請されるものです。私たちの信念や願望を自分自身のものにすることが重要であるという考えは、もし、誤謬が、それ自体天罰を招くものと解されるとしたら、端的に不合理に思われるでしょう。

4　ミルの個性の観念の一部には、私たちが信じるものを私たち自身の信念とする観念があるということに注目してきました。これは、自由な自己発展の一つの側面です。他にもミルの強調する側面があります。人生計画を自分自身のものにすること、欲求を自分自身のものにすること、そして、欲求や衝動の間でバランスをはかり、それも自分自身のものである優先順位の秩序を築くこと、こういう側面です。

私は、ミルが、他の人々と異なった者であるために自分を他の人々と異なったものにしなければならない、と言おうとしたとは思いません。むしろ、彼が言わんとしているのは、人生計画が他者のそれと類似していようといまいと、私たちはその計画を自分自身のものにしなければならない、すなわち、その意味を理解し、それを自分の思想や性格に相応しいものへと具体化しなければならない、ということです。私たちは、言われるところの諸目的の選択者として、自分の生を選ぶ必要はまったくありません。むしろ、私たちには、相応の反省の後で自分の生き方を肯定すること、それにただ習慣として従うのではないということがあります。私たちは、思想、想像力、感情の力を十全にかつ自由にはたらかせることによって、自分の生き方を理解できるところまで到達し、そのより深い意味合いを洞察できるようになるのです。そういう仕方で、私たちはその生き方を自分のものにしていくのです。たとえ、その生き方がそれ自体旧くからあるものであり、その意味で伝統的であるとしても。

私がこの問題に言及するのは、ミルは、異例《エクセントリシティ》であることを強調し、自分のやりたいようにやることを強調した、としばしば言われるからです。これは誤読だと私は思います。たしかに、彼は、自由な制度がより大きな文化的多様性を導くだろうと予期していますし、彼はそれを望ましいと考えています。しかし、彼の強調は、自由な自己発展と自己統治にあります。後者は自己規律を含意していますし、両者のいずれか、あるいはその双方とも異例であることと混同されてはなりません。ミルの基本的な考えは、私たちの関心は、私たちの思想や性格を自由にかつ反省的に形成するものとして理解された個性にあり、その形成は、万人にとっての平等な正義の権利によって課される厳格な規則の枠内で行われる、ということです。

この最後の点に関しては、『自由論』第三章第九段落の正義による制限について述べた非常に重要な一節に注目しなければなりません。

人間が崇高で美的な観照の対象となるのは、彼ら自身のなかにある個性的なもののすべてをすりへらして一様にしてしまうことによってではなく、他者の権利と利益によって課された制限の範囲内で、それらを涵養し、引きだすことによってである。……各人は、その個性の発展に応じて、自分自身にとってますます価値あるものとなり、したがって他者にとっていっそう価値あるものとなることができる。……他者のために厳格な正義の規則を守らされることは、他者の善を自分の目的とする感情や能力を発達させる。しかし、他者の善に影響を及ぼさない事柄において、たんに他者の不愉快という理由のために制約されることは、その制約への抵抗のうちに姿を現すかもしれない性格の強さを除けば、何ら価値あるものを発達させはしない。……各人の本性に十分な活動の余地を与えるためには、相異なった人間がそれぞれ相異なった生を生きるのを許されることが不可欠である。

残念ながら十分に論じるだけの時間はありませんが、ここでミルの思想は、もう一つの観念を示唆していると思います。つまり、正義の権利を尊重することを含む自己統治の制限のなかで、諸々の個性の自己発展の帰結として人間の多様性が生じるとき、自由な制度のもとで、その多様性はより大きな総体的価値を達成しうる、という観念です。これは、ミルや他の近代のリベラリズムにとって重要な主題です。こういう考えは、ロックには思い浮かばなかったでしょう。彼は、自由な信仰や寛容の原理の受容を可能にすることによって宗教の多様性という埋め合わせが得られるとは考えたかもしれませんが、宗教の多様性それ自体が善であるとは考えなかったはずです。

第七節　卓越主義的な価値の位置

1　私は、結論として、二つの論点を挙げたいと思います。最初の論点は、ミルがしばしば言及する卓越主義的な価値が彼の思想においていかなる位置を占めるかという問題です。はっきり言って、この価値は、尊厳の原理や個性の原理と結びついてその役割を果たします。しかし、どうすればこの役割を最もよく理解できるでしょうか。どのような意味で、ミルは、卓越主義的な価値を擁護したり、それを是認しているのでしょうか。この価値は、どのような政治的・社会的制度を正当化する——ともかく何らかの制度を正当化するとして——のでしょうか。

まず、ミルは、称賛すべきものや卓抜したもの、その反対の品位の劣るものや軽蔑すべきものという卓越主義的な価値の存在をたしかに認めています。しかも、それは、彼にとって重要な価値です。さらに、彼は、私たちがそうした価値を承認していることを当然のことと考えています。というのも、そうした価値は、尊厳の原理という形をとって、何が私たちに相応しいかについての判断をつねに含む明確な選好の基準という彼の中心的観念の根底にあるからです。このように、卓越主義的な価値の存在と、それが私たちにとって非常に重要なものであることを私たちが承認することは、彼の規範的な教説の根本的な部分をなしており、彼の基本的な人間心理学によって支持されているものです。

しかしながら、自由原理——それは、個人の自由を制限する卓越主義的な根拠を排除します——の内容という観点から見るかぎり、そういう〔卓越主義的な〕《サンクション》価値は、法や強制的な社会的圧力としての共通の道徳的意見という拘束力を課すことで得られるものではありません。それを私たち自身の価値とするかどうかは、私たちの一人ひとりが友人や仲間とともにどうするかに依存しています。その意味では、彼の教説は卓越主義的ではありません。

2 ミルの政治的・社会的教説の根底にある価値は、彼の言う近代世界の諸原理に見られる正義および自由という価値です。彼が卓越主義的な価値をそこから除外したことに対して異論を唱えようとする人がいたとしたら、彼はそれを除外してはいないと応じるのではないかと思います。むしろ、彼なら、しかるべき仕方でそうした価値を考慮に入れているとと言うでしょう。つまり、彼ら自身の本性に従って、友人や仲間の助言や励ましによって、彼らに最も相応しいものとしての卓越主義的な諸価値に彼らの生における中心的な場所を与えるよう人々の自由を導くうえで、最も実効的な諸原理――それらが社会的な制度編成に現実化されるなら――を設定することによって、それらがそうあるべき仕方で考慮に入れているのだ、と。

卓越主義的な価値を実現する活動を追求するよう人々に強いることは不要である、と彼なら言うだろうと思います。そして、正義および自由の制度がはたらいていない場合にそのようにすることは有益というよりも有害である、と述べると思います。これに対して、そうした制度が十分にはたらいているなら、卓越という価値は、正義および自由の制度の拘束のもとで、自由な生き方や結社のうちに最も適切な仕方で実現されることになるでしょう。正義および自由という価値は、根本的な背景の役割を担っており、その意味でそれらには一定の優先が与えられているのです。ミルは、自分は、卓越主義的な価値にそれに相応しい位置づけを与えたのだと言うはずです。

3　ミルの心理学的原理の役割という第二の論点に関しては、私は次のように見ています。すべての道徳的教説は、他の制度上・歴史上の想定とともに、人間心理学や政治社会学の諸要素と結びついた規範的な概念や原理を内包しています。ミルの見解もその例外ではありません。とはいえ、ミルの見解は、ただ一つの主要な規範的想定――効用原理、それと結びついた概念や価値とともに――を含んでいます。この原理の本質的な役割はあらゆるところに見出されますし、それは、彼の『論理学体系』(一八四三年)末尾の実践と芸術の論理に関する章においては、目的論の教説として最高の位置を占めています。

ミルの心理学的な第一原理は本質的役割を果たしています。したがって、もしその原理が破綻したり、私たちにもっともではないと思われるとしたら、彼の見解は破綻するか、不確かなものと思われることになります。すでに示唆したように、彼の答えは、その原理に多くを依存しています。とはいっても、あらゆる道徳的教説は、その根底にある道徳的心理学に依存しています。ミルの教説は、この点でも特殊なものではありません。

ミルの見解が全体として成功しているかどうかには、私はあまり関心を払ってきませんでした。そのかわりに、私の目的は、彼が、一見ベンサム主義的な立場から出発しながら、いかにして正義、自由、平等という諸原理に行き着いたのかを説明することでした。これらの諸原理は公正としての正義とはさほど隔たったものではなく、それゆえ、彼の政治的・社会的な教説は――それを彼の道徳的見解全体から引き離すなら――、近代の包括的なリベラリズムの諸原理を私たちに与えうるものなのです。

注

(1) これまでと同様、入手しやすい標準的なテクストがないので、各章における段落を参照することにした。そのため、段落の数を手書きでふることがやむをえなくなる。

(2) この問いは、コロンビア大学のジェフリー・コーエンによって提起されたものである。

補遺　ミルの社会理論についての意見〔一九八〇年頃〕

A　予備的な意見――社会理論の背景

1　ミルを理解するためには、彼の仕事（到来する組織の時代のために、近代世界の第一諸原理についての十分なコンセンサスを確立するという目標をもって公共のエリートの意見にはたらきかける教育者としての）について彼自身がいだいた構想と、彼がその光に照らして歴史の展開を眺めた背景的な社会理論とをともに理解することが必要です。『功利主義』（一八六一年）、『自由論』（一八五九年）、『代議制統治論』（一八六一年）、そして『女性の隷属』（一八六九年）といった論考は、すべてこの光に照らして読まれなくてはなりません。

2　しかし、これらの諸論考だけでは不十分です。他の著作、とりわけ『経済学原理』（第一版一八四八年、第三版一八五二年）および『論理学体系』（一八四三年）は、ミルの社会理論をより詳細に示しています。前者については、とくに、第二巻第一―二章（所有について)、第四巻第一、第六―七章(停止状態と労働者階級の将来について)、第五巻第一―二章、第八―一一章(統治の役割について)、後者の著作については、第六巻(社会科学の方法について)――この巻はまた、彼の『論理学体系』の白眉をなす典型的部分です――を見てください。これらに加えて、『社会主義論』(一八七九年)や、たとえば『自伝』(一八七三年)などを通じて、彼のものの見方の源泉についてのより早い時期の背景も見てください。

B『代議制統治論――理想的に見て最良の政体と進歩の目標』

1 この本の最初の三章は、ミルの背景的な社会理論を示しており、注意深く読むに値します。他の章は、多くの細部に立ち入って議論を展開しています。とりわけ第七、第八章には、少数者の比例代表や教育水準の高い者への複数投票権の付与など論争を招いた提案(有益なのはこれらの提案にミルが示した理由であり、それらが彼の見解全体とどう整合するかです)についてのミルの議論があります。基本的なテーマは、第一五―一八章において、地方政府、ナショナリズム、連邦制、そして自立していない人々の統治をめぐる議論によって例示されます。

2 第一章は、統治形態はどれだけ合理的選択になじむ事柄なのかという基本的な論点を取り上げています。第四―一一段落において、ミルは、統治は目的に対する手段である(そのようなものとして扱うことができる)という(ベンサムの)見解や、統治は人間の管理には服さない有機的な成長であるという(コールリッジの)見解を退けています。彼の結論は、(第八―九段落で述べられる)一定の条件のもとでは、私たちの制度は選択の問題である(第一一段落)、というものです。

3　第一二―一四段落は、この結論に対する一つの根本的な異論について論じます。すなわち、統治形態は、その一切の本質的部分において、すでに社会的権力の諸要素の分配によって決定されており、最強の権力が統治の権威を担っている、したがって、いかなる変化にも社会的権力の分配における変化が先行していなければならない、という異論です。これに応えてミルは、この教説は評価するためにはあまりにも不精確であると述べます。それをより精確なものにするために、彼は、社会的権力の六つの主要な要素を挙げます。(i)物理的な強さ(数)、(ii)所有、(iii)知性、(iv)組織、(v)統治的権威の保持、(vi)まとまりのある実効的な世論によって導かれる能動的な社会的権力(たとえば、受動的でバラバラの「意見」に対するこの権力の度合い)。これは、社会的権力についての一般均衡の見解です。社会的権力は、いま挙げた諸要素の絶えず変化する布置に依存しているのです。

4 この章とつづく二つの章において、ミルの議論は、彼が選んだ公共の教育者という仕事の現実性と実用性を支持しているということに留意してください。彼は、同時代(過渡期)において権力の社会的諸要素の布置が与えられているとき、権力の六番目の要素がかなりの比重を占めることがある、それゆえ、それに影響を与えようとする者は何事かを達成するだろう、と主張しています。いまこそそれをなしうるときであり、おそらくこの先はそうではない。『自由論』第三章第一九段落で、ミルが、彼の仕事の合理性を説明する理論を手にしていることを思い起こしてください。

5 この理論は、それよりも早く『論理学体系』第六巻、とくに第一〇章において論じられたものです。ここでミルは、社会状態の継起を支配する法則は、大きな文化的・社会的変化には、前段階の知的な発展から生じる知的な変化が先行するという明白な歴史的事実を必ずつくりだしてきた、と主張しています。知的な変化は部分的には自律的ですから、社会的変化は、社会的権力の他の諸要素の変化だけからは生じえないのです。

6 最後に、『代議制統治論』の第二―三章は、最も広い意味でのミルの効用の観念、すなわち、「進歩する存在としての人間の恒久的利益」（『自由論』第一章第一一段落）の増進を理解するのに役立つということに注目しましょう。つまり、そうした利益を実現する最良の政体は代議政体であり（『功利主義』第二章第三―九、一一―一八段落、第三章のとくに第八―一一段落、『自由論』第三章第二―九段落を参照）、しかも、歴史的に見て、趨勢はそのような統治を可能にする条件に向かいつつあるとされていることに注目しましょう。したがって、効用の広いテストはこうなります。諸制度はいかにしてこのような歴史的趨勢を味方につけるのか、それを代議制統治にいかに適合させるのか、等々。

C『経済学原理』

この著作には「社会哲学へのその適用の若干について」という副題が付いています。

1　ミルは、いわゆる自由放任資本主義の擁護者であるという考えはまったく歪んだ像だと私は思っています。そのことは、『経済学原理』のAの2でリストとして挙げた部分を読めば納得がいくはずです。ミルは、第二巻において、所有の保持、相続、遺贈等に関する規則を提案しています。その規則はたしかに、所有の平等を目標とはしていませんが、大規模な集中を防ぎ、所有があまりにも不平等にならないようにそれをすべての階級に長期的に広く分散することを目標としたものです。この規則は、最広義の意味

（先のBの6）で定義された功利主義にもとづいています。第五巻第一―二章と第八―一一章はとくに、統治はいかなるときに、いかに能動的でなければならないかについて論じています。

2　第六巻においてミルは、実際に、停止状態（a stationary state）についてのリカード的な観念の再解釈を提起しています。それによって、この観念の政治的・社会的意味合いには大きな変更が加えられています。彼はこの状態を、絶えざる資本蓄積と技術革新によって回避されるべきこの世の終わりとはみなしていません。そうではなく、歓迎すべき望ましい状態と見ています。このような見方の転換は、資本と富が絶えず成長する社会としての近代資本主義社会のエートスを掘りくずすものです。第一章第五―六段落をご覧ください。

3　ミルは、今日しばしば産業における労働者の自主管理と呼ばれるものに賛意を表しています。その理由は、彼の見解のほとんどと一致しますが、それは参加を鼓舞し、能動的で活力のある人々を鼓舞するというものです。国家が命令を下す社会主義を官僚制的であるとして退けながら、彼は、市場が競争的であるなら、私的に所有される企業における［労働者の］自主管理が成功するだろうと考えたのです。彼のフェミニズムはこうした〔人々の参加を鼓舞する〕見方を示す重要な一部です。『女性の隷属』のとくに第二章を見てください。

マルクス

LECTURES ON MARX

講義Ⅰ　社会システムとしての資本主義に関するマルクスの見解

第一節　はじめに

カール・マルクスが生きたのは一八一八年から一八八三年です。つまり、マルクスはミルとほぼ同時代人になります。ただしミルの方が一二歳年上ですが(ミルは一八〇六年生まれ、一八七三年に亡くなっています)。マルクスが生まれた一九世紀は、すでに固有名詞としての「社会主義」に対して真剣な興味がもたれるようになっていた時代でした。ここでの社会主義とは、サン＝シモン主義者たちの著作を含みます。彼らとは、ミルも若い頃に関わりをもっていました。

マルクスの最も注目すべき業績の一つは、彼が法学と哲学を学問的なバックグラウンドとして出発して――これらをマルクスは、一八三〇年代の終わりにベルリン大学で学んでいます――ほぼ二八歳になった後で初めて、彼のさまざまな観念を明確化し深めるために経済学に向かったということです。経済学という主題に関してマルクスが、リカードやミル、ワルラス、マーシャルと肩を並べるような、一九世紀を代表する偉大な人物の一人となるのに成功したことは、彼の驚嘆すべき才能の証拠です。彼は独学の、孤立した研究者でした。リカードやミルは古典派に属する他の経済学者たちと知り合いで、彼らとある種の研究グループを形成していたのですが、マルクスにはそのような仲間はいませんでした。フリードリッヒ・エンゲルスは一八四〇年代の初め以降マルクスの親しい仲間で、一緒に著作を書いた相手でもありましたし、いくつかの点でマルクスにとって欠かせない人物でした。しかしエンゲルスはマルクス級の独創的な思想家ではなかった。マルクスが必要としていたような種類の知的な面での助力を本当に与えることは、エンゲルスにはできなかったのです。エンゲルス本人が次のように言っています。「私が貢献したことを……マルクスは私などがいなくても存分になしえたでしょう。……マルクスは天才でした。彼以外の私たちのような人間は、才能がある、という程度が精一杯です」(1)。マルクスの人生を取り巻いていたさまざまな事情を考慮するなら、経済学の理論家として、そして資本主義についての政治社会学者としての彼の業績は並外れたものであり、実際英雄的ですらあります。

1　この講義で私たちが読むことになるマルクスの著作は、次のように区分することができるでしょう。第一に、一八四〇年代に書かれた初期の、より哲学的な著作がありま す。『ユダヤ人問題に寄せて』(一八四三年)と『ドイツ・イデオロギー』(一八四五―四六年)を読みます。[2] 重要ですが、この講義での割り当てには含まれない著作として、『経済学・哲学草稿』(一八四四年)と『フォイエルバッハ・テーゼ』(一八四五年)があります。

第二に、経済学の著作のいくつかの部分を読みます。『資本論』第一巻(一八六七年、これは一八六一年から六三年に書かれた最初の原稿を出版したものです)、第二巻(一八八五年、これは最初の原稿に対してマルクスが一八六八―七〇年、一八七五―七八年に手を加えたものを、マルクスの死後に出版したものです)、第三巻(一八九四年、これは一八六四年から六五年に書かれた最初の原稿を出版したものです)を割り当てます。『経済学批判要綱』(一八五七―五八年)は、重要ですが割り当てられません。[3]

第三に、マルクスの政治学の著作で重要なものの一つを読みます。『ゴータ綱領批判』(一八七五年)です。[4]

2 マルクスについての私たちの議論の目的は、きわめて控えめなものです。ミルについての議論よりもさらに控えめです。私はマルクスを、もっぱらリベラリズムの批判者として考察します。この点を念頭においたうえで、権利と正義についての彼の諸観念に焦点を合わせます。それもとりわけ、それらの観念が、生産手段の私的所有に基礎をおいた社会システムとしての資本主義は正義に適っているのか、という問いに適用される場合に焦点を絞ります。マルクスの思考は長大な射程距離をもっており、とてつもなく難しい問題をいくつも提示します。『資本論』に――第一巻から第三巻まで全体に――含まれている数々の観念に精通するはおろか、それらを理解するだけでも、しり込みさせられる課題です。それでも、マルクスについてまったく議論しないよりは、たとえごく簡単にでも議論した方がはるかにましです。私としては、みなさんが講義の後でマルクスの思考に戻ってきて、それをもっと深く追求することを勧めたいと思います。

マルクスによるリベラリズム批判に焦点を合わせると言いましたが、それは一つの社会システムとしての資本主義についての彼の批判を検討するという意味です。この批判は直ちに、〔ロールズが自分の正義の理論で擁護している〕財産所有のデモクラシーに対してもあてはまると思われるかもしれません。あるいはリベラルな社会主義に対しても同じようにあてはまると思われるかもしれません。彼の批判のなかでも、私たちに答えを求めていることが最も明確であるような批判に立ち向かうよう努めましょう。たとえば、次のように答えたいと思います。

(a)　基本的な権利と自由のいくつか――マルクスが人間の権利と結びつけているもの（そして私たちが近代人の自由として分類したもの）――が表現し保護するのは、資本主義世界の市民社会における市民たちの相互的なエゴイズムである、というマルクスの反論に対しては、私たちは次のように答えます。秩序ある財産所有のデモクラシーでは、そうした権利と自由は、適切に特定されるなら、自由かつ平等な市民たちのもつ高次の関心をうまく表現し保護するものなのです。生産のための資産を私有することは許容されるとはいえ、その権利は基本権ではありません。現存する条件ではその権利が正義の諸原理を満足するための最も有効な方法である、という前提が成り立つ限りの権利にすぎないのです。

(b) 立憲体制におけるさまざまな権利と自由は形式的なものにすぎないという反論に対しては、次のように答えます。政治的自由の公正な価値によって(そしてそれが他の正義の原理のはたらきと組み合わされることで)すべての市民には、彼らの社会的地位がどんなものであろうと、政治的影響力を行使するための公正な機会を保障されることが可能です。これは公正としての正義がもつ本質的な平等主義的特徴の一つです。

(c) 私有財産を許容する立憲体制が保障するのは、いわゆる消極的自由(他人に邪魔されずに行為する自由に密接に関連するさまざまな自由のことです)だけであるという反論に対しては、次のように答えます。財産所有のデモクラシーのさまざまな背景的制度は、公正な機会の平等および格差原理と、あるいはそれらに類比できる別の原理と組み合わされることで、いわゆる積極的自由(自己実現につながるさまざまな可能な選択や行動に対して障害が存在しないことと密接に関連するさまざまな自由のことです)に対しても適切な保護を与えるのです[5]。

(d) 資本主義のもとでの分業に対する反論には、分業のもつ、労働の幅を狭め労働から意味を奪うような特徴は、財産所有のデモクラシーの諸制度がひとたび実現されたなら大部分克服されるはずだと答えます[6]。

このように、財産所有のデモクラシーという観念は社会主義の伝統からの正当な批判に答えようとします。しかしその一方で、公正としての正義をそなえた秩序ある社会という観念は、マルクスの完全な共産主義社会の観念とはまったく違っています。完全な共産主義社会は正義を超越した社会のように思われます。それは、この社会では分配的正義の問題を生じさせる環境が乗り越えられていて、市民たちは日常生活のなかでその問題に関心をもつ必要はないし、もちもしないという意味においてです。これに対して公正としての正義は、デモクラシー体制の政治社会学についてのいくつかの一般的な事実(たとえば、理に適った多元性の事実)を所与とするならば、さまざまな種類の正義に含まれる原理や政治的価値は、つねに公共的・政治的生活において一定の役割を果たすだろうと想定します。正義が、分配的正義さえもが消えてなくなることは可能ではないし、私の見るところ、望ましいことでもないと思います。これは興味をそそる問いです。もっと議論したいという誘惑にかられますが、これ以上はやめておきましょう。

3　きょうの講義では、マルクスの経済学理論のねらいと、社会システムとしての資本主義に関する彼の説明を概観します。もちろん、こうした問題を初歩的で単純化されたやり方で扱うことしかできません。私たちの目的が控えめであることさえ心に留めておけば、たぶん害になることはないでしょう。マルクスの経済学に特別の注意を払うことは、彼がそれに〔さまざまな学問分野のなかで〕中心的な地位を与えていたことによってても正当化されますが、それだけではありません。彼の経済学が、支配と搾取のシステムとしての資本主義に関する彼の説明にとって中心的であり、したがって不正な社会システムとしての資本主義〔の説明〕にとっても中心的だからです。リベラリズムの批判者としてのマルクスを理解するには、なぜ彼が資本主義を不正とみなすのかを見てとるように努めなければなりません。リベラリズムにもいくつもの変種がありますが、そのほとんどは、生産手段の私的所有を権利であると考えてこの権利にコミットしているわけではありません。それをしているのはリバタリアニズムです(7)。しかしその一方で、多くのリベラルは、ミルもそうでしたが、生産手段の私的所有を、一般的にではないにせよ、ある一定の条件のもとでなら正当化されるものとして擁護してきました。

以上、いくつかの点を考察してみました。これらの点を導きの糸にしながら、マルクスについての三回の講義で、次に掲げるトピックをカバーしようと努めます。

最初の講義では、社会システムとしての資本主義をマルクスがどのようにみなしていたかを考察し、そのうえで、あまりにも簡潔にではありますが、彼の労働価値説の要点だと私が考えること、およびその理論の基礎に横たわっていた意図だと私が考えることについて述べます。

二回目の講義では、さまざまな権利という観念、それに正義という観念をマルクスがどのようにみなしていたかを考察し、次の問いを簡潔に吟味します。その問いというのは、近年大いに議論されているのですが、いったいマルクスは資本主義を、不正な社会システムと考えていたのか、それとも正義以外の、正義とは関係のない諸価値に照らしてのみ非難されるべきものと考えていたのかという問いです。マルクスが資本主義を非難していることは明白です。しかし非難するときに彼が訴えかけていた基本的な諸価値になると、これまでのところそれほど明白でないのです。

三回目の講義では、自由に連合した生産者の社会としての、完全な共産主義社会というマルクスの構想を簡潔に議論します。この社会では、疎外と搾取は乗り越えられ、同様にイデオロギー意識(または虚偽意識)も乗り越えられたものとされています。私としては次の問いを提起します。いったいマルクスにとって、完全な共産主義社会は正義を超越した社会なのでしょうか。そして権利の観念は、なおも不可欠の役割をもつのでしょうか。

ミルについてと同様にマルクスについても、私たちが彼の思想のほんの断片しかカバーできないことはわかりきっています。このことがおそらく、彼の仕事をたった一つの観点からしか見ないことの理由の一つなのです。つまり、リベラリズムの批判としてです。このように観点を絞り込むことが、彼の教説のもつ偉大な力をわずかでも感じとるための啓発的なやり方を与えてくれるのです。

4　先に進む前に、マルクスの重要性について一つ簡潔なコメントをさせてください。最近のソヴィエト連邦の崩壊とともに、マルクスの社会主義の哲学および経済学も今日では何の意義もなくなったと思われるかもしれません。これは深刻な誤りだと私は思いますが、そう思うのには少なくとも二つの理由があります。

第一の理由は次のものです。ソ連で支配的であったような中央指令的社会主義はたしかに失墜しました。失墜したどころか、それが説得力のある教説であったためしはないのです。しかしその一方で、リベラルな社会主義については同じことは言えません。リベラルな社会主義というのは、啓発的な、価値ある見解ですが、それには四つの特徴があります。

(a)　立憲デモクラシーの政治体制。これには政治的諸自由の公正な価値がともないます。

(b) 自由な競争のある市場システム。このシステムは必要に応じて法によって保障されます。

(c) 企業が労働者によって所有され、あるいは部分的にせよ、株所有を通じて一般の人々によって所有され、さらに選挙もしくはその企業の選択によって選ばれた経営者によって経営されるための仕組み。

(d) 生産手段および天然資源が、広い範囲で多少なりとも平等に分配されることを確保する所有システム。(8)

もちろんこれらの特徴はどれも、もっとずっと丁寧に仕上げられる必要があります。ここではたんに、いくつかの不可欠な特徴を覚えておいてほしいだけです。

マルクスの社会主義思想を意義あるものとみなすもう一つの理由は、自由放任型の資本主義には重大な欠陥があるということ、そしてそうした欠陥は直視されるべきだし、根本的なやり方で改善されるべきだということです。リベラルな社会主義は、他のいくつかの見解もそうですが、こうした変更はどのようにしてなされるのが最善であるかについて、私たちの頭をはっきりさせる助けになります。

第二節　社会システムとしての資本主義のいくつかの特徴

1　マルクスはいくつかの社会について研究しましたが、それらは彼が階級社会と呼ぶものでした。社会的な剰余――剰余労働、あるいは不払い労働による生産の総和(9)――が、ある一つの階級の人々によって、彼らがその社会システムにおいて占める地位のおかげで専有されてしまう、そのような社会のことです。たとえば南北戦争以前のアメリカ南部のような奴隷制の社会では、奴隷の労働は、所有者としての奴隷主が好きなようにできるものです。そして奴隷の行う剰余労働ないし不払い労働――この言葉の定義や、その他の細かいことについては後で戻ってきます――と、それがつくりだす生産物は奴隷主の私有財産です。封建制社会では農奴の剰余労働は領主によって専有されていました。農奴は領主に拘束されていて、毎年領主の土地で一定の日数はたらくことを要求されていたのです。これは強制労働です。領主の土地で農奴がつくったものは、領主のものだったのです。

これら二つの事例は、ある階級の人々――奴隷主と領主――が、他の人々の剰余労働を自分の私有財産として専有することを可能にする制度的な仕掛けを、明快に説明しています。このようなことが彼らに可能なのは、社会システムにおける彼らの地位のおかげなのです。マルクスにとって、いくつかの基本的な要素が分析の根本をなしているのですが、階級はそのなかに入ります。階級は複数あり、生産の様式としての社会システム全体との関係で定義されます。このシステムのなかで各階級ははっきりした地位を占め、一定の経済的役割を果たすのです。

2 このような意味で定義された階級社会の一つとしてマルクスは資本主義を研究しました。これが意味するのは、マルクスにとって、資本主義社会のなかには、その制度的な仕掛けのなかで彼らが占めている地位のおかげで、他人の剰余労働を専有できるある階級の人々がいるということです。マルクスにとって資本主義は、奴隷制や封建制と似た、支配と搾取のシステムなのです。

資本主義を奴隷制や封建制と区別するのは、資本主義の諸規範に従って決定を下し行為を導く人々にとっては、資本主義が支配と搾取のシステムに見えることはないという点です。どうしたらこのようなことが可能なのか。搾取と支配が認識されずにまかり通るということが、どうしたらありうるのか。この問いは難しい問題を提起します。なぜ資本主義のこういう特徴は認識されずにまかり通るのか、どういうやり方でそれらは隠されているのかを説明する理論を、私たちは必要としているとマルクスは考えます。でも、いまこの話をするのは先を急ぎすぎているようですね。

3　目下のところは、マルクスが見るところの社会システムとしての資本主義の詳細を確認しましょう。

第一に、資本主義は二つの相互に排他的な階級に分かれていて、それら以外の階級はありません。資本家階級と労働者階級です。もちろんこれは単純化された構想です。研究が進むにつれて、他の階級——地主階級やプチブルジョア階級——をつけ加えることで、この構想をうまく複雑化することができます。ここでは簡単な構想で行きましょう。

(a)　資本家はすべての生産手段(道具)を所有し、それらをコントロールします。すべての天然資源(土地や鉱物資源など)についても同様です。しかし資本主義には奴隷制はありません。生産要素のうちで資本家が所有していない唯一のものが、他人の労働力、労働を行う人々の能力です。この生産要素は、一人ひとりの労働者自身によって所有されています。

(b)　労働力は労働者が所有している唯一の生産要素ですが、それを行使し応用するために労働者は、資本家によって所有されている生産手段に対するアクセスをもち、それらを使用することができなければなりません。そういう手段がなければ、彼らの労働は生産的とはならないのです。

4　資本主義の第二の特徴は、いくつもの自由競争市場からなるシステムが存在するということです。消費財産業によって生産された生産物は、消費財市場で家計に売られます。生産要素のための市場も存在します。そこでは〔資本家によって〕生産要素が自分以外の資本家から、あるいは地主階級を加えるなら地主から、買われることが可能なわけです。そして最後に労働市場があります。そこでは資本家が労働者から労働力を雇い入れます。さまざまな生産要素と資本金は、これらの市場のなかで自由に移動します。とりわけ資本金は最も高い利潤率をもった産業部門に流れ込み、このことはあらゆる産業部門における同一の利潤率の確立につながる傾向をもっています。

(a)『経済学批判要綱』でマルクスは、人格的服従のシステムであった封建制と対比される、人格的独立のシステムとしての資本主義に言及しています(10)。人格的服従のシステムという言葉で何が意味されているのかは、農奴制および奴隷制という制度が説明しています。すでに見たように、農奴と奴隷は、いろいろな面で、領主または奴隷主の私有財産なのです。たとえば、農奴には移動の自由がなく、領主の土地に縛りつけられています。そして彼らは一年のうちかなりの日数を領主のためにはたらかなければならず、彼らのその労働による生産物は領主によって所有されてしまいます。この場合には、不払い(剰余)労働があるという事実、そしてその割合は見ることが可能であり、誰にでも見えるとマルクスは言います。

マルクスが意味しているのは、農奴が何日間領主の土地ではたらくことを要求されるか、領主と農奴の両者が知っており、さらに搾取率も両者が知っているということです。搾取率というのは、農奴が領主のためにはたらく日数の、農奴が自分たち自身のためにはたらく日数に対する割合によって与えられます。農奴に計算ができれば、彼らは搾取率を知っているわけです。それは誰にでも見えるのです。

この割合を s/v で表しましょう。この割合は剰余労働を必要労働で割ったものに等しいということになります。それはまた、農奴が領主のためにはたらく時間数を農奴が自分自身とその家族のためにはたらく時間数で割ったものとも等しいのです。それはさらに、しばしば搾取率とも等しいことがわかります。この点については後で詳しく説明します。

(b) 封建制とは対照的に、資本主義は人格的独立のシステムです。というのも、労働者は他の雇用につく自由がありますし、労働市場において結ばれる賃金についての合意は、見かけ上は自由で独立した経済主体の間の契約だからです。そうした主体は全員、契約の自由を保障し拘束力のある合意の条件を規制する法システムによって保護されているものとみなされます。

資本主義が人格的独立と自由競争市場をともなう社会システムであることは事実なのですが、にもかかわらず、やはり資本主義は、そこに剰余労働ないし不払い労働が(あるいは剰余価値、すなわち剰余労働によって生産される価値が）存在するシステムです。マルクスにとって、この点こそが資本主義の際立った特徴でした。そこで彼にとっての問題は、どうすればこのようなことが可能なのか、そしてまた、どうすればこのようなことが、どういうわけで経済システムの日常的な取引の水面下で隠されたまま生じるのかということになりました。

マルクスが言いたいことは一つの単純な例で説明されます。資本主義において労働者は、たとえば、標準的な労働日（一二時間分）の日給を支払われるとします。資本家は労働者の労働力（Arbeitskraft）を雇用する（あるいは借り上げる）わけです。ひとたび雇用された労働力が使われるときの労働強化の度合いは高いことも低いこともあります。あるいは標準的労働日が延長されるときには、より長い時間使われることになります。ここでマルクスは、労働力の唯一無二の特徴が次の点にあると考えました。それは、労働力が、それがはたらくことができる期間において、それ自身を長期的に維持してゆくのに必要な価値よりも大きな価値をつくりだす唯一の生産要素である、ということです。労働力以外の生産要素は、そもそもそれらの要素をつくりだすのに必要であったのと同じだけの価値をつけ加えるにすぎません。次のように言ってもよいでしょう。人間の労働だけが価値を創造するのであり、少なくとも一つはそのような生産要素が存在しなければならないことは明白です。さもなければ、経済システムが長期的に成長することはありえません。

こうしたことすべてが、封建制のもとでは一目瞭然です。封建制には領主の土地で農奴が強制的にはたらかされる日があるのですから。奴隷制においても同じように一目瞭然です。ところが資本主義における労働者は、彼らがはたらいた時間のうちいったい何時間が彼ら自身の生活を維持するために必要な労働で、何時間が資本家の利益のための剰余労働なのかを見分ける方法がありません。制度上の仕組みの数々がこの事実を隠しているのです。こうして、資本主義を区別する特徴は、奴隷制および封建制と対照的に、資本主義においては労働者の剰余労働ないし不払い労働が搾りとられていることが誰にでも見えるわけではないという点です。人々は搾取が起こっていることを意識しないし、その割合などまったく知りません。(11)

というわけで、マルクスの労働価値説と言われるもののねらいの一つは、次の二つの点を説明しようと努めることです。人格的独立のシステムにおいてどうすれば剰余労働が存在しうるのか。そしてこの剰余労働とその割合はどのようにして人々の眼から隠されているのか。

5　資本主義の第三の特徴は、二種類の経済主体――資本家と労働者――が、生産様式としての社会システムのなかで異なった役割とねらいをもっているという点です。

(a) 資本家の役割とねらいは、M–C–$M^{\star}$というサイクルで表現されます(Mは貨幣money を、Cは商品 commodities を表し、$M<M^{\star}$であることが条件です)。この式が表現しているのは次の事実です。資本家は、Mだけの価値の流動資本を、機械や原料に、そして労働にもあらかじめ投資します(食品や、仕事に必要なものを支給したり、設備を整えたりといったことです)。それは何のためかと言えば、一定の利潤で売ることのできる、商品のストック(生産高)を生産するためです(だから通常は$M<M^{\star}$になります)。

(b) 労働者の役割とねらいはC–M–$C^{\star}$というサイクルで表現されます。こちらのサイクルではCの価値は通常$C^{\star}$の価値と等しくなります。この式が表現しているのは、労働者がはたらき、それゆえ生産することに合意するのは必要のためだという事実です。言い換えると、労働者が労働するのは、彼らの賃金でもって、彼ら自身を維持する(彼らの労働力を維持する)のと、彼らの家族と子どもを支えることで彼ら自身を再生産するのに必要な商品を購入するためです。

6 資本主義の第四の特徴は、いま見たばかりの資本家と労働者の社会的役割とねらいの違いからの、一つの帰結です。この第四の特徴というのは、資本家の役割は貯蓄することにあるという点です。言い換えると、長期にわたって実物資本を蓄積し、社会の生産力――工場や機械など――を増大させることです。

(a) 資本家のサイクルにおいて、$M < M^{\star}$ は資本家が彼らの実物資本を蓄積し増大させる地位にあるという事実を表現します。貯蓄するのは資本家なのです。すべての資本家によって所有されている実物純貯蓄の総和が、社会の蓄積された生産手段になります。機械、工場、(ここでも地主を加えるなら)改良された土地といったものです。こうして、資本主義の社会システムでは、それぞれの期間ごとの実物貯蓄(投資)の量と、その方向性について社会の決定を下すのは、一人ひとりの、そしてお互いに競争しあう資本家だということになります。こうした決定が全体として、どの産業部門やその生産方式が拡大され、どれが衰退してもかまわないとされるかを決めるのです。

(b) 資本家が彼らの資本金を投資する際の主観的なねらいは――言い換えれば、彼らがねらいとしている、心に思っていることは何かと言えば――たんに利潤というだけではなくて、最大利潤です。資本家の消費水準は労働者のそれと比べればかなり高いとはいえ、資本家はけっして――資本主義がその歴史的役割を果たしつつある、資本主義の盛期においては――消費水準をかぎりなく高くすることを追い求めているわけではありません。

(c) 資本家が自分の消費水準をかぎりなく高めることを求めてはいない理由は、資本家の他の資本家に対する(会社対会社の)競争が、貯蓄や技術革新を行うよう資本家を強制するからです。そうしなければ彼らの会社はうまくいかなくなり、彼らは資本家であるのをやめることになるでしょう。したがって個人としての資本家という人々は、一般的に怠け者ではありません。しばしば彼らは、彼らの会社を経営し監督し、会社の運営を助けています。こうしたことの対価として彼らは経営賃金を受けとりますが、それは利潤には数えられません。マルクスが問題にしているのは、資本家がたんに生産手段の所有者であるおかげで受けとるものとしての、純粋な利潤の起源と源泉です。

(d)　資本家が実物資本の増大という社会的役割を果たすことができるのは、労働力ではなくて、生産手段や天然資源などを所有しているという彼らの地位のおかげです。彼らの社会的地位が、投資の方向性、生産の組織化、それに労働過程一般をコントロールすることを可能にし、さらに生産された生産高を所有することまで可能にします。そうするとこの生産高を彼らは一定の利潤で売ることができますから、資本蓄積が進行するのにつれて、彼らは同様のことをずっとつづけていけるのです。

生産手段の所有者であることに属するこうした特権すべてを行使することは、会社のなかだけにかぎられない、社会全体における(たとえば、投資の方向性の決定における)資本家の支配的役割の欠くことのできない部分です。

(e)　最後に、労働者は彼らの人生全体を通じてみると、貯蓄をしないのだ、という点をつけ加えておかなければなりません。労働者の貯蓄は延期された消費なのです(たとえば、高齢になったときのための貯蓄がそうですね)。全体としての労働者をすべて合計すると、純貯蓄はゼロになってしまいます。若い労働者が貯蓄する分は、高齢の労働者が使うからです(この計算は労働人口が一定であることを想定しています)。

7 資本主義の第五の特徴は、これまでに述べてきた特徴からして一目瞭然のことですが、二つの階級(単純なモデルの場合です)は、社会システムのなかで違った役割をもつのと同様に、対立した利益をもつということです。資本主義がその盛期を過ぎた、資本主義の最終段階においては、二つの階級はますます敵対的になり、社会的抗争はいっそう目立つ、慢性のものになります。この状態がマルクスの恐慌理論に通じるのです。

第三節　労働価値説

1 これまでのところ、労働価値説についてはほとんど何も言っていません。みなさんがこれは変だと思っていることは間違いないでしょう。というのも、この説はマルクスの名前と切っても切れないからです。しかしながら、私の考えでは、最初にマルクスが理解した社会秩序としての資本主義の主要な特徴を概観して、なぜ資本主義が彼にとって支配と搾取のシステムだと思われたのかについていくらか理解しておくことが、何よりも肝心なのです。あるいは少なくともそうすることには教育的効果があるのです。彼の労働価値説の要点が最も容易に理解できるのはこうした文脈のなかに位置づけられたときであると、私は信じています。

労働価値説はいくつかのことを述べていると考えることができます。第一にそれは、一つの商品生産社会において つけ加えられる価値の総体は、そのために費やされた社会の労働時間の総体に等しいことを述べます。第二にそれは、剰余価値の総体は不払い労働の総体に対応すると述べます。ここで不払い労働とは不必要労働のことであり(12)、そこから得られる利益は労働者によっては受けとられません。

マルクスの考えでは、社会全体の観点からすると、その成員全員がもつ潜在的な人的労働は、特別な社会的意義をもつ生産要素です。それが特別なのは、次の点においてです。すなわち人的労働は、土地と天然資源、さまざまな自然の動力、道具や機械、その他にもいろいろとありますが、そうした人的でない生産要素と同じようにみなされるべきではないということです。最後に挙げた道具や機械というのは過去の労働の産物です。人的労働はまた、それが社会に特有な生産要素だという点でも特別です。最も基本的な観点からすると、人間社会というものは、人間が、自分たちの集合的な人的労働を手段として、生産と自分たちの再生産とを長期的に行うことができるように組織されていま す。もちろんその間ずっと、社会がコントロールできる自然の資源と動力も使いながらです。

さてここで、階級社会には次の事実がつきものです。それは、付加された価値の総体が、その価値をつくりだした人々だけによって分けられるのではなく、大きな分け前が、ぜんぜん労働をしていない人によっても受けとられるということです。あるいは労働をしたとしても、その労働時間が保障するであろう分をはるかに上回る分け前を受けとる人がいるということです。どのようにしてこの事態が生じるかは、奴隷制または封建制の社会では誰の眼にも見えることでした。ところが、すでに述べたように、マルクスは資本主義のもとではそれが隠されていると考えます。したがって彼の考えでは、見かけ上は自由で平等な経済主体の間で契約が合意によって結ばれるような人格的独立のシステムにおいて、どのようにしてこの事態が生じるのかについての理論を、私たちは必要としています。

2　労働価値説の要点は、資本主義秩序の表面的な見かけの下に入り込んで、そして労働時間がどのように費やされているかを追跡し、剰余労働ないし不払い労働が労働者階級から搾りだされるさまざまな制度上の仕掛けと、どれだけの量が搾りとられているのかを見抜くことを、私たちに可能にしてくれるところにあります。マルクスが問題にしているのは、賃金以外の所得がどのように生じるか、またそれらがどのように分配され人々の眼から隠されるかということだけではありません。彼はまた、こうした隠された過程の詳細も、さらに労働時間の流れが数量化されうるかも知ろうとします。

賃金以外の所得がどのように生じるかについてのマルクスの解答は、『資本論』第一巻に見出されます。資本家は一つの階級として、生産手段を彼らの私有財産として所有しているがゆえに、ある量の剰余労働ないし不払い労働の総体を搾りとることができるのだと彼は考えます。労働者の方は、いわば彼らが生産手段を使わせてもらう代わりに料金を――彼らの剰余労働を――払わなければならないのです。『資本論』第三巻ではマルクスは、搾りとられた総剰余が、その後どのようにしてさまざまな請求者の間で利潤、利息、地代といったかたちで再分配されるかを説明しています。地主に対しては地代のかたちで、金を貸した人に対しては利息のかたちでといった具合です。この場合にも、私有財産を所有しているということが決定的に重要です。肥沃な土地や天然資源を所有している人、あるいは流動資本を所有している人は、その土地を使用するための地代のかたちで、あるいは貸付に対する利息のかたちで、資本家に彼らの利潤の一部を手放させることができるでしょう。資本家が労働者から不払い労働を搾りとる一方で、地主や金貸しは資本家から彼らの利潤の一部を搾りとります。搾取する側が今度は搾取される側に回るわけです。フィッツヒューの論文のタイトルが叫んでいたように、みんな人食い人種だということです。(13)

3　この解釈が正しいとしますと(ここで私はバウモルに従っています)[14]、マルクスが〔労働価値説で〕問題にしているのは価格理論ではないということになります。価格が競争市場システムにおける需要と供給の観点から、労働価値を使わずに説明されうるということを、マルクスは完全によく知っています。

マルクスの労働価値説はまた、後期スコラ学者たちの価格理論のような、正義に適った価格についての理論でもありません。後期スコラ学者たちが問題にしていたのは正義に適った(あるいは公正な)価格という観念そのものでした。彼らの結論は、正義に適った価格とは、たとえば独占の不在や、飢饉や欠乏の不在といった一定の適切な市場の条件のもとでの競争価格である、というものでした。

マルクスは「あるものの効用が、それを使用価値にする」と述べます。しかし、「使用価値が現実のものとなるのは、使用ないし消費を通じてのみである。そうした使用価値はまた、あらゆる富の実体をなしている」(Tucker, p. 303)。ここでマルクスは、労働があらゆる物質的富の、言い換えれば労働によって生産される使用価値の源泉そのものだと主張しているのではありません。この考えを彼は明示的に否定して、次のように言います。「使用価値は……二つの要素――すなわち物質と労働が結びついたものである。もしその価値に費やされた有益な労働を取り去るとしたら、そこにはつねにある物質的な基体が残る。それは自然そのもの(Nature)によって、人の助けなしにつくられたものである」。人間がはたらくのも「自然がはたらくのと同じようにである、すなわち、物質のかたちを変えることによってである」(Tucker, p. 309)。

最後に、マルクスは搾取を、市場の不完全性から、あるいは寡占的要素の存在から生じるものとみなしてはいません。(15) 彼の労働価値説が示そうとしていることはいくつかありますが、なかでも大事なことは、たとえ完全競争のあるシステムのもとでさえも、資本主義社会では搾取が存在するということなのです。彼が白日のもとにさらしたいのは──誰の眼にも見えるようにはっきりさせたいのは──資本主義秩序というものが、たとえそれが完全に競争的である場合でさえも、そしてその秩序に最も相応しい正義の構想を完全に満足する場合でさえも、それでもやはり、支配と搾取の不正な社会システムであるのはどのようにしてなのかという、そのあり方です。この最後の点が重要です。完全に正義に適った資本主義システムでさえも、すなわちそれ自身の観点から、そしてそれに最も相応しい正義の構想の観点からは正義に適った資本主義システムでさえも、搾取のシステムだとマルクスは言いたいのです。資本主義システムは封建的な搾取を資本主義的な搾取でおき換えます。(16) しかし結局のところ、どちらも同じ搾取です。これこそ、労働価値説が示すと考えられていることです。

4 ここで言っておくべきなのは、労働価値説が成功しているとは、私は考えていないということです。実のところ私は、マルクスの見解は労働価値説をぜんぜん使わない方がもっとうまく述べられると考えているのです。このように言うことで私は、マーグリンの見解と、そしてその他にも多くの、労働価値説を妥当であるとも必要であるとも考えない現代のマルクス主義経済学者たちの見解を受け入れています。労働価値説は、いくつかの場合には不十分です。そしてそれ以外の場合には、たとえそれが十分であるとしても、なくてもいいものなのです[17]。

労働価値説の本当に重要な点は、資本主義によって生みだされる生産物の本質についての、根本的な論争に関わっています。支配的な新正統派の見解は、土地、資本、労働が等価であり、したがってまた地主、資本家、労働者の要求も等価であると強調します。しかしこれに反してマルクスは、資本主義の生産様式のもとでも、それ以前の生産様式のもとでと同様に、労働者階級が中心的で基本的な役割を果たすと主張します。労働価値説のねらいは、市場のさまざまな交換関係における資本家同士の関係が等価的であることによって人々の眼から隠されてしまう、生産様式としての資本主義の主要な特徴に光を当てることです。これはすべて、支配と搾取のシステムとして資本主義を批判するための真に科学的な基盤だとマルクスが考えたものを与えるための方法なのです[18]。私たちは、次回の講義でマルクスと正義について議論するときにこの問題に戻ってきましょう。

5 この点を予告したうえで、労働力についてのコメントを一つして今回は終わりにしましょう。マルクスは、労働力と労働との、あるいは労働力の使用との間に彼が引いた区別に関して、自信をもっていました。彼の考えでは、どの市場でも等価交換がなされる、非強制的な自由市場システムのなかでいったいどのようにして利潤が生じるかを説明するうえで、この区別が助けになるのです。

彼の主張では、(『資本論』第一巻での想定に従っての話ですが)資本家は労働者を雇用するにあたって、その労働者の労働力に相当する価値全部の分(の賃金)を支払います。これが意味するのは、すでに見たように、労働者はその労働力を生産するのに社会的に必要とされる労働時間分に等しい賃金を支払われるということです。一日のうちで言えば、これは労働者が自分の生活を維持し、疲れて消耗した分やその他の損失を埋め合わせるための時間をカバーする金額です。要するに、労働者の賃金は労働者が生産を行い、かつ長期的には労働者自身を再生産することが可能なために社会的に必要なものをカバーするということです。

労働力と労働力の使用との間の区別は、ある機械(一個の資本設備としての機械です)と、その機械の使用(ある特定の目的のための、ある特定の期間にわたる使用です)との間の区別に類比されます。資本家は、労働者を雇用することで、人間という機械を借りているのです。ワルラスは機械として見られた人間のことを「人格的資本」(personal capital)と呼びました。教育と職業訓練はしばしば「人的資本」(human capital)への投資であると言われます。一人の資本家が人間という機械をどれほど酷使できるか、一人の資本家が一日の労働日のうちに労働過程のなかで労働者に何をさせることができるかは、変化があるでしょう。いずれにせよ資本家は、機械のまる一日分の価値をすでに支払っています。労働者を雇うことに値打ちがあるのは、労働力というものは、その労働力自体を生産するのに必要なよりも大きな価値を生産する能力をもつからです。これが決定的に重要な点なのです(19)。

補遺

1 労働価値説を明快にするための、いくつかの定義と覚書を掲げておく。『資本論』第一巻からは、以下の箇所を読む(これらの抜粋はすべて、タッカー版に含まれている)。

第一章「商品」第一、二、四節

第四章「資本の一般的定式化」全体

第六章「労働力の売買」全体

第七章「労働過程と剰余価値生産の過程」第二節の一部分(Tucker, pp. 357-361)
第一〇章「労働日」第一、二節
『資本論』第三巻からは、Tucker, pp. 439-441 に抜粋されている部分

2　労働価値説に含まれるさまざまな定義の参照箇所(数字で示した頁はタッカー版)

商品の定義—306f
商品価値は、その商品の生産のために社会的に必要な総労働時間の価値に等しい—305-307
社会的に必要な労働時間—306
抽象的労働と具体的労働—310
単純労働—310
非熟練労働としての単純労働—311
単純労働を倍加したものとしての熟練労働—310
労働力の定義—336
労働力の価値の定義—339

3　第一〇章第一節(Tucker, pp. 361-364)に関連する概要(図7を参照)

必要労働と剰余労働—361-364
剰余価値—351

支払い労働時間	不払い労働時間
賃　金	利　潤
(可変資本)	(剰余価値)
必要労働	剰余労働
労　働　日	

図 7　概要(『資本論』第 1 巻第 10 章第 1 節)

絶対的剰余価値と相対的剰余価値—418

4　定義

ある量の商品の価値＝$C+V+S$の合計の価値、ただしこのとき、

C＝固定資本(機械、原材料など)

V＝可変資本(賃金ないし賃労働)

S＝剰余労働(不払い労働)

機械と原材料は価値をつけ加えないし、必要労働に対しては賃金が支払われるのであるから、総剰余価値は総剰余労働の生産物である。

この定義が意味するのは、マルクスの労働価値説はいかなる期間においても社会的剰余の全体を剰余(不払い)労働の貢献に帰するということである。

5　いくつかの率

s/v＝剰余労働／必要労働の率

＝搾取率(剰余価値率)

$s/c+v$＝利潤率

$c/c+v$＝資本の有機的構成

6　覚書

利潤率はs/vと$c/c+v$だけによって決まる。言い換えれば、剰余価値率(搾取率)と資本の有機的構成だけによって決まる。

この関係が成立するのは、以下の式が成り立つからである。

$$s/c+v = (s/v)(1-(c/c+v))$$

この式は、利潤率は、搾取率に、1から資本の有機的構成(＝$c/c+v$)を引いたものをかけ算したものに等しい、ということを述べている。

こうして、搾取率が高ければ高いほど、利潤率も高くなる。そして資本の有機的構成が高ければ高いほど、利潤率は低くなる。

注

(1) Friedrich Engels, *Ludwig Feuerbach and the End of Classical German Philosophy*, p. 386. タッカー(注(2)を参照)は、エンゲルスに対してエンゲルス自身よりも多くの貢献を認めている。タッカーは次のように言っている。「エンゲルスの才能とマルクスのそれは、大部分相補的であった。古典的マルクス主義は一つのアマルガムであって、そのなかでエンゲルスの仕事は切り離すことのできない一部を構成している」(Introduction to *The Marx-Engels Reader*, §4)。

(2) この講義で割り当てられている著作はすべて Robert C. Tucker, ed., *The Marx-Engels Reader*, 2nd ed.(New York: W. W. Norton, 1978)に抜粋として収められている。『ユダヤ人問題に寄せて』と『ドイツ・イデオロギー』の二つのエッセイは、タッカー版では pp. 26–52, 147–200 にある。ただし後者の抜粋は、『ドイツ・イデオロギー』の最初の部分だけである。その全部は *Collected Works of Marx and Engels*, Vol. 5(London: Lawrence and Wishart, 1976)に収録されている、五〇〇頁を超える分量がある。

(3) 『資本論』第一巻からは次の箇所を読む。第一章「商品」の第一、二、四節、第四章「資本の一般的定式化」の全体、第六章「労働力の売買」の全体、第七章「労働過程と剰余価値生産の過程」の第二節の一部分(pp. 357–361)、第一〇章「労働日」の第一、二節。これらの抜粋はすべてタッカー版に収められている。『資本論』第三巻からは、Tucker, pp. 439–441 を読む。

(4) 『ゴータ綱領批判』からは、第一節だけを読む。Tucker, pp. 525–534.

(5) Isaiah Berlin, *Four Essays on Liberty*(Oxford: Oxford University Press, 1969)〔小川晃一・小池銈・福田歓一・生松敬三訳『自由論』新装版、みすず書房、二〇〇〇年〕の序論の第二節、および「二つの自由概念」(Two Concepts of Liberty)というエッセイを参照。

(6) 『正義論』*A Theory of Justice*, p. 529, および『正義論 改訂版』*A Theory of Justice*, rev. ed., pp. 463f.〔六九四頁〕

(7) リバタリアンの見解について、Robert Nozick, *Anarchy, State and Utopia* (New York: Basic Books, 1974)を参照。

(8) こうした特徴については、John Roemer, *Liberal Socialism* (Cambridge, Mass.: Harvard University Press, 1994)を参照。

(9) 剰余労働ないし不払い労働とは、労働者が、労働者自身とその家族を支えるのに必要なだけの商品を生産するのに必要な分を超えて、それ以上に行うことを要求される労働のことを指す。剰余労働ないし不払い労働は労働者自身の消費や生活維持のために何もつけ加えない。それは他人――封建領主、奴隷主、あるいは資本家――のものであって、利益を得るのはこうした他人の方である。

(10) 『経済学批判要綱』、Pelican ed., pp. 156–165, cf. 158.『資本論』第一巻第一章第四節(Tucker, p. 325; also p. 365)。

(11) この点に関しては、『資本論』第一巻第一〇章第二節の一部分(Tucker, p. 365)を参照。

(12) [不払い労働は、労働者がその労働に対する賃金を、ロールズがすでに使った表現を借りれば「彼ら自身を維持する(彼らの労働力を維持する)のと、彼らの家族と子どもを支えることで彼ら自身を再生産するのに必要な商品を」購入するためには、支払われる必要がない(したがって現に支払われてもいない)、というかぎりにおいて、「不必要」である。――編者]

(13) これは一八五六年に発表されたジョージ・フィッツヒューの有名な奴隷制を擁護する論文のタイトル。この論文でフィッツヒューは、南部の黒人奴隷は世界中で一番自由な人々だと論じている。

(14) W. J. Baumol, "The Transformation of Values: What Marx 'Really' Meant (An Interpretation)," *Journal of Economic Literature* (1974).

(15) このような見解は、A. C. Pigou, *The Economics of Welfare* (London: Macmillan, 1920) に見出される。

(16) 『資本論』第一巻第二六章第五—七段落(Tucker, p. 433)。

(17) Stephen Marglin, *Growth, Distribution, and Prices* (Cambridge, Mass.: Harvard University Press, 1984), pp. 462f を参照。

(18) Ibid., pp. 463, 468 を参照。

(19) ここには困難な問題がある。もし労働だけが創造力をもつのならば、資本家が労働の価格を吊り上げすぎて、利潤がゼロにしかならないところまでいかないのはどうしてだろうか。この問題については Joseph A. Schumpeter, *History of Economic Analysis* (Oxford: Oxford University Press, 1954), pp. 650f〔東畑精一・福岡正夫訳『経済分析の歴史』全三巻、岩波書店、二〇〇五—〇六年〕を参照。この他にもいくつかの答えがある。

講義Ⅱ　権利と正義についてのマルクスの構想

第一節　正義についてのマルクスの見解におけるパラドックス

1　搾取をめぐるマルクスのいくつかの観念について議論することからはじめましょう。労働価値説におけるマルクスの搾取の定義は、純粋に記述的な定義です。それは剰余(または不払い)労働を分子に、必要労働を分母にした割合で、すなわち s/v で定義されます。しかし、搾取という概念の解釈全体がこれだけに尽きるわけではありません。その理由は、正義に適った社会主義の社会も、それ以外のどんな社会とも同じように、一定の社会的な剰余を必要とするからです。その剰余はたとえば、公衆衛生、教育や福祉、環境保護、その他にもたくさんの公共財を供給するために必要だと考えられるでしょう。このことが意味するのは、人々は彼らが賃金として受けとるだけの財を生産するのに必要なよりも、もっと長い時間はたらかなければならないということです。およそ人が住む気になるどんな社会でも、このことは真理なのです。ですから、s/v の割合が搾取率として定義され、またこれが純粋に記述的な定義である一方で、搾取には何かこれ以上のものがあるに違いありません。というのも、搾取が道徳的概念であり、暗黙のうちにせよ何らかの種類の正義の原理に訴えていることは確かだからです。さもなければ、搾取は私たちの関心を引いてはこなかったでしょう。現に私たちは搾取にこれほど関心を払っているではありませんか。

マルクスにとって、s/vという割合を搾取の尺度にするのは、この割合がそのなかで生じる制度的な背景です。s/vが搾取であるかは、それを生じさせる基本構造の本質に、そしてsに対して制度上のコントロールを握っているのは誰かということにかかっています。その構造が正義に適っているのかそれとも不正なのかを判断する方法をマルクスはもっていなければなりません。本格的に述べるのは次回の講義になりますが、マルクスの見解はこうです。資本主義社会を構成する二つの主要な階級の間には、それらが所有する譲渡可能な生産資産の点で、基本的な不平等が存在します。搾取というのは、社会の基本構造が、この不平等に基礎を持つようになったとたん生じるものなのです。資本主義社会の場合、剰余労働はいかなる意味でも集団としての労働者によってコントロールされているとは言えません。たとえばそれは、労働者の民主的投票によってコントロールされてはいない。さらにまた、それは一般的に見て労働者にとって善になるわけでもありません。これに対して社会主義社会では、非消費財の総体(これが、社会主義社会の場合には、sの代わりになります）は集団としての労働者によってコントロールされ、しかも一般的に見て労働者の善になります。sによって生産されるものがどのように使われているかを理解するには、社会の基本構造に眼を向けなければなりません。もしそれが、平均的な労働者にとって公衆衛生、教育、それに福祉といったものに使われるのであれば、それはもはや剰余労働としては扱われないのです[1]。

肝心なことは、搾取の概念は、基本構造がそれに照らして判断される、権利と正義についてのある構想を前提するということです。もし権利と正義についての構想でないとしても、何らかの種類の規範的見解が必要とされていることは確かです。このことは次の問いを引き起こします。いったいマルクスはどんな種類の規範的見解をいだいていたのでしょうか。マルクスを研究する人々の間では、彼らがマルクス主義者であろうとなかろうと、この問いをめぐってかなりの論争が行われてきました。たとえば、マルクスは資本主義を不正であるとして非難したのでしょうか。そうだと思う研究者もいれば、そうではなかったと思う研究者もいるのです。

もちろんどちらの側も、マルクスが資本主義を非難したということは、当然の事実として受け入れています。これは一目瞭然たることで、『資本論』の頁から眼に飛び込んできます。先の問いが問題にしているのは、資本主義に対する非難を行うときに、彼がどのような価値の観点に立っているかということです。特定の価値が問題なのです。それらの価値のなかには、権利と正義についての一定の構想も含まれるのでしょうか。それともそれらの価値は、たとえば自由、自己実現、そして人間性といった、権利と正義以外の価値によって代表されるのでしょうか。

2 私が示唆する答えは(そしてこの点で私はノーマン・ジェラスとG・A・コーエンに従っているのですが)、マルクスはたしかに資本主義を不正義として非難していた、というものです。しかし他方で、マルクスは自分が資本主義を不正義として非難しているとは思っていませんでした。(2) これは一見したところパラドックスですが、次の事実がこれを説明してくれます。すなわち、マルクスは正義に関していくつか明示的にコメントしていますが、それらのコメントは正義の概念を狭く解釈しているのです。狭い解釈というのは、二つの点で言えることです。

(a) 彼は正義を、社会的・経済的秩序に内在する、支配的な法的・司法的諸規範のことだと考えています。しかもそうした規範は、適切なものであるときには、当該の社会的・経済的秩序がその歴史的役割を果たすのに都合のよいものであると考えているのです。

(b) またマルクスは正義を、市場における交換に結びついたものとして、さらにそれを超えて、そこから帰結する所得と消費財の分配にも結びついたものとして考えています。この点で正義とは、いずれも狭い意味で解釈された交換的正義と分配的正義のことなのです。

けれども、広いかたちをとった政治的正義の構想を考えてみましょう。それは社会の基本構造に、そしてそのため背景的正義にかかわるさまざまな制度に適用されるものです。そうするとただちに、マルクスも、少なくとも暗黙のうちに、そうした広い意味での正義の政治的構想をもっていただろうと考えられないでしょうか。もし彼が本当にそのような政治的構想をもっていたことが証明されるなら、先のパラドックスを取り除いてくれるでしょう。そうだったかは、すでに述べたように、資本主義を批判するときに彼が訴えかける特定の諸価値にかかってきます。

3　次の順序で話を進めましょう。最初に、マルクスは資本主義を不正義として非難してはいないと言うためのいくつかの理由をスケッチします。そしてその後で、彼は少なくとも暗黙的にはそのように非難しているのだと言うためのいくつかの理由をスケッチします。暗黙的に云々という言い方で私が意味しているのは、彼は多くの言葉を費やして資本主義は不正義だと言ってはいないにしても、彼の言っていることにはそういう含意がある、ということです。

その後では、完全な共産主義社会についての彼の構想――これこそ、彼が資本主義を、そして資本主義に先立つすべての歴史的な社会の形態をそれに照らして判断する理想なのです――をスケッチしましょう。そうするのは、次の点を見てとるためにです。完全な共産主義社会というその理想は、そこに政治的正義の構想を必然的に含ませるような要素を、何かもっているのでしょうか。さらに、もしその理想が、正義を超越した社会なのだとしたら、それはいったいどんな意味において正義を超越するのでしょうか。そもそもそんな意味があるとしてですが。

しかしながら、マルクスの権利と正義の構想に関わる問いに、決定的な結論をつけることはできないかもしれないという点は認めておかねばなりません。マルクスはその問題を注意深く、あるいは体系的に考えることをしませんでした。彼は気質からすれば根っからの学者ではありましたが、彼のねらいからすれば、その問題を論じることが重要だとは信じなかったのです。他にもっと急を要する事柄があると、彼は考えました。この点で彼はかなり間違っていたかもしれません。というのも、権利と正義という観念に対する彼の一見したところ否定的な態度は、社会主義にとって深刻な長期的帰結をもたらした恐れがあるからです。どうでしょうか、はっきりしたところは誰にもわかりません。しかしこの問題を脇におけば、マルクスが権利と正義を十分に論じなかったことの帰結はこうです。私たちは彼が述べていることを拾い上げてつなぎ合わせなければなりません。そのうえで、私たち自身にこう問いかけなければならないのです。権利と正義について全体としてどのような見解をマルクスが述べたと考えれば、彼の思想のより重要で明確に表現されている点を最もうまく説明し、それらの点と最もうまく結びつくだろうか。

第二節　法律的構想としての正義

1 アレン・ウッドやその他の論者たちによって示唆されている見解からはじめます。(3) 主要な考えは次のようなものだと思われます。後でもっと細かい点をつけ足しましょう。

(a) マルクスは『資本論』で、等しい価値どうしの交換(賃金と労働力の交換)としての賃金関係は、労働者に対する不正義を何ら含んでいないと主張している。

(b) 『ゴータ綱領批判』でマルクスは、公正な、あるいは正義に適った分配についての社会主義者のいくつかの観念を、深刻に誤っており間違った方向に進むものだとして攻撃している。

(c) マルクスは権利と正義についての規範を、特定の生産様式に内在的なものと――言い換えれば、その不可欠の要素であると――みなす。そしてこの意味で、そうした規範はそこでそれらが力をもっている特定の歴史段階に相対的なものである。

(d) マルクスは道徳一般をイデオロギー的であると、したがって社会の上部構造に属するものと考える。道徳は、そしてそれとともに正義もまた、上部構造が特定の生産様式の歴史的順序に対して調整されるにつれて、変化するのである。

(e) マルクスが正義に関心をもっていたと言い張ることは、彼の見解を、賃金水準や所得の違いといった分配的関心によって特徴づけられる狭い、改良主義的な方向性に押し込めるという誤りを犯すことになる。こうした方向性に対して、彼のねらいは明らかにもっと根本的で、もっと革命的であり、私的所有と賃金のシステムそのものを変革することに関心をもっていたのである。

(f) また、マルクスが正義に関心をもっていたと言うことは彼の主要な努力から注意をそらしてしまうことも意味する。彼の主要な努力とは、現実的で能動的な歴史的諸力を明るみにだすことだった。そうした歴史的諸力こそ、彼の考えでは、資本主義の転覆と崩壊に通じていたのである。それなのにマルクスが正義に関心をもっていたと言うのは、そうした歴史的諸力の代わりにさまざまな道徳的論拠を持ち込むことになるだろう。しかしマルクスは道徳的論拠を観念論的なものとみなしており、それらについてきわめて懐疑的だったのである。

(g) おまけに、正義とは、それが法律的な価値であったがゆえに、完全な共産主義社会では効力を発揮しえないものと彼は考えていた。マルクスは完全な共産主義社会を、法規や国家といった法律的制度のないものとして構想していたとされる。

(h) マルクスは完全な共産主義社会を、希少性と争いという環境を乗り越えたものとして構想していた。正義の諸規範を必要にするのは、こうした環境である。だが正義のすべての規範を合わせても、どうしても手に入れたい、より高次の分配の基準にはまだ手が届かない。そのより高次の分配の基準こそ「各人からは各人の能力に応じて、各人には各人の必要に応じて」という完全な共産主義社会のモットーなのである。(4)

(i) マルクスはもちろん資本主義を非難したが、しかし彼は正義以外の、たとえば自由や自己実現といった価値の名においてその非難を行ったのである。

2　以上が、最初に取り上げる見解です。さて今度は、この見解についていくつか詳しいことを説明しましょう。たとえばウッドは、マルクスは資本主義を不正義として批判していない、それどころか資本主義は正義であると言っているようにさえ見える、と考えています。(5)この解釈に対するウッドの説明は次のようなものです。

マルクスは正義の構想を、国家と社会との制度的な分離にともなう、政治的・法律的な構想だと考える。この制度的分離は国家の必要性を、それゆえまた支配階級と被支配階級の存在を前提する。そのような国家が存在するかぎり、(マルクスの言う意味での)搾取もまた存在する。政治的・法的諸制度は、マルクスが時に上部構造と呼ぶものに属する。すなわちこれらの制度は規制的な役割を担うものだが、生産の様式と関係に対応するように調整されるものでもある。各々の社会形式、すなわち各々の種類の政治組織とそれと結びついた生産の様式は、どれもそれに独特の正義の構想をもっており、その構想は一つの社会システムとしての社会形式にとって適切なものである。政治的・法的諸制度が、支えとなる生産様式に対して適切に調整されているとき、それらの制度は生産様式からの機能的な要求に効果的に応えている。

したがってマルクスにとっては、適切に調整された上部構造の諸制度は正義の構想を含むものだが、その正義の構想とは、支えとなる経済的な生産様式のもつ歴史的役割に奉仕する代物なのである。資本主義も、他のどんな歴史的な生産様式とも同じく、適切に調整された上部構造と、それに相応しい正義の構想をもっている。資本主義に相応しい正義の構想とは、それ以前の社会形式と比べて生産手段をより迅速な率で増大させるという、資本主義の歴史的な役割に最もよく奉仕する構想である。しかしこのとき、「現代の労働者は……産業の革新とともにより高い位置に上るかわりに、深く、そしてさらに深く、彼ら自身の階級が存在できる条件よりも下まで沈んでいく。労働者は貧困者となる」(『共産党宣言』、Tucker, p. 483)。

こうして、資本主義がその役割を果たすことこそが、さほど遠くない未来の完全な共産主義社会を可能にするものなのである。実際のところ、『共産党宣言』では、資本の人格化としての資本家は、世界を変革し、「プロレタリアートの勝利」と、マルクスが

未来に向けて描き出す社会とに向かう道を準備する、歴史の英雄なのだ。(6)

3　このような具合ですから、この見解によると、資本主義は、とりわけ生産手段の増大というその歴史的役割を効果的に果たしつつあるときには、不正義ではないということになります。そこには資本主義に相応しい正義の構想があり、そしてその構想に従うならば、その構想の諸規範が守られているかぎり資本主義は正義に適っているのです。正義のそれ以外の構想は、端的に言って無関係です。そうした構想は、かつて存在していた、あるいは未来に存在するであろう資本主義以外の経済的生産様式にはあてはまるかもしれませんが、しかし資本主義に特有の歴史的条件に対してはあてはまりません。

そうすると、いつでもあてはめることのできる、あるいはすべての社会形式にあてはまる正義の構想など存在しないことになります。この意味で、マルクスにとっては普遍的に妥当な正義の原理は存在しません。ある正義の構想がある特定の政治的・経済的システムに対してあてはまるかは、現存している生産様式の歴史的役割を考慮したとき、その生産様式に対してその構想が相応しいかどうかによって決められます。

『資本論』第三巻のある箇所は、この見解を示唆しています。そこでマルクスは次のように書いています。

ギルバートのようにここで自然的正義について語ることは……ばかげている。生産主体の間の取引が正義に適うということは、これら[の取引]が生産関係からの自然な帰結として生じるという事実に基礎をおいている。法律的形式では、これらの経済的取引は、該当する当事者間の意志的な[自発的な]行為として、彼らの共通の意志の表現として、さらに個々の当事者の誰かに対して強制されうる契約として姿を現す。だが、法律的形式は、たんなる形式であって、こうした中身を決定することはできないのだ。それら[の法律的形式]はたんに中身を表現するにすぎない。この中身は、それが生産様式に対応しているかぎり、生産様式に相応しいものであるかぎり、いつでも正義に適っているのである。それが生産様式に矛盾するときはいつでも不正義である。奴隷制は、資本主義の生産様式にもとづくならば、不正義である。商品の品質の点で詐欺をはたらくことも同様である(『資本論』第三巻第二一章第五段落、International Publishers edition, pp. 339-340. 強調は私が加えたものです)。

この箇所が登場するのは、マルクスが利子を生みだす資本について議論しているときです。この箇所に対する注で彼はギルバートの『銀行業の歴史と諸原理』(Gilbart, *The History and Principles of Banking* (London, 1834))という著作を引用します。この著作でギルバートは次のように言っているというのです。「それによって利潤を上げようと考えて人から金を借りる者は、彼の利潤のいくらかの部分を貸付者に対して与えるべきだ。これは自然的正義の自明の原理の一つである」。これに対してマルクスは、利子の支払いは自然的正義の自明の原理の問題ではないと応答します。資本主義の枠組みのなかに金融市場というものがあり、利子の支払いは、金融市場における資金の供給と需要の自然的な帰結として生じるのです。資金の貸付とは、有効な契約の一種です。資本主義のもとでの法システムは必要とあれば強制をもってそれを守らせるでしょう。

4　いま取り上げた箇所は、それだけで資本主義のもとでの正義の構想の説明になっているわけではありませんが、しかしたしかにいくつかの点を示唆しています。第一に、法律的形式、たとえば貸付の契約や買取の契約のような、（有効な）契約という法律的形式と、こうした形式の中身との間にマルクスが設けている区別があります。同一の法律的形式が、異なったいくつもの法システムに見出されることがあるでしょうし、さらには大きく異なった生産様式のもとでさまざまな経済的取引に適用されることもあるでしょう。契約という法律的形式の中身とは、言ってみれば、〔特定の法システムのもとで〕合法的に結ばれまた守らされるような、契約の特定の種類のことを指している、と私は考えます。たとえば、資本主義のもとでは奴隷になるという契約、または奴隷を売買する契約は無効であり、それゆえ資本主義の正義の構想のもとでは不正義です。さらに、契約という法律的形式の中身は、そのもとで有効な合意がなされるさまざまな条件も含んでいると考えます。たとえば、資本主義のもとでは、合意に達しようとするときに詐欺やごまかしをはたらくことは不正義として排除されます。自由な契約の体制と両立しないのが明白なことはその他にもいろいろありますが、どれも同じように不正義として排除されます。

第二に、奴隷制や詐欺やその他いろいろなことがある特定の生産様式のもとで不正義であるかが決められるのは、次のようにしてであると思われます。すなわち、現存する生産様式にとって最も相応しい、そしてこの生産様式がその歴史的な役割を果たすはたらきに対してうまく調整された、契約に関わる法律があるはずです。奴隷制なり、さまざまな詐欺のやり口なりを許すことは、このようなうまく調整された法律の具体的な中身に該当するのか、しないのか。この点によって、その生産様式のもとで奴隷制や詐欺が不正義であるかは決められるでしょう。資本主義の生産様式の場合、その歴史的役割とは、(実物)資本の速やかな蓄積と、それを革新的なやり方で利用するテクノロジーの発展とであることを思い出してください。

したがって、資本主義のもとでの契約法という法律的形式が最も相応しいと言えるのは、その形式の中身が、この生産様式が資本を最も効果的に蓄積するのを可能にするように調整されているときです。奴隷制はこの条件と両立しませんから、それゆえ生産様式としての資本主義の要求と両立しません。人格的服従のシステムとしての奴隷制は、資本主義の正義の構想のもとでは不正義です。資本主義にとって不可欠な特徴の一つは複数の自由競争市場のシステムであり、それは自由な労働力を雇用するための自由市場を含むのです。

このことと関連して、競争的賃金関係は不正義ではないという見解も、マルクスのものだと言われます。すなわち、資本主義の不可欠の特徴の一つとしての競争的賃金関係は、労働者が彼らの労働力の価値全体を支払われるという条件、言い換えれば、労働者の労働力を生産しかつ再生産するのに社会的に必要な労働時間に相当するものを支払われるという条件がみたされるならば、不正義ではないというのです。『資本論』で労働契約を論じるとき、マルクスは次のように言います。

> 彼〔資本家〕に本当に影響を与えたのは、この商品〔労働力〕がもっている、価値の源泉であるのみならず、それ自体がもっているよりもさらに大きな価値の源泉であるという、特別な使用価値であった〔強調はマルクスのもの〕。これこそ、資本家が労働力に期待する特別な奉仕である。しかも資本家はこの〔労働契約という〕取引において、商品交換についての「永遠の法」に従って行為している。労働力の売り手は、他のどんな商品の売り手とも同じように、その交換価値に気がついており、そのうえでその使用

価値を手放すのである。……貨幣を所有する者は、一日分の労働力の価値を支払う。それゆえ、その労働力の一日分の使用が彼のものとなる。労働契約が行われる環境は次のものだ。すなわち一方において、労働力を一日ごとに維持するのには、一日分の労働の半分の経費しかかからないが、他方においてまさにその同じ労働力はまる一日ずっとはたらくことができる。したがってその労働力の一日の使用が創造する価値は、資本家がその使用に対して支払うものの二倍なのである。この環境は、疑いもなく、買い手にとって一つの幸運であるが、しかし売り手にとって損失かと言えば、まったくそうではないのだ(『資本論』第一巻第七章第二節第二一段落、Tucker, pp. 357–358も参照)。

言い換えれば、それは資本主義に相応しい正義の構想のもとでは損失ではない、あるいは不正義ではないのです。この箇所から数行先でマルクスが言うように、「等しいものが等しいものと交換された」。そしてこれによって資本主義に相応しい正義の構想は満足されているのです。労働者に対して彼らの労働力の価値よりもわずかしか支払わないとしたら、それは不正義でしょう。そしてこちらの方が、不正義の例としては奴隷制よりもはるかに「ここでのマルクスの議論にとって」意味があります。こうしてみると、自由競争市場をそなえた資本主義は完全に正義に適っていると、マルクスは考えているようではないですか！　あるいは少なくとも不正義ではないと。

5　もちろん、資本主義の生産様式に相応しいものとしての資本主義の正義の構想、というこの観念は、資本主義の正義の構想そのものに属しているわけではありません。ここでの解釈では、その観念が属しているのは、資本主義社会のイデオロギー意識の一部としてのさまざまな正義の構想がもつ歴史的役割に関する、マルクスの考えです。資本主義の正義の構想は、それ自体の言葉遣いで表現されたとき、人間の自由と平等や、人間の平等な権利〔といった正義の原理〕について語ります。自由契約の体制と人格的独立のシステムが基礎をおいているのは、これらの諸原理であるというわけです。

イデオロギー意識という観念には後で戻ってくるでしょう。ここでは次のことだけをコメントしておきます。イデオロギー意識はつねに虚偽意識の一形態であり、二つの種類のどちらかでしかありません。すなわち、錯覚(illusion)であるか、幻想(delusion)であるかです。しかしこの話は先を急ぎすぎです。

第三節　マルクスは資本主義を不正義として非難している

1　たったいま論じたこの見解とは反対に、別の論者たち(なかでも、ノーマン・ジェラスとG・A・コーエン)(7)は、マルクスはたしかに資本主義を不正義と考えていると、そして厳密に考えるならばそういう含意をもつことを彼は言っているのだと主張します。それゆえ彼らは、本人がそのことをわかっているかいないかは別として、マルクスは権利と正義についてのある構想をもっているし、それを使用していると論じるのです。

この第二の見解のいくつかの主要な論点のなかには、次のものが含まれます。

(a) 賃金関係とは、そこでは等しいものが等しいものと交換されるような交換関係である、とマルクスは言い張っているが、この主張はその関係を資本主義社会における循環システムの一部分とみなす、一つの部分的な、暫定的な観点からなされたものである。この観点は全体としての生産様式についての説明によって補完される。この説明によれば、賃金関係は交換関係ではまったくなくて、明らかに搾取であることが示される。それは端的に、不払い労働の資本家による専有である。

(b) マルクスが、道徳主義的で効果がない批判だと彼がみなしたものに対して反論を繰り広げたことは確かである。しかし彼の資本主義の理論のなかでは、彼も搾取を不当で不正なものとして提示し、それをしばしば「強奪」や「盗み」と呼んでいる。これらの表現が含意するのは、行われていたことが不当であり不正だということである。

(c) 『ゴータ綱領批判』での議論によるなら、マルクスは、必要に応じた分配の原理を、分配についての資本主義の諸規範よりも上位においていただけでなく、それを社会主義(共産主義社会の第一段階のことです)の、労働に応じた分配の原理よりも上位においていた。このようなランクづけを行うことでマルクスは、結果的に、ある客観的で非歴史的な正義の基準を想定していた。さまざまな生産様式とそれらにともなうさまざまな社会は、その客観的で非歴史的な正義の基準に従って、それにどれだけ近いかによって判断されることになるだろう。

(d) マルクスは一見したところ道徳的相対主義のような言明をいくつか行っている。しかしそれらは実際には、公正としての正義に属する一定の原理と、その他のいくつかの重要な価値とが実現されるには、一定の物質的諸条件が、現実問題として必要だという事実についての言明なのである。正義に適った公正な社会の諸制度は一定の物質的環境を前提している。そしてこの事実を無視することは、現実感覚と理解力の欠陥を示すのである。

(e) ひとたび私たちが、あらゆる種類の基本的権利の分配をカバーし、したがって私的所有の権利やその他の根本的問題を包含するような、適切に、幅広く考えられた正義の構想を手に入れたならば、分配に関わるさまざまな問いに関心を払うことは、侮蔑的な意味で改良主義的なのではない。このことはマルクスが革命的な教義をもつのを許容するのであって、それを邪魔するものではまったくない。

(f) また、正義やその他の構想にもとづく道徳的な批判をマルクスが十分なものとみなしていなかったのは確かだが、その一方で、道徳的批判がマルクスの思想のなかで一定の地位を占めるということ、それが変革のための歴史的諸力に関する彼の分析と合致するものだということも間違いない。

(g) 権利と正義についてのさまざまな構想を法律的なものと分類することは、一般的に言って、あまりにも狭い。そうした構想が、強制力をもつ国家の諸制度や国家のさまざまな法システムからは独立して考えられることは可能である。それどころか、社会の基本構造とそれに属する根本的な仕組みの数々を判断するのにそうした構想が用いられるときはいつでも、まさにそのような考え方がなされているのである。

(h) 事実、「各人からは各人の能力に応じて、各人には各人の必要に応じて」という原理はこの種のものである。実際のところ、その原理がめざしているのはすべての人にとっての自己実現の平等な権利である。たとえマルクスは、それが実現するのは国家とそれにともなう強制的な法律の諸制度の消滅によってであると思い描いているとしても。

(i) 最後に、価値と原理のいくつかの種類の間に存在すると言われた区別——権利と正義の価値と原理に対して、自由や自己実現の価値や原理があるという区別——は、〔右の(h)で見たばかりの〕完全な共産主義社会のためのマルクスの原理によるなら、まったく恣意的であることが示される。権利と正義の言語でこの原理を言い表そうと思えば、そしてこの原理が自己実現の平等な基本権を保障している〔と言える〕ことは間違いない。そして基本的諸自由の正義に適った分配についても、私たちは語れるはずである。〔たとえば自己実現のような]それ以外の何事かの分配について語れるというのなら、基本的諸自由の分配について語れないはずがないではないか。ひょっとするとマルクスは、基本的諸自由の他にも平等な基本権を想定している可能性もある。この点についてはもっと後で見ることにしましょう。

2　より一般的な論点を簡潔に述べるのはここまでにします。ここからは、先ほどと同じく、いくつか細かい点を述べます。第一の見解の場合と反対に、これら第二の見解をとる論者たちは、次のように主張しています。たとえば、資本主義社会の表面的な見かけのもとでの資本家と労働者の間の交換関係の実態をマルクスがどのように見ていたかを検討するならば、そのとき彼が、それを何ら交換などではなくて、たんなる見せかけだと――強制労働だと考えていたことは明らかである。(8)

等しいものと等しいものの交換、私たちがそこから出発したもともとの取引は、いまやただ見かけの交換しか存在しないように姿を変えてしまった。このような事態になったのは次の事実のおかげである。第一に、労働力と交換された資本はそれ自体がそれに等しいものを支払わずに専有された他人の労働の生産物の一部にすぎない。そして第二に、その資本はその生産者[つまり労働者]によって埋め合わせをしてもらわなければならないばかりでなく、付加された剰余とともに埋め合わせをしてもらわなければならない。資本家と労働者の間に残っている交換関係は、流通の過程にくっついたただの見せかけ、ただの形式になる。……果てしなく繰り返される労働力の売買はいまやただの形式である。本当に起こっているのはこういうことだ——資本家は何度でも繰り返し、等しいものを支払わずに、それ以前に物質化された他人の労働を専有する。そしてそれをさらに大きな量の生きた労働と交換するのである。(9)

マルクスはこれにつづけて、この過程は資本主義社会の所有と交換についての法律に従って進行するのであり、法律に対する違反ではなくて、法律の適用なのだと言う。それらの法律のもとでは、この過程は他人の不払い労働なりその生産物なりを専有する資本家の権利だということになる。マルクスは言う(p. 584. 先ほど引用したのと同じパラグラフの最後の文章です)。「所有を労働から切り離すことは、法律からの必然的な帰結となったのである。一見したところその法律は、所有と労働が同一のものであることからはじまっていたのだが」。この文章につけられた注では、労働者は彼自身の労働の生産物を自分のものにできるというもともとの原理が「弁証法的な逆転」をこうむったのだと彼はコメントしている。この逆転は、資本主義の諸制度の表面的な外見のもとで起こったのである。

3 これは、正義に適ったものとして自分が是認し受け入れている基本的諸制度のシステムを記述している人物の台詞には聞こえません。そこで次の疑問が頭をもたげてきます。いったいマルクスは、普通に受けとるならば彼が資本主義システムを不正義だと考えていることを含意するようなことを、〔どこかで〕言っているのでしょうか。いま私たちが考察している見解を支持する論者たちは、マルクスはそういうことを言っている、と主張します。すなわち、彼が資本家による剰余価値の専有について、強奪、盗み、等々の言葉で語るときがそうだと言うのです。彼らの主張では、このような言い方をするのは、資本家には剰余価値を専有する権利などなく、それを行うことはしたがって不当であり不正義だということを含意する。私たちとしてはそのかわりに、不正義なのは資本家ではなくて、システムそのものだと言ってもよいかもしれません。

たとえば、マルクスはある箇所で剰余生産物について「労働者階級から資本家階級によって毎年搾りとられる貢物」と呼び、さらに次のようにつづけています。「たとえ資本家階級がその貢物の一部を追加の労働力を完全価格で購入するのに使い、それによって等しいものと等しいものが交換されるのだとしても、起こっている事柄を全体として見ればそれはやはり、征服者による大昔からつづく行いであることに変わりはない。征服者は、被征服者から商品を買うが、その金は被征服者から盗んだ金なのだ」(10)。

この箇所だけがこういうことを述べているのではありません。他にも多くの箇所がそうなのです。たとえばマルクスが年ごとの剰余生産物を「それに等しい見返りが何ら支払われることもなく、イギリスの労働者から横領される」ものとして語るときがあります。彼は次のように言います。「資本主義の農業におけるあらゆる進歩は、労働者からの強奪だけでなく、土地からの強奪の技術の進歩である」。資本家による所有の将来的な廃止のことを、彼は「少数の強奪者からの没収」として記述します(11)。他にも無数の箇所でこの種の記述が見られます。

また別の箇所では、マルクスは次のようにも言っています。労働者は自発的に労働契約に入るように見えるかもしれない。流通の領域は「人間の生得の諸権利のまさにエデンの園」のように見える。「そこだけは自由、平等、所有、それにベンサムが支配している」(『資本論』第一巻、International Publishers ed., p. 176; Tucker, p. 343)。しかしまたしても現実は違います。自由な労働者が自発的な合意をするということは、言い換えれば、彼が「社会の諸条件に強制されて、彼の活動的生活全体を、彼のはたらく能力そのものを売り払う」ということなのです(Tucker, p. 376)。そして、またもやこう言います。「資本は……直接の生産者、すなわち労働者から、一定の量の剰余労働を吸い上げる。資本はこの剰余労働をそれに相当するものを払わず手に入れる。本質的にはそれはつねに強制労働でありつづける――たとえそれがどれほど自由な契約上の合意から生じたもののように見えようとも」(『資本論』第三巻、Tucker, p. 440)。

私たちが検討している見解では、いまやこういうことになります。資本主義の正義の構想に従えば資本家は労働者から強奪をはたらいているわけではない、とマルクスは考えていた以上、彼が資本家は強奪すると言うとき、それは何か別の意味のことを言おうとしていたに違いない。おまけに、マルクスは奴隷制と封建制もほとんど同じ言葉で非難している以上、この別の意味というのは一般的に通用するような正義の構想に属するものだと想定される。言い換えれば、それはすべてではないとしてもほとんどの社会の基本構造にあてはまるような、したがってこの意味で非相対主義的な正義の構想でなければならない。

こうして、マルクスはたしかに資本主義を不正義として非難していたのだと論じる人々(たとえばG・A・コーエン)は次のように考えました。資本主義に相応しい正義の構想によるかぎり資本家は盗んでも強奪してもいないとマルクスは考えていたのだから、彼は何か別の、資本主義的でない正義の構想において、資本家は盗みや強奪をはたらいていると言っていたに違いない。なぜなら盗みや強奪とは、権利に従って他人に属するものを取り上げることであり、したがって正義にそむいて行為することだからである。(コーエンの見解では)どんな経済システムにせよ、それが盗みに基礎をおいていると言われるなら、それが不正義とみなされていることは間違いない。

第四節　分配についての限界生産性理論との関係

1　ジェラスやコーエンやその他の論者たちの、この見解は正しいと私は考えます。私としては、この見解を〔私なりの〕ある特別なかたちで示唆してみたいと思います。そうするための一つのやり方は、それはマルクスの労働価値説のねらいを説明するやり方にもなっているのですが、分配についての限界生産性理論に対して、マルクスならばどのように応答しただろうかと、推測してみることです。たしかに、この理論は彼が亡くなる頃(一八八三年)にはすでに展開されつつあったのですが、彼はそれを知らなかったろうと考えられます。しかし、もし知っていたらそれについてどう考えたであろうかは、彼が言っている多くの事柄から明らかです。

この理論はしばしば、自由で競争的な諸条件があれば、資本主義のもとでの富と収入の分配は正義に適うと論じるために用いられてきました。そのような議論は、いまではめったに耳にすることはないですが、(12)一九世紀の終わりには珍しいものではありませんでした。新古典派の経済学者たちによって限界生産性の理論が展開されたすぐ後の時代です。彼らは価格理論に限界効用と限界生産性という観念を導入しました。きわめて大雑把に言えば、彼らの考えは、生産の各要素——労働、土地、それに資本——は、生産を行う社会の生産高全体に対して、それぞれの分を貢献するというものです。各人の貢献に応じて各人に分配するという指針に従うなら、労働という貢献をなした人々と並んで、彼らの土地を貢献した人々、資本を貢献した人々も生産高のうちに分け前をもつことは正義に適っています。アダム・スミスは次のように言いました。「……地代とは、自然の諸力の産物であって、地主はそれらの力の使用を農民に貸しているのだと考えられるだろう。……それ[地代]は、人間の仕事とみなされうるものすべてを差し引くか償却した後に残る、自然の仕事である」[13]。これに対するマルクスの応答は、結局こういうものになるでしょう。母なる自然がそこにいて彼女の分け前を集めるわけにいかないので、代わりに地主がその分け前を請求しに来るのだと。

2　マルクスは次のように言っています(『資本論』第三巻、International Publishers ed., p. 824)。「これらの生産手段は、それら自体で自然の資本である。資本とは、これらの生産手段に対する「経済学での名前」の一つにすぎない。それゆえ、土地それ自体は、自然に従えば、一定の人数の地主たちに独占された大地のことである。生産物はその生産者に対して、資本と資本家というかたちをとって――資本家とは実際には、たんに資本が人格化されたものである――一つの独立した力として対峙する。これとちょうど同じように、土地も地主によって人格化され、そして同じように一つの独立した力として突如立ち上がって、自分の助けによってつくりだされた生産物の分け前を要求するのである。したがって、土地がその生産性を回復させたり改良したりする見返りに、それに相応しい分の生産物を受けとるのは、土地ではない。その代わりに地主がこの生産物の分け前をとって、できるだけ高い値段でどこかへ売り飛ばすか、無駄に使ってしまうのだ」。

もちろん、ここでの最後の「どこかへ売り飛ばすか、無駄に使ってしまう」という言い草は気をそらすだけです。マルクスの軽蔑的な表現は、しばしばそういうことがあるのですが、彼の肝心な論点を見えにくくしてしまいます。ここでの要点は、地主が浪費家で怠惰で贅沢な暮らしを送っているだろうということではありません。というのも多くの地主は良心的で彼らの地所を大事に手入れするものです(トルストイの『アンナ・カレーニナ』に出てくるリョービンを思い出してください)。そうではなく、肝心な点は、地主がもっぱら所有者であることで報酬を受けとるということです。これを限界生産性理論の言葉で言い換えると、地主が土地から受けとる地代は、限界生産性に対するその土地の貢献分にあたります。土地一単位が、それがたとえば穀物の生産者に対してどれだけの値打ちをもつかに従って、一定の値段の地代を受けとるというわけです。マルクスは、地主が自分の地所を管理する見返りとして受けとるものについて論じているのではありません。資本家や地主が管理の賃金として受けとるものは、剰余価値を搾りとることには含まれません。

搾りとられた剰余価値のうちに入るのは、資本家や地主が管理の賃金をいくらかでも超えて受けとるもの——言い換えれば、たんに市場において需要のある希少な生産要素の所有者として彼らが受けとるものです。マルクスの見解では、特定の階級の人々が利潤や利子や地代というかたちで見返りを要求できるのは、彼らが生産手段の所有者という、戦略的な地位に立っているからであり、彼らにこの地位を与えるのは、資本主義の社会システムなのです。

マルクスが、土地が「地主によって人格化される」云々と言うとき、このいくらか神秘的な語り方は、次の事実を指しているのだということに注意してください。すなわち、土地を所有している一つの経済主体としての地主が、その土地の使用に対する支払いを受けとるために、市場に参入するのだという事実です。市場システムは、時を越えて存在するさまざまな種類の経済主体を備えています。このシステムが、さまざまな異なった種類の支払い——利潤、利子、地代、それに賃金も——を、完璧に自然で、「太古の昔から」存在してきたもののように見せるのです。

3『資本論』第三巻第四八章(「三位一体的定式」という章です)の、(この章の終わりから三番目の)長い段落に眼を向けてみましょう(International Publishers ed., p. 830)。

資本－利潤、あるいは資本－利子とした方がもっと適切だが、それに土地－地代、労働－賃金を加えると、経済学の三位一体的定式になる。価値と富一般、そしてその源泉という構成要素の姿で表現されたこの三位一体的定式において、私たちは資本主義の生産様式の完全な神秘化を手にする。社会的諸関係の諸事物への変形、唯物的な生産諸関係の、それらの歴史的で社会的な諸規定との直接的な癒着を手にするのである。それは魔術にかけられた、歪められた、さかさまの世界である。……［にもかかわらず］現実の生産の主体にとっては、彼らがそのなかを動き回り、日々の仕事をそこに見出す……これらの奇妙で非合理的な錯覚のなかで、完全に落ち着いた感覚をもつのは自然なこと……なのである。……この定式［三位一体的定式］は……支配階級の収入の源泉が物理的に必然のものであり永遠に正当化されていると高らかに宣言し、その必然性と正当性を一つのドグマにまで高めることで、支配階級の利益に対応している。

もっと前の箇所ではマルクスは、三位一体的定式のことを「斉一的で対称的な不調和」と呼んだこともあります（『資本論』第三巻、International Publishers ed., p. 824）。私の信じるところでは、この表現で彼が意味しているのはこういうことです。三位一体的定式は、資本、土地、そして労働を三つの同等の資格をもった生産過程におけるパートナーとして提示します。そして同等の資格をもったパートナーとして、各々はその貢献に応じて、生産高の分け前を受けとる資格があるということになります。その定式は三つの生産要素を同等のものとして提示する——斉一的に、対称的に提示するということです。ではその定式が不調和であるというのはなぜか。それは、すでに述べたとおり、マルクスの労働価値説では、労働こそが特殊な生産要素とみなされるからです。社会的観点から見れば、生産過程の生産高の総体は、過去と現在の労働に帰せられるべきです。資本主義の諸制度の表面的な見かけが、剰余価値が搾りとられ、さらにそれが利潤に、利子に、そして地代に変換されるのを隠蔽しているのです(14)。

もっとも、資本主義がその歴史的な役割を果たしつつある資本主義の盛期における、利潤、利子、地代が正義に適っているという一般的な信念が欺瞞の結果であるとは、マルクスは言っていません。この点を念頭におくことは重要です。言い換えれば、その一般的な信念が、舞台裏に立って他人の誤解から利益を得ようとしている何者かによって、公共的な信念が狡猾にも操作された結果として生じる信念であるとは、マルクスは言っていないのです。マルクスの見解はそうではなくて、人格的独立のシステムとしての資本主義の諸制度のシステムのなかで、経済主体のおかれた状況を所与とすれば、利潤、利子、地代が正義に適っているという広く行き渡った信念は完全に自然なものである——一つの錯覚(これは幻想と対比されるものです)であるというものです。この信念は、資本主義の生産様式のさまざまな要求に対応して調整された資本主義の正義の構想の一部をなしています。それは資本主義社会のイデオロギー(虚偽)意識を特徴づけるものであり、労働者によっても資本家によっても同じように共有されています。それはマルクスの『資本論』が、いまや資本主義はその歴史的役割を果たし終えた以上、追い払おうと望んでいる錯覚なのです。

第五節　価格のもつ配分的役割と分配的役割

1　マルクスの見解をさらに明らかにし、彼が暗黙のうちにもっている正義の構想がどんなものか探りだすために、価格のもつ配分的(allocative)役割と分配的(distributive)役割を区別してみましょう。[15] 配分的役割は、経済の効率性を達成するために、言い換えれば希少な資源や生産要素の使用を、それらが最大の社会的便益を生みだすような仕事へと方向づけるために、価格を利用することと関連します。価格の分配的役割とは、各個人によって彼らが生産に貢献したものの見返りに受けとられるべき所得を、価格が決定することです。

そうすると、ある社会主義の体制が、たとえば労働者によって経営される会社が資本拡大のための資金を借りられるような金融市場を立ち上げて、利子率を設定することは、完全に筋が通ったことです。この利子率は財源をさまざまな投資計画の間で配分するでしょうし、資本と土地や鉱物資源のような希少な天然資源の使用に対する賃貸料を算出する基礎も与えてくれるでしょう。実際のところ、これらの生産手段が社会的観点から最善の仕方で使用されるには、こうした利子率の設定が行われる必要があるのです。というのも、たとえこれらの資源は人間の努力なしに天から与えられたものだとしても、それにもかかわらずそれらは生産性をもつからです。マルクスもこの点を認識しており、わざわざ断言しているとおりです。これらの資源は他の生産要素と組み合わされたとき、より大きな生産高をもたらします。

しかしながらここから、それらの資源の所有者として、それらの評価に相当するだけの貨幣を、個人的な所得として受けとる私人が存在しなければならない、ということにはなりません。そうではなく、社会主義体制における会計上のさまざまな価格は、経済活動の効率的な計画表を描くために用いられる経済指標なのです。すべての種類の労働――頭脳労働であろうと肉体労働であろうと――の場合だけは別として、社会主義のもとでの価格は、私人に支払われる所得とは対応しません。それどころか、天然資源や共有資産に帰属させられる価格は何ら分配機能をもちません。資本主義の場合には、これらの価格はもちろん分配的機能をもっています。この分配的機能こそ、純粋な所有と私が呼んできたものを特徴づけているものです。以上の配分的機能と分配的機能の区別が示しているのは、次の二つのことを区別することの重要性です。すなわち、経済活動を効率的に組織するために市場を使うことと、資源の値打ちがその所有者の個人的所得になってしまう私的所有権のシステムとを、区別することが重要なのです。この後者の市場の使い方は、私的所有権が搾取の基盤の一つであることを明らかにしています。

2　マルクスの労働価値説の要点を探りだせば、おそらく次のように言うこともできるでしょう。マルクスに対する反論として、こんなふうに言う見解を考えてみてください。マルクスは生産高の総体を労働に帰している。しかしまったく同じように、もしそうしたいと思えば、生産高の総体を資本に、または土地に帰して、そこから資本や土地こそが搾取されていると結論づけることもできるではないか(16)。この場合、土地と資本のどちらを選んでもよいのですが、どちらかが、それを再生産するのに必要である以上のものを生産するので、それは剰余を生みだす、というわけです。生産要素としての資本、土地、労働が完全に対称的だとみなされるべきだとすれば、私たちは実際にこの見解をとることも可能です。マルクスならば、こんな反論は形式的なトリックだと考えたでしょう。彼の主張の要点は、すでに述べたとおり、一方における資本および土地と、他方における労働は、対称的だとみなされるべきではないということでした。

むしろマルクスの考えでは、労働こそが、経済諸制度の正義について考える場合に社会的観点から見て意義をもつ唯一の生産要素なのです。これが本当ならば、純粋な所有の見返りである純粋な利潤、利子、それに地代は、労働に帰せられるべきです。これらの見返りは剰余労働の生産物から支払われているとみなされます。それらは、労働によって生産された価値の総体から、労働それ自体によって消費される量を引き算した量に等しいことになります。

ここから私としては、マルクスは次のように言うと考えます。歴史的にはさまざまな生産様式が存在してきたし、これからも存在するであろう。それらの生産様式から一歩引き下がってみるならば、もちろん私たちは資本および土地が生産性をもつことを認識せざるをえない。しかし、社会の成員たちの観点から、彼らがそれらの生産様式をともに考えるとしたら、どのように考えるだろうか。そのとき意義をもつ唯一の社会的資源は、彼らの結合された労働である。彼らにとって問題なのは、社会的・経済的諸制度がどのようにして組織されるならば、彼らが公正な条件で協働し、彼らの結合された労働を、社会全体によって決定される方法にのっとって自然の諸力とともに効果的に使用することができるかということである。私は、この考えがマルクスの自由に連合した労働者の社会というヴィジョンを支えているのだと考えます。『資本論』第一巻第一章第一節(Tucker, p. 327)を参照してください。そこでマルクスは次のように言っています。「社会の生命過程は物質的生産の過程に基礎をおいているのだが、その社会の生命過程は、それが自由に連合した人々によって生産されるものとして取り扱われるまでは、そして人々によって、定められた計画に従ってそれが規制されるまでは、その神秘的なヴェールを剝ぎ取られることはない。このことはしかしながら、社会に対して一定の物質的な基礎工事を、あるいは一群のさまざまな存在条件を要求する。こうした基礎工事ないし存在条件の方はと言えば、長く苦痛に満ちた発展の過程から、おのずと生じてくる生産物なのである」。

3　意義をもつ唯一の社会的資源は人々の結合された労働であるという観念を、マルクスは当然のこととして受け入れているのだと私は信じます。彼にとって、この基本的な観点は一目瞭然のことです。それゆえ、労働価値説の基本的観念も同様に彼にとっては一目瞭然のことです。資本または土地が搾取されていると述べる、資本価値説や土地価値説のようなものは、端的に言って取るに足りないものなのです。社会はたしかに一定の生産性をもつ天然資源を握っており、それらをコントロールします。しかしさまざまな社会的関係にある社会の成員たちの観点からするならば、彼らが人間としてもっている、意義のある資源は、彼らの労働と、彼らがその労働を公に開かれた民主的なやり方で決められた計画に従って最もうまく使うことができるやり方、これらだけです。このやり方については次回の講義で議論しましょう。

したがってマルクスは、社会のすべての成員が、正義にもとづいて、社会の生産手段と天然資源に対する完全なアクセスと、その使用を請求する資格を平等にもつと想定していました。基本的な問いは、そうした手段の有効な使用、仕事の共有、さまざまな商品の生産、等々のことはどのようにして行われるべきなのかということです。それゆえ、財産所有にもとづく純粋な経済的地代が彼にとって不正義なのは、それが上記のアクセスと使用の請求資格を結果として否定するからであり、そして経済的地代を制度化するシステムはどんなものであれ支配と搾取のシステムだからです。そしてこのことが、剰余労働の生産物の資本家による専有を、強奪だの横領だの、強制労働だの盗みだのといった言葉でもって彼が記述している理由なのです。

4　生産の経済的・社会的様式としての資本主義が根本的に重要な歴史的役割をもつことを、『資本論』でマルクスは否定していません。私たちはこのことを見てきました。生産手段を増大させ、将来における共産主義社会を可能にすることは資本主義による巨大な達成です。そのことが、支配と搾取のシステムとしての資本主義の歴史的役割なのです。『資本論』のねらいの一つは、この役割を説明し、それが達成されてきた歴史的過程を記述することにあります。

しかしマルクスの時代には、資本主義はすでにその歴史的役割を達成し終えていました。そこでマルクスの『資本論』のもう一つのねらいは、その消滅を早めることです。ひとたび資本主義がどのようにはたらくかを理解するならば、私たちはそれを搾取のシステムとして——そこでは一定の時間の労働が、何かと交換されることなしに行われる（不払い労働がなされる）システムとして理解するだろうとマルクスは考えました。私たちはそれを、隠蔽された盗みに基礎をおくシステムとみなすようになるだろうということです。マルクスは、私たちが暗黙のうちに次の根本的に重要な観念を受け入れていると想定します。それは、私たちが全員一緒に、一つの社会として自然と対峙するときには、社会的に意義をもつ唯一の資源は労働だという観念です。彼は同時に、私たち全員が、社会に課せられた仕事をやり遂げるときには公平な負担をするべきであるし、社会の生産手段と天然資源へのアクセスとその使用を平等に認められるべきだとも想定します。こうした想定が理由となって、マルクスは生産手段の私的所有の正統性を、それが分配的役割をもつときには、基本的正義と両立しないものとして拒絶するのです。

次の点を思い出してもらうことで今日の講義を締めくくりましょう。資本主義の正義と不正義に関するマルクスのさまざまな観念は本当に首尾一貫しているかどうか、この点について私はまだコメントしていません。資本主義は不正義ではないと彼は言っているようにも見えるし、それには根拠があります。しかしその根拠は、彼が資本主義を強制労働と隠蔽された盗みのシステムとして記述していることと一貫するのでしょうか。

それは、人間の労働が社会的観点から意義をもつ唯一の生産手段だという彼の観念、さらには社会の生産手段と天然資源にアクセスをもちそれを使用できるための請求資格を社会の成員すべてが平等にもつという観念と、一貫するでしょうか。私としては、正義に関するマルクスのさまざまな観念は相互に一貫するものとして理解できると考えています。次回の講義はこの話からはじめましょう。

注

（1）『資本論』第三巻からの抜粋（Tucker, p. 440）を参照。
（2）Norman Geras, "The Controversy about Marx and Justice," in *Literature of Revolution: Essays on Marxism* (London: Verso, 1986), p. 36 を参照。
（3）Allen Wood, *Karl Marx* (London: Routledge, 1981).
（4）『ゴータ綱領批判』第一巻、Tucker, p. 531 を参照。
（5）Wood, *Karl Marx*.
（6）「共産党宣言」第一節（Tucker, pp. 473-483）を参照。
（7）*Mind*, July 1983 に掲載された、Wood, *Karl Marx* に寄せたコーエンの書評を参照。
（8）「剰余価値の資本への変換」と題された、『資本論』第一巻第二四章（New York: International Publishers ed., 1967）, pp. 583f にこの議論はある。
（9）Ibid., p. 583.

(10) Geras, *Literature of Revolution*, p. 17. マルクスの引用は『資本論』第一巻(Penguin edition, p. 728)から。『資本論』第一巻にはこのような箇所が他にもたくさんある。たとえばペンギン版の第一巻ではpp. 638, 728, 743, 761, 874, 875, 885, 889, 895, 930. ペンギン版の『資本論』第三巻ではp. 131. 『経済学批判要綱』、p. 705.

(11) Geras, *Literature of Revolution*, p. 17.

(12) 〔講義のこの部分は一九八〇年代の初頭に書かれた。この時期は、分配的正義に関する政治学と経済学の学問的な議論の背後にあるさまざまな想定が、今日のものとはまったく異なっていた。――編者〕

(13) Adam Smith, *Wealth of Nations*(New York: Random House, 1937), Bk. II, Ch. V, pp. 344f. 〔水田洋監訳『国富論』(二)、岩波文庫、二〇〇〇年、第二編第五章〕

(14) マルクスは『資本論』第三巻第四八章第三節では次のようにも述べている(International Publishers ed., p. 825)。なおこの箇所は、*Selected Writings*, ed. David McLellan(Oxford: Oxford University Press, 1977), p. 501にも収められているので参照すること。「生産過程全体のなかで、労働という活動が行われるもともとの場所である大地によって演じられる役割、……他方の、生産された生産手段(道具や原材料など)によって演じられる役割、これらそれぞれの役割は、それらによって資本なり土地所有なりとして請求される、それぞれの分け前というかたちで表現されるように見えるに違いない。この分け前というのは、言い換えるならば、それぞれの役割の社会的な代表者たちに、利潤(利子)と地代というかたちで割り当てられる。それはちょうど[労働という役割の場合に]労働者に対して分け前が割り当てられるのと似ているように見える——労働者の労働が生産過程で演じる役割は、賃金というかたちで表現されるのであるから。こうして、地代、利潤、それに賃金は、単純な労働過程において土地、生産された生産手段、それに労働によって果たされる役割から発生してきたように見える。この労働過程を私たちが、いかなる歴史的規定も脇において、たんに人間と自然の間で遂行される過程とみなす場合でさえも、そのように見えるのである」。

(15) Rawls, *A Theory of Justice*, §42〔『正義論』第四二節〕を参照。

(16) John Roemer, *Value, Exploitation, and Class* (New York: Horwood, 1986), §3.2 で証明されている、「一般化された商品搾取定理」を参照。

講義Ⅲ　マルクスの理想
――自由に連合した生産者たちの社会

第一節　正義についてのマルクスの考えは一貫しているか

1　前回の講義では三つの事柄を論じました。

(a)　マルクスが、資本主義は正義に適っていると、あるいは少なくとも不正義ではないと言っているように見える箇所。

(b)　マルクスが、資本主義は不正義であると含意することを言っている箇所。こうした含意は、たとえば剰余労働の専有を「強制労働」、「横領」、「隠蔽された盗み」のような表現で特徴づけていることから得られます。

(c)　資本主義のもとで生じる分配を正当化するものとしての、分配についての限界生産性理論について(もしマルクスがその理論を知っていたとしたら)マルクスが言ったであろうこと。その後で私は、マルクスが次のように考えていたと示唆しました。

(i) 社会における人間労働の総体が、社会的観点から見て――私たちの観点から見て唯一の意義をもつ生産要素である。言い換えれば、自由に連合した生産者としての社会の成員全員の観点から見て、ということです。そして、

(ii) 社会の全成員――自由に連合した生産者全員――は、社会の生産手段および天然資源にアクセスしそれらを使用する請求資格を平等にもつ。

2 マルクスが正義について述べているさまざまな事柄は矛盾しているように見えるかもしれませんが、私は次のようにすればそれらを首尾一貫させられると考えています。

(a) マルクスが資本主義は(その歴史的〔役割を果たしつつある〕期間において、それに相応しい正義の構想に従うなら)正義に適っていると言っているように見えるかもしれない箇所に関しては、私たちは次のように言いましょう。そのように言うとき彼は、資本主義社会のイデオロギー意識と、資本主義の社会秩序の法システムによって表現される正義の法律的構想を記述しているのだと。資本主義には一定の正義の法律的な構想が相応しいのであり、その構想は資本主義が機能するためのさまざまな要求に対して適切に調整されているのだとマルクスは言いますが、このとき彼はこの正義の構想を是認するつもりはないのです。彼は資本主義に相応しい正義の法律的構想にコメントを加えているのです。詳しく言えば、この構想はどのようにしてはたらくのか、その社会的役割は

何かについて、さらには資本家と労働者によって等しく保持される正義についてのさまざまな観念をこの構想が形づくる仕方について、コメントを加えているのです。

(b) 正義の法律的構想についてのマルクスの見解をめぐって、この解釈が適切だとしましょう。すると、彼の正義についての諸観念は一貫していることになります。私たちとしては率直に次のように言うことにします。剰余労働の資本家による専有を「強制労働」、「横領」、「隠蔽された盗み」のような言葉で記述するとき、マルクスは彼自身の確信を表現しているのです。彼は資本家による専有が不正義であることを含意しています。しかし彼は、多くの言葉を費やしてそれを明示的には言いません。自分が言っていることのさまざまな含意全部を意識していないのかもしれません。

(c) 社会的観点からは人間労働が意義をもつ唯一の生産要素だというマルクスの見解、そして社会の生産手段と天然資源にアクセスしそれらを使うための請求資格を全員が平等にもつというさらなる主張に関しては、次のように言いましょう。

(i) これこそ、マルクスが資本家による専有を強奪、横領、等々として記述することを支えている正義の構想です。というのも生産手段に対する私的所有権はそうした平等な請求資格を侵害するからです。さらに、

(ii) この正義の構想は、正義の法律的構想のように、歴史的諸条件に相対的なものではありません。正義の法律的構想にかぎって言えば、古代世界の奴隷制に対して、

中世世界の封建制に対して、近代世界の資本主義に対して、それぞれ異なった構想が相応しいものでした。こうしたいくつもの正義の法律的構想はいずれも歴史的諸条件に相対的であり、それらに特有の歴史的期間においてのみ相応しいのです。マルクスはこうした生産様式すべてと、それらに結びついた正義の法律的構想とを、同じ言葉を使って非難します。人間の労働が意義をもつ唯一の生産要素だという観念はいつでも通用するのであり、だからこそ彼は、前史に属するあらゆる社会形式を(1)、この基準に照らしたとき結局は不正義だとして拒絶するのです。

(iii) 自由に連合した生産者の社会はあらゆる歴史的条件のもとで実現可能なわけではなくて、資本主義が生産手段とそれらにともなうテクノロジーのノウハウを増大させるのを待たなければならないのは事実です。けれども、この事実が、その社会の理想を相対主義的なものにするわけではありません。その事実が意味するのは、マルクス自身の正義の政治的構想がそれに関連したさまざまな理想とともに完全に実現されうるのは、いくつかの特定の条件のもとでのみである、ということだけです。しかしこのようなことは、ありとあらゆる構想や理想についての真理です。

(iv) これと対照的に、奴隷制、封建制、そして資本主義に相応しい正義の法律的構想は、妥当であることはけっしてありません。それらは妥当なのではなく、ある特定の期間にわたって、不可欠の歴史的で道具的な目的に奉仕するのです。その生産様式に対してこれらの構想が相応しいものであるさまざまな社会は、最もましな場合には、〔その不当さが〕大目に見られたり、あるいは〔それらが与える苦しみが〕やわらげられたりすることもありうるでしょう。しかしそれも、それらの社会が、前史の終焉とともに自由に連合した生産者の社会へと向かう道のりのうえで通らざるをえない段階であるかぎりのことなのです。

第二節　なぜマルクスは正義についての考えを明示的に議論しないのか

1　それでもやはり、困惑させられることがあります。もしマルクスの正義についてのさまざまな観念が一貫しているのならば、そうした観念について、せめて自分が何を信じているのかについての曖昧さを取り除くのに十分なくらいは議論をすればいいのに、彼はそれをしていないということです。もちろん、すでに述べたとおり、彼は正義に関して体系的に考えたことは一度もないように見えるし、多くのそれ以外のトピックの方がはるかに重要だと考えていました。しかし彼を動かしていた理由は他にも複数あったように思われます。いくつか挙げてみましょう。

(a)　一つの理由は、彼がユートピア的社会主義者たちに反対していたということです。

この理由は、マルクスの次の発言とうまくつながります。「哲学者たちは世界をさまざまな仕方で解釈してきただけである。しかしながら肝心なことは、それを変えることなのだ」(『フォイエルバッハ・テーゼ』第一一テーゼ、Tucker, p. 145. 強調はマルクスのものです)。さらに『資本論』でのマルクスの、資本主義の「運動法則の数々」を識別し、資本主義が現実にどう機能しているかを理解しようとする努力ともつながります。この努力は、歴史的諸条件が成熟したときに、私たちが現実についてよくわきまえた仕方で行為するにはどうすればよいか知っているためのものです。

(b) 彼が正義についての自分の諸観念を議論しない第二の理由は、改良主義と、分配的正義のさまざまな争点に焦点を絞る傾向、言い換えれば、狭く考えられた、所得と富の分配、それに賃上げという争点に焦点を絞る傾向に対して、マルクスが反対していることです。もちろんマルクスは賃上げそれ自体に反対してはいません。それに彼は賃金を上げるために資本家との闘争をつづけるべきであると労働者に促しています。しかし彼は、労働者は社会の経済的再構築をさらに推し進めようとする彼らの努力の一環として賃上げ闘争をつづけるべきだと感じていました。一八六五年に、ロンドンでの第一インターナショナル総会に対して行われた講義でマルクスは次のように言います。「『公正な一日の労働に対しては公正な一日分の賃金を』という保守的なモットーの代わりに、彼ら[労働者]は自分たちの旗に次の革命的な合言葉を書き込まなければならない。「賃金システムを廃止せよ」(2)」。

(c) ユートピア社会主義者たちが代表していたのは、労働者階級が自らのねらいを実現するための、最初の試みのいくつかであったというのがマルクスの考えです。労働者階級が未発達な状態にあり、その解放のためにはさまざまな経済的条件が必要であり、そうしたねらいを成功裏に達成するために必要な諸条件についての現実的な理論的構想を展開することは、ユートピア社会主義者たちにとっては不可能でした。そのかわりに、ユートピア社会主義の著述家たちは次のように想定しました。未来についての一定の構想に基礎をおく、何か新しい社会科学が存在する。その社会科学は、解放のために必要な条件を、彼らユートピア社会主義者たちが上からの個人的な介入によって、あるいは道徳的説得によってつくりだすことを可能にしてくれるだろうというのです。マルクスは労働者階級がそれ自体の解放の主体でなければいけないと考えますが、ユートピア社会主義者たちは労働者階級をそのようにみなしてはいません。そうではなく、彼らは労働者階級をたんに最も苦しんでいる階級とみなします。それはマルクスがみなすように政治的に能動的であるとも、その社会的・階級的状況がもつ避けがたい必要に動かされるものともみなされてはいないのです。

(d) さらにもう一つの論点はこうです。ユートピア社会主義者たちによって代表される、〔労働者階級の闘いの〕初期の段階は、思想の無秩序状態によって、理想的な未来社会についての数多くの多様な構想によって特徴づけられます。これらユートピア社会主義の教説がもつ高度に個人的で非歴史的な本質を考えれば、この無秩序状態はまったく無理もないものです。そうした教説は、結局のところ、ある空想された未来の青写真であって、現存する政治的・経済的諸条件についての現実的で理論的な分析の産物ではない。これらの青写真は、マルクスが考えたところでは、彼が「資本主義の運動法則」と呼ぶものについて、いかなる法則が適切な経路をたどって階級の完全な廃止に必要な諸条件をもたらすかについて、無知なままで描き上げられたものでした。マルクスの見解では、ユートピア社会主義者たちに見出される未来のさまざまな構想の無秩序状態は、現在のさまざまな環境について、そして何が可能であるかについての正確な理論的理解によってのみ克服されうるものでした。そのような理解こそが、何がなされるべきかを明らかにしてくれるであろうからです。(3)

(e)　マルクスがユートピア社会主義者たちに向けた反論はもう一つあります。それは、マルクスの見解では、彼らは未来についての彼ら自身の個人的な構想に愛着をもっており、しかもそれらの構想を彼らが上から、あるいは道徳的説得によって社会に押しつけることができると考えていたので、階級闘争と革命行動が不必要だと信じていたということです。彼らは階級よりも深く、もっと基本的なものとして「人間性」に訴えかけようとしました。この理由からマルクスは、彼らは資本主義の階級的基盤と、それを克服するために必要な変革の深遠さを把握し損ねたのだと考えました。マルクスの立場からすると、ユートピア社会主義者たちは反動主義者です。それは彼らの教説が、解放に向けた唯一の現実的な道筋に対して、すなわち、革命的な闘争と、一つの政治勢力としての労働者階級の組織化に対して反対するように彼らを仕向けるという意味においてです。

こうしてみると、マルクスが信じていたのは、ユートピア社会主義者は適切な順序に逆らって、すなわち、進歩の順序に逆らって進もうとしていたということです。この順序について彼は初期の論文の一つで次のように述べていました。「世界そのものの諸原理にもとづいて、世界に新たな諸原理を。私たちは世界に対して次のように言うことはしない。「戦うのはやめろ。君たちの戦いには何の意味もない。君たちに向けて、私たちは戦いの真のスローガンを叫びたい」。(こんなことを言うのではなくて)私たちは世界に向けて、それが戦っているのは何のためであるかを示すだけだ。そして意識こそが、好むと好まざるとにかかわらず、世界が手に入れなければならないものなのだ」[4]。したがってマルクスの(明示的な)ねらいとは、世界に向けて——ということは、発展しつつあり、またますます能動的になりつつある政治勢力としての労働者階級に向けて——それが戦っているのは何のためであるかを示すことであって、それが戦うのは何のためにであるべきかを示すことではないのです。マルクスはこのねらいを、労働者階級に対して、現在の歴史的状況におけるその階級自体の経験と行動の意味を説明することで果たそうとします。労働者階級が自らを解放するのに受け入れざるをえない役割を彼は明らかにしたいのです。だからこそ『資本論』の一つのねらいは、社会システムとしての資本主義の運動法則を解明して、自らのおかれた状況と自らの歴史的役割についての労働者階級の理解が、空想的な理論家たち(doctrinaire visionaries)によって支持された未来についての個人的で道徳的な諸構想とは違う、現実的で科学的な基盤をもちうるようにすることなのです。

(f) 最後に考慮すべきなのは次の点です。諸々の道徳的観念について、とりわけ正義と自由、平等と友愛といった観念をただ語ることに対して、マルクスは懐疑的だということです。彼は、社会主義を支持するのに見かけばかりの理想主義的理由を掲げる人々について懐疑的です。マルクスの考えでは、こうした理想にもとづいて行われる資本主義の批判は、非歴史的なものになりがちで、事態を改善するために、こうした理想の観点からでさえ必要な社会的・経済的諸条件を誤解する恐れが強いのです。たとえば、分配における正義というものが、生産関係からは多少なりとも独立して改善されうるだろうと私たちは考えがちです。このような考えは、まさにこうした改善の方向に私たちを導くような分配的正義についての最善の説明を探すように、私たちを誘い込みます。けれども分配は生産関係から独立してはいない。生産関係こそが、マルクスの考えでは、根本的に重要なのです(5)。

マルクスはまた、一般的に言って、多くの個人的な例外を脇におけば、(階級に分断された社会のなかでは)階級利害という絆はあまりにも強力だと考えます。私たちが現実に労働者階級に私たちの運命を委ねて、その階級の闘争に加わりその階級の運命を味わうのでないかぎり、私たちはその階級にとって信頼にたる仲間にはなれません。権利だの正義だのについてあれこれ考えることは、私たちをそんなふうに動かすほど頼りになるものだとは、普通は考えることはできないでしょう。マルクスの見解では、私たちは通常の場合もっと避けがたい必要によって動かされるのであって、階級社会においてはそうした必要は主として私たちの階級上の地位によって形成されます。この点を認識しないのは自分で自分を錯覚にかけていることなのです。

結論を述べましょう。資本主義が不正義であると多くの言葉を費やして言わない点に関して、マルクスは多くの理由に動かされていたようです。しかしそうした理由のどれをとっても、彼が正義についていくつかの観念をもち、そして心中では資本主義が不正義であると心の底から考えることを妨げるようなものではありません。

第三節　イデオロギー意識の消滅

1　さて今度は、『ゴータ綱領批判』においてマルクスが共産主義の第一段階について何を考えているか議論します。その後、完全な共産主義の第二段階についてのいくつかの問いを取り上げたいと思います。私は「自由に連合した生産者の社会」という呼称を、マルクスの理想社会を指すのに使います。これは彼が『資本論』でしばしば使う呼称です。この社会をどうすれば簡潔に記述できるでしょうか。

おそらく次のように記述できるでしょう。自由に連合した生産者の社会には二つの段階があります。社会主義の段階と、完全な共産主義の段階です。これらの第一と第二の段階のどちらも、以下に見る二つの部分に分かれた記述の要求をみたすものです。どちらの部分についても多少細かく議論するつもりです。

第一に、自由に連合した生産者の社会とは、イデオロギー意識がすでに消滅した社会です。その成員たちは彼らの社会的世界を理解しており、それがどのように機能するかについてはいかなる錯覚ももちません。そのうえ、イデオロギー意識が消滅しているおかげで、彼らは社会における自分の役割について幻想をもつこともないし、そのような幻想の必要もないのです。

第二に、自由に連合した生産者の社会とは、疎外も搾取も存在しない社会です。

第一の段階である社会主義は、こうした二つの要求を十分なだけ満足するのだろうかと疑いたくなるかもしれませんね。私たちのこの講義での限られたねらいのためには、満足すると想定しておきます。

2　このうち第一の要求から話をはじめます。マルクスにとってイデオロギー意識というのは、ある種の虚偽意識のことです。今日「イデオロギー」という言葉が使われるときはしばしば、それは一つの哲学、あるいは政治的な諸原理と諸価値の一つの図式といった意味で使われますが、マルクスの意味でイデオロギーをもつということは、そうした哲学や図式をもつというだけではありません。不幸なことに、イデオロギーというその言葉は濫用されて、マルクスがそれに与えた、もともとの、はっきり定義された意味を失ってしまいました。彼にとってイデオロギーとはたんなる虚偽ではなく、その虚偽性が、社会を一つの社会システムとして維持するうえでのはっきりした社会学的ないし心理学的な役割に奉仕するような虚偽なのです。

マルクスの意味では、イデオロギー意識には二種類のものがあります。錯覚と幻想です。錯覚に関して言えば、完全に健常な知覚と推論の能力をもっていても、私たちが事物の表面的な見かけにだまされてしまうということがあります。これが錯覚で、その意味では錯覚とは現実的なものです。同じように私たちは、さまざまな制度の表面上の見かけにだまされて、その表面の下で本当は何が起こっているのかを見過ごすことがあります。実際に紛らわしい見かけにだまされているがゆえに、人の信念が虚偽である場合ということですね。こうした事例は、光学的な、眼の錯覚と類比的です。

『資本論』第一巻第一章第四節でマルクスは、さまざまな商品の相対価格に焦点を絞り、価格と物の間の関係に注意を集中しています。こうすることで彼が多くの紙幅を費やして論じているのは、商品とは人間労働の生産物であり、価格は生産者の間の社会関係を表現するものだという重要な事実を、いかにして私たちが見過ごしているかということです。これよりももっと明快で単純な例の一つは、マルクスが賃金システムについて言っていることです。封建制は農奴の剰余労働が誰の眼にも見えるという点で明快ですが、これと対照的に賃金制度は必要労働の剰余労働に対する比率を隠蔽します。マルクスが言っているのは、どのようにしてこの隠蔽が行われるかということです(『資本論』第一巻、Tucker, p. 365)。賃金の支払われ方のなかには、必要労働に対して支払われる額と、剰余労働に対して〔支払われない〕額とに向けて注意を促すようなものは何もありません。おそらく労働者は、いずれにせよ必要労働と剰余労働の違いを意識していないでしょう(6)。

資本主義の諸制度の、人を誤解させ惑わせる表面上の見かけの下に入り込むような経済理論を私たちは必要としているのだと、マルクスが考えるのは、部分的にはこれらの錯覚が理由になってのことです。彼は言います。「さまざまな事物の表向きの見かけとその本質とが直接的に一致するならば、あらゆる科学は余分なものだろう」。『資本論』第三巻第四八章第三節の言葉です(International Publishers ed., p. 817)。

自由に連合した生産者の社会では、政治と経済における事物の見かけの形式とその本質とは、たしかに直接的に一致します。これは、社会のさまざまな経済活動が、民主的な手続きに従って公共的に決定された一つの経済計画に従って遂行されるからです。この点にはのちほど戻ってきましょう。

3　イデオロギー意識のもう一方の種類は幻想です。こうした幻想もまた、虚偽の信念であるか、虚偽の信念を含むものです。しかしそれらはまた、虚偽の、または非合理的な諸価値を含む可能性があります。そうした虚偽のまたは非合理的な諸価値というものは、自分がなぜそれらを支持するのかという理由を私たちが十分に意識していたならば、そんなものを信奉しないであろう価値です。あるいは、一定のいくつかの心理学的必然性が私たちにのしかかってきて、私たちの社会的な地位や役割に特徴的な、特別な緊張関係に私たちをさらすことがなかったとしたら、信奉しないであろう価値です。

よく知られているように、マルクスは宗教がこの意味でのイデオロギー意識の一つのかたちだと考えていました。しかしマルクスは、フォイエルバッハや青年ヘーゲル学派の人々が行ったようなやり方で宗教を批判するのはひどく的外れだと考えてもいました。彼らが行った宗教批判というのは、宗教的な疎外とはある空想された世界において空想された満足を手に入れようとする執着だ、と主張することによるものです。フォイエルバッハの宗教についての心理学は、大部分正しいのかもしれません。けれども、人々に対してそれを説明してみたところで、彼らが宗教を克服する助けにはなりません。

そのような批判が的外れだとマルクスが考えた理由は、フォイエルバッハの説明があてはまるようなさまざまな心理学的必然性は、現存する社会的諸条件に依存するものだということです。宗教とは、人々の階級上の地位や社会的役割に対する、彼らの心理的な適応の一部をなしているのです。社会的諸条件の方が変化して、自由に連合した生産者の社会において人々のもつ真の人間的な必要の数々が効果的に満足されうるようにならないかぎり、宗教は存続するでしょう。『資本論』第一巻(Tucker, p. 327)でマルクスは言っています。「現実世界の宗教的な反映が最終的に消滅することは、いずれにせよ、次のことが実現したときに、初めて可能になるのみだ。すなわち、日常生活のさまざまな実践の関係が人間に対して与えるものが、仲間の人間たちとの間の、また自然との間の完全に理解可能で理に適った[durchsichtig vernunftig]関係以外の何ものでもなくなったときである」。

この言葉は私たちに、フォイエルバッハについてのマルクスの第一一テーゼ――最後のテーゼです――の主張を思い出させます。このテーゼ全体を引用すれば、次のとおりです。「哲学者たちは世界をさまざまな仕方で解釈してきただけである。しかしながら肝心なことは、それを変えることなのだ」。さらにそれは、ヘーゲルの次の言葉も思い出させます。「私たちがひとたび世界を理性的に見るならば、世界も理性的に姿を現してくる」。結果としてマルクスはこれに次のようにつけ加えていることになります。私たちが理性的になるまでは、私たちは世界を理性的に見ることはできない。そして私たちの社会的世界が理性的になるまでは、私たちは理性的になることはできない。それゆえ、さまざまな条件が許すかぎり、私たちは私たちの社会的世界をそれが理性的になるように変えなければならないのです。

4 マルクスの見解では、幻想にはもう一つ、別の種類のものがあります。こちらの種類の幻想は、一定の必要な物事にその基礎をもっています。すなわち、社会システムが必要とする物事と、その社会システムが適切に機能しているかぎり、システムのなかにいる諸個人が必要とする物事です。ここで、社会システムのなかでも、資本主義システムは、労働者の剰余生産物を、社会の生産手段に対する労働者の平等なアクセスの請求資格を侵害してまで専有しますから、この点で資本主義システムは強奪と盗みを含んでいます。それにもかかわらず、資本主義の生産様式は、自由に連合した生産者の社会が可能になるように、生産手段を増大するという歴史的な役割を担っています。資本主義が(その歴史的役割に奉仕しているときに)スムーズに機能するためには、こうした強奪や盗みが人目から隠されていることが不可欠です。これは、資本家と労働者をどちらもまともな人と考えるなら、資本家は強盗になりたくも、強盗に見られたくもないし、また労働者は強盗にあいたくも、強盗にあって被害を受けた人と見られたくもないからです。いわばこの種の幻想は、ヘーゲルの言うList der Vernunft,「理性の狡知」の一部です。

そこで資本主義の盛期においては、正義の法律的な構想、これをマルクスはときに「人間の生得の諸権利のまさにエデンの園」と愚弄していますが(『資本論』第一巻第六章、Tucker, p. 343)、この正義の法律的な構想があらゆる経済主体に、資本家も労働者も同じように、彼らの地位は正義に適っており、彼らの所得と富は正当な資格のあるものだと考えることを可能にしてくれます。この構想のはたらきが、資本主義の諸制度のもつ人を惑わす外見とともに、その社会秩序のはたらきをスムーズにするというわけです。

自由に連合した生産者の社会では、これらの幻想はもはや必要とされません。経済のさまざまなはたらきは公共的に周知のものである計画によって導かれ、それゆえ誰にでも見えるものです。しかもこのことは、何ら混乱を呼ぶような帰結をともなわないのです。

第四節　疎外のない社会

1　自由に連合した生産者の社会のための必要条件の第二のものは、そこには疎外も搾取も存在しないということです。一八四四年に書かれた『パリ草稿』には、「切り離された労働」という表題のついた一節があり(Tucker, pp. 70-81)、マルクスはそこで疎外の観念の四つの側面を論じています。

資本主義の生産様式のもとでは、労働者は第一に、彼らの労働の生産物から、彼らがつくりだすものから疎外されます。その生産物はよそよそしいものになってしまいます。これはどういうことか、いくつかの言い換え方がありますが、一つにはこういうことです。生産物が他人に――資本家に――所有されコントロールされ、この他人の方が、労働者の労働の生産物を彼らが――資本家が――決めた通りに好きなようにできる、ということです。

しかしこれよりももっと重要なのは、労働者の剰余労働が膨大な(実物)資本をつくり上げるということ、それゆえ労働者の剰余労働は、彼らの利益と敵対する利益をもつ階級の富となり、この階級にコントロールされるようになってしまうということです。さらに労働の生産物は市場にも現れます。そして価格――価格は競争的に決定されます

──の動きは労働者によって(というか、誰によっても)理解されるものではありません。なぜなら民主的に決定された、公共的な生産計画が存在しないからです。

こうして、労働者が生産するものの値段は市場のさまざまな力に対応して調整されるわけですが、このことが労働者にとっては、一つのよそよそしい権力によってコントロールされているように見えるのです。この権力は生産者としての労働者から独立しており、しかもこの権力が、彼ら労働者を彼らの労働の生産物に対する隷属の状態に押し込めるのです。

第二に、労働者は労働という生産的な活動それ自体から疎外されます。言い換えれば、労働は労働者の本質を実現しないので、労働者にとって外的なものになるのです。労働者の仕事は彼らの自然的な力の数々を行使しないし、発展させもしません。それは自分の意志にもとづくものですらなく、仕事以外の諸々の必要をみたすための手段としてのみ行われる、強制的なものです。要するに、仕事には意味がないのです。

2 第三に、労働者は彼らの類から、そして彼らの類的生活(Gattungswesen)から疎外されます。この点では、資本家も同様です。ここで、類的生活という観念は、一目見ただけでは何のことかわかりませんね。しかしそれはドイツ観念論には特有のもので、これをどうでもいい細かい知識のように扱わないことが重要です。たとえば、人間を「類的存在」と呼ぶのは、人間は生まれつき社会的存在だという意味だ、などと言うときがありますが、こういう言い方をすると、私たちはこの観念をそういうふうに扱ってしまうことになります。あるいは、人間は理性と自己意識をもっているとか、さらにはまた、人間は自分と自分以外の人間が一つの類に属しており、その類のどの成員も同じように理性と自己意識をもつことを意識しているとか言う場合も、そうなってしまいます。

そうではなく、マルクスの類的生活という観念には、もっとずっと中身があると私は考えます。彼は何か次のようなことを意味しているのです。人間は自然の生き物のなかで他とは違う種類――あるいは類――です。それは、人間が集団として彼らの社会生活の諸条件を長期にわたって生産し再生産するという意味においてです。そのうえ、このことと並んで、〔次のような意味もあるのです。〕人間の社会形式は歴史的に、しかも一定の順序を踏んで発展し、合理的で能動的な存在としての彼らの本質にとって多少なりとも相応しいような一つの社会形式がついに発展するにいたります。この合理的で能動的な存在というのは、言ってみれば、自然のさまざまな力とともにはたらくことで、彼らの完全な社会的自己実現の諸条件を創造する存在です。この集団的な自己表現がそれによって達成される活動が、類的活動です。言い換えればそれは、多くの世代にわたる協働の仕事であり、長い時間の後にようやく完成される活動です。人間という類はその約束の地――完全な共産主義――に入るでしょうが、しかしその成員すべてが入れるわけではないのです(『人間不平等起源論』における、ルソーの完成可能性の観念を思い出してみてください)。

人間によるこの時を超えた社会的自己創造の不可欠の部分の一つが、経済活動です。類的活動から疎外されるということは、まず何よりもこの過程を把握ないし理解できないということです。第二にそれは、自己を実現するようなやり方でこの過程に参加していないということです。

全員が自己を実現するようなやり方で参加するとは何を意味するか考えてみるならば、その答えは、自由に連合した生産者の社会で存在するような種類の経済計画によって与えられます。この計画というのがどんなものであるか、マルクスが『ゴータ綱領批判』で社会主義という第一段階について述べていることから、ある程度の考えを得ることができます。この点については後で戻ってきましょう。

疎外の第四の側面は、私たちが他の人々から疎外されることです。資本主義のもとでは、この疎外は自由市場によって与えられる特別なかたちをとります。この場合、労働者は資本家の権力に間接的に服従させられます。資本家の権力は、剰余労働を、市場を通じて、目に見えないやり方で搾りとります。そこで資本家と労働者の関係は敵対的なものになります。これらの階級の成員たちはお互いに疎外されるし、彼らは個人同士をお互いの問題に対して無関心にする傾向をもつ経済システムのなかにいることになるのです。

3　以上から、自由に連合した生産者の社会における疎外と搾取の不在についてのマルクスの主張とは次のものだと私は考えます。これらの疎外の四つの種類ないし側面を探求してみるならば、自由に連合した生産者の社会では、ちょうどイデオロギー意識が消滅するのと同じように、疎外も消滅するのです。なぜそうなるかと言えば、それは民主的で公共的な計画の過程に全員が参加しうるからであり、その結果生みだされた計画を実行するうえで、誰もがきっと自分の役割を果たすからです。

第五節　搾取の不在

1　自由に連合した生産者の社会の第二の必要条件のうち、二つ目の特徴は、搾取の不在です。次の点を思い出してください。sを剰余労働ないし不払い労働、vを労働者が自ら消費する分の財を生産するための必要労働とします。このとき$s/v>0$が成り立つだけでは、搾取が成立するのに十分ではありません。資本主義の場合にはこの条件だけで十分なのは、資本家が剰余価値をコントロールして、そこから利益を得ているからです。しかし自由に連合した生産者の社会――社会主義の社会――では、剰余労働ないし不払い労働は存在しません。なぜなら社会主義の社会では、正義に適った社会ではどこでもそうですが一定の剰余が存在するとしても、それは、労働者の利益のために——公衆衛生、教育、福祉といった社会的支出のために使われるにちがいないからです。またマルクスが言うように、「ある一定の量の剰余労働は、不測の事態にそなえた保険としても要求されるし、さらにさまざまな必要の増大と人口の増加に合わせた生産過程の必然的で累進的な拡大によっても要求される」(『資本論』第一巻、Tucker, p. 440)。したがって、すでに見たことですが、$s/v>0$を搾取にするのは、この事態がそのなかで生じる社会の基本構造の本質なのです。社会主義のもとで搾取が存在しない理由は、そこでの経済活動が、全員が平等に参加する公共的で民主的な計画に従っているという事実のなかにあります。このことは、社会の資源に対しては全員が平等なアクセスをもつというマルクスの正義の観念に根ざした、平等な請求資格を尊重するものです。

2　資本主義の背景的な諸制度のもつ、搾取に通じる($s/v>0$の率を搾取の目印にしてしまう)いくつかの主要な特徴を思い出しましょう。それらは端的に言って、生産手段の私的所有に属する特権にほかなりません。すなわち、

(a)　社会的剰余の総計(剰余労働によって生産される事物の総体)が、生産手段を(法律上の命令や正義に適った契約といった手続きを通じて)所有している、(労働者とは)別

の人々の手に落ちる。このようにして一つの階級としてのもてる者たちが、生産による生産高を所有します。

(b) 生産手段の所有者はまた、企業および産業の内部で労働過程に対する専制的なコントロールを行う。新しい機械の導入と使用、分業の程度とその詳細、その他すべての事柄について決定を下すのは労働者ではなくて、所有者です。

(c) 生産手段の所有者はまた、新たな投資の供給量の程度とその方向性も決定する。彼らはたとえば――個々の企業がそれぞれ独立に(競争があればの話ですが)――長期的な利潤を最大化するには剰余資金はどこに投資されるのが最善かといったことを決定する。したがって、この階級が(一つの全体として、しかし協力してではなく)社会的剰余の使い道を、そして経済の成長率を決定づけるのです。

3 こうしてみると、マルクスは次のように考えるということが結論になります。すなわち、こうした特権が自由に連合した生産者の手に握られており、しかもこうした特権の行使が、全員がそれを理解しており、それを設定するのに全員が参加しうるような公共的で民主的な経済計画を通じて行われるときには、搾取は存在しないとマルクスは考えるのです。そこにはイデオロギー意識も、疎外も存在しません。自由に連合した生産者の社会は「理論と実践の統一」を達成するのです。

別の言い方をしますと、その公共的な経済計画として表現された、彼らの社会的世界についての彼らの共有された理解は、彼らの社会的世界の真の記述になっています。それは、諸個人が自由と自己発展のための真の人間的な必要の数々を充足し、しかも同時に社会の諸資源に対して全員が平等なアクセスを請求する資格をもつのを認めるような世界なのです。

第六節　完全な共産主義——社会主義の初期の欠陥の克服

1　これまでのところ、自由に連合した生産者の社会という観念を探求してきましたが、その際に私のねらいはマルクスにとっての次の観念の重要性を強調することでした。それは、全員がそれを理解し、全員がそれに参加する、民主的に到達された公共的な経済計画という観念です。

自由に連合した生産者の社会がそのような計画に従うならば、イデオロギー意識は消滅し、疎外と搾取も存在しなくなるとマルクスは信じていました。理論と実践の統一が獲得されるのです。すなわち、私たちは、自分たちがしていることをしているのはなぜであるかを理解しており、しかも私たちのしていることは、自由の諸条件のもとで私たちの自然的な力の数々を実現するのです。共産主義の第一の段階——伝統に従って、この段階を「社会主義」と呼びましょう——では、しかしながら、依然としてかなりの不平等が存在します。それは生まれつきの資質の不平等のせいであり、また労働者が消費財のかたちで報酬を受けとるのは、どれだけの時間つづけて、どれだけの強度で労働したかに対してであるという事実のせいでもあります。不平等な資質に対するこの報酬のことは、社会主義的搾取と呼ばれてきました。(7)

さらに、分業も依然として存在します。というのも、マルクスが示唆しているように(『ゴータ綱領批判』、Tucker, p. 531)、分業が乗り越えられるのは共産主義の高次の段階——ここでも伝統に従って、この段階を「共産主義」と呼びましょう——においてのみだからです。マルクスは、第一の段階、すなわち社会主義の場合のように、資本主義社会を脱しようとする長い闘争の後にようやく現れたばかりの社会では、不平等と分業というこれら二つの欠陥は不可避であると考えているようです。

この講義での私たちの目的のため、私は公共的で民主的な経済計画というマルクスの観念は受け入れておくことにします。また、そのような計画が疎外と搾取を(先に見たローマーによって定義された社会主義的搾取はおそらく別として)、そしてイデオロギー意識を取り除くという彼の考えも受け入れておきます。公共的で民主的な経済計画という観念には多くの困難な点がありますし、マルクスは細かい点をひどく曖昧なままにしています。彼はこの観念を未来に対する問題として残したのです。こうした困難な点については議論しません。そのかわり私は、正義についてのマルクスの諸観念と、リベラルな伝統に対する彼の批判に対して寄せる私たちの関心にもっと近いところにある問いを、いくつか議論することにします。

2 社会主義の第一の欠陥を議論することからはじめましょう。その欠陥とは、個人のさまざまな資質が不平等であることから生じる消費財の分け前の不平等であり、一つの「自然的な特権」に結果としていたるものです。『ゴータ綱領批判』からのいくつかの箇所を思い出してみます(Tucker, pp. 530-531)。

「平等な権利とは……依然として原理的にブルジョアの権利である」。

「平等な権利は依然として……ブルジョア的限界によって烙印を捺されている」。

「生産者の権利は彼らが供給する労働に比例させられる」。

「平等が存在するのは、平等な基準、すなわち労働［という基準を適用すること］においてである」。

「しかしある人は、別の人よりも、肉体的あるいは精神的にすぐれており、それゆえ同じ時間でもより多くの労働を供給する」。

「平等な権利とは、不平等な労働のための不平等な権利である」。

「個人の資質と、したがって生産する能力とが不平等であることは自然の特権として［認められる］」。

「したがってそれは、どんな権利でも同じことだが、その内容については不平等の権利である」。

「さらに、［他の人より大きな家族をもっている人々もいるし、他の人と違ってはいるが、しかし妥当な請求資格をもつ人もいる］」。

「こうしたすべての欠陥を回避するためには、権利は平等である代わりに、不平等であるほかはないだろう」。

3 マルクスはこの不平等を、共産主義社会の第一の段階では不可避のものとして受け入れているように見えます。彼は言います。「権利というものは、社会の経済構造と、それによって条件づけられる社会の文化的発展よりも高いところにはけっして届かない」(『ゴータ綱領批判』、Tucker, p. 531)。それゆえ、私たちは経済的諸条件が変わるのを待たねばならない。

しかし、諸条件が変わるのをただ待っていなければならないのはなぜでしょうか。たとえば、格差原理(8)のような原理を採択して、さまざまな課税などを行い、インセンティブを調整して、ある人々のもつより大きな資質が、わずかな資質しかもたない人々に有利にはたらくようにすることを、社会はなぜできないのでしょうか。マルクスがこうした可能性を考えていないのは、もっぱら彼の見落としなのでしょうか。

G・A・コーエンにならって、マルクスは私たちがリバタリアンと呼びうるような見解をもっているのだと言ってみましょう。その見解は次のように定義することができます。

(a)「各人は、自分の人格と諸能力に対して完全な自己所有権をもつ。それゆえ各人は、いかなる他人の自己所有権的諸権利(the self-ownership rights)をも侵害しないという条件をみたすなら、自分自身を好きなように扱う道徳的権利をもつ」。

したがって、

(b)「いかなる人も、誰か他人を助けることを、そうしないと強制的な罰を受けるという条件で要求されてはならない、ただし自分でそのような契約を結んだ場合は別である」。

命題(b)は命題(a)からの帰結とみなされます。(9)

4　さらにコーエンに従ってみます。以上のように定義されたリバタリアニズムは、「人格以外のさまざまな生産資源に関連する……別の諸原理と結びつけられることが可能である」――人格以外の生産資源とは、土地、鉱物資源、自然の動力などです。右派リバタリアニズムと呼びうる立場（『アナーキー・国家・ユートピア』でのロバート・ノージックの立場です）は、「自己を所有する人格は、不平等な量の外的な自然資源に対しても（自己所有権と）同様の強力な諸権利を獲得しうるとつけ加える。これと対照的に左派リバタリアンは、未加工の外的資源の分配に関しては平等主義である。ヘンリー・ジョージ、レオン・ワルラス、ハーバート・スペンサー、それにヒレル・スタイナーがこの左派リバタリアンの位置を占める(10)」。

私はマルクスが左派リバタリアンだと言うつもりはありません。彼が自分の立場をそうは表現しないことは確かだろうと思うのです。けれども、左派リバタリアニズムはいくつかの点で、彼が言っていることに合致する見解ではあります。

(a) 第一に、左派リバタリアニズムは、私たちがすでに探求したマルクスの資本主義に対する批判と合致します。彼の批判は、搾取の基礎を資本家が生産手段すべてを所有するという事実のうえに見出します。他方、彼の見解では、これら天然資源へのアクセスとその使用に関しては全員が平等な請求資格をもつことを示唆しておきました。搾取の根源は生産手段の階級独占にあります。

(b) よりすぐれた資質に恵まれた人々が、はたらいた成果としてより多くの消費財の分配を受けとるには、それほど資質に恵まれていない人々の福利に対して貢献するような仕方ではたらくことを要求されるのか。マルクスはそのように示唆していません。外的天然資源に対して誰もがもつ平等なアクセスの権利は尊重しなければなりませんが、誰か他人のためにそれ以上のことをする義務は誰にもありません。自分の意志でそういうことをしたいという場合は別ですが。恵まれていない人々は外的諸資源に対するアクセスを欠いているのではありません。たんに、よりわずかしか資質をもたないのです。

(c)　この態度は、『ドイツ・イデオロギー』での〔共産主義社会についての〕マルクスの見解と一貫しています。その社会は、人々がお互いを助けるように命じられる社会ではありません。あるいは、その社会の文化によってさまざまな義務や責務を人々に教え込んである社会でもありません。そうではなく、それはそのような道徳的な教えのない社会です。そこでは人々がいかなる深刻な利益の争いもお互いにもつことはなく、分業が克服されているので心のおもむくままにしたいことをしてもよい社会なのです(Tucker, p. 160)。

私は、マルクスは格差原理やそれに似た原理を拒絶しただろう、と結論づけます。コーエンの表現するところでは、マルクスは共産主義を、ラディカルな平等主義――社会の諸資源に対する平等なアクセス――で、しかも強制をともなわないものと考えるのです。この最後の、強制をともなわないということが意味するのは、何人も自分自身の利益を得るのに、他人の福利に対しても貢献するような方法だけをとることを要求されない、ということです。そのような要求は強制的になるでしょう。それは、ある人々〔援助を受けとる人々)に対して、その他の人々が彼らの力をどのように使うべきかに関しての権利を与えることに等しいでしょう――左派リバタリアンの平等なアクセスの権利を全員が尊重するのは当然のこととしてですが。これに対して私は、背景的正義を長期的に維持するためには、格差原理か、何かそのような手段を導入しなければならないと考えます。

第七節　完全な共産主義――分業の克服

1　分業の克服を可能にするものは何でしょうか。しかしその前に、分業のどこが悪いのでしょうか。なるほど、悪いことはたくさんあります。そのうちのいくつかは『ドイツ・イデオロギー』のよく知られた箇所に挙げられています。「……分業が存在するようになるや否や、各人は一つの特定の、排他的な活動領域をもつようになる。この領域は彼に押しつけられたものであって、そこから逃げることはできない。彼は……生計の糧を失いたくないかぎり、[その活動領域に]そのままとどまるしかない。これに対して共産主義社会とは、誰も一つの排他的な活動領域をもつことはなく、誰もが自分が望むどんな分野にでも熟達することが可能な場所であって、そこでは社会が生産一般を規制し、それによって私が今日はあることをして、明日は別のことをするのを可能にする……もっぱら私の心のおもむくままに」(Tucker, p. 160)。

2 共産主義のこの記述で、マルクスにとって魅力的な特徴とは何でしょうか。第一に、「私たちの心のおもむくままに」ふるまえるという点です。私たちの活動は他の誰の活動とも調和的に進行します。私たちは私たちの好きなようにやり、彼らは彼らの好きなようにやり、さらに私たちは一緒にやってもよいのです。しかしそこには、道徳的制約や道徳的責務の感覚はいっさいありません。権利と正義の諸原理によって拘束されているという感覚もありません。

共産主義社会とは、権利と正義について、道徳的責務についての感覚を日常的に意識することが、消滅してしまった社会です。マルクスの見解では、そうした感覚はもはや不必要であり、もはや社会的役割をもたないのです。

3 マルクスにとってもう一つの魅力ある特徴は、私たちの誰もが、そうしたいと思えば、私たちのさまざまな力すべてを実現して、人間の活動範囲にあるありとあらゆる活動すべてに取り組むことが可能だという点です。私たちはみんな——もしなりたければですが——人間のさまざまな可能性の範囲全部を目の当たりにさせてくれる、万能の個人になることが可能なのです。分業を逃れることが意味することの一部はこれです。

こう考えてみましょう。〔マルクスが言っているのは〕私たちが音楽家だとしたら、オーケストラの楽器の全部を順番に演奏したいと思うだろう、というようなことです（これが荒唐無稽の話に見えるなら、オーケストラが人間のさまざまな活動の範囲を代表するものだと思ってください）。これに対して、対照的な考え方があります。ヴィルヘルム・フォン・フンボルトによって述べられた考え方ですが、『正義論』第七九節、注四では、オーケストラとの類比を用いてさらに詳しく説明されています。〔社会結合という〕この観念は、分業によって私たちは、お互いの人間としての力を全範囲にわたって実現させるうえで協働することができるし、それればかりか、その実現という協力的活動をすることで、一緒に楽しむこともできるというものです。

これは〔マルクスとは〕違った考え方です。それは分業を、さもなければ達成不可能なことを可能にしてくれるものとみなします。そして一定の条件——分業が強制されたものでも、排他的なものでもないという条件——がみたされるならば、分業は受け入れ可能だとみなします。分業の強制性と排他性は、まさにマルクスも反対していたことにほかなりません。けれども、この考え方はマルクスの考え方ではありません。彼の考え方は、私たちが万能の個人になり、心のおもむくかぎりで他人とともに楽しむというものです。この考え方は先ほど定義された自己所有権の観念と一貫していますし、権利と正義の感覚を意識することによって制約されてはいません。

るようです。

4　分業の克服を可能にするのは何でしょうか。本質的に言って、次の三つのことであるようです。

(a)　無制限の豊穣さ。これは、生産手段の増大の結果として得られます。

(b)　労働が生活の第一の必要となること。人々ははたらかずにはいられないのであって、もはやインセンティブによって、彼らをはたらくように仕向けることは必要ないのです。

(c)　労働はまた魅力的なもの――意味のある仕事であること。これは、(b)の一つの側面です。

これら三つの点については、マルクスの著作の二つの箇所がとりわけ意義をもっています。一つは『ゴータ綱領批判』からの箇所です(Tucker, p. 531; McLellan, p. 615)。マルクスはそこでこう言っています。高次の共産主義の段階においてのみ、「ブルジョア的権利の狭い地平線」(つまり、私たちが先ほど議論した不平等のことです)は乗り越えられる。「精神的労働と肉体的労働の間の対立は、すでに消滅している」。労働は「生活の手段であるばかりではなく、生活が第一に欲するもの」ともなった。そして社会は、その旗にこう書き記します。「各人からは各人の能力に応じて、各人には各人の必要に応じて!」。(11)

もう一つの、『資本論』第三部(Tucker, p. 441)からの箇所は、自由の領域に関する箇所です。その自由の領域とは、「必要性と、日常のつまらない考慮によって決定づけられた労働が終焉するところでのみ」はじまるというのです。

5 「各人からは各人の能力に応じて、各人には各人の必要に応じて」というその指針を、私たちはどのように解釈すべきでしょうか。私の考えでは、それは正義の指針ではなく、また権利の指針でもありません。それはもっぱら一つの記述的な指針ないし原理であって、高次の共産主義の段階において何が行われ、また物事がいかにして生じるかについては、正確なものなのだと思います。

第八節　共産主義の高次の段階とは正義を超えた社会なのか

1 多くの人々が、共産主義とは正義を超越した社会であることを欲してきました。しかし、これが本当にそうだとしたら、いったいどんな意味で共産主義は正義を超越するのでしょうか。それは、共産主義社会のどの側面を考慮しているかによって違ってきます。共産主義は強制のないラディカルな平等主義に等しいことを思い出しましょう。この観念は相変わらず妥当します。それが含んでいるのは次のことです。

(a) 社会の生産手段に対する平等なアクセスとその平等な使用のための請求資格を、全員が平等にもつ。

(b) 経済計画がそれによって形成される公共的・民主的手続きに、他の人々とともに参加することへの請求資格を誰もが平等にもつ。

(c) 誰もやりたくないような、しかし必要な仕事があった場合(おそらく何かあるでしょう)、それを行うことに関しては誰もが平等に――平等であると私は想定します――負担をする。

これらを認め、もし平等が正義に適うということを受け入れるならば、財の分配は正義に適っています。さらに、資源の使用に対する全員の平等な権利は尊重されているし、民主的・公共的な計画化への全員の平等な参加の権利も、そのような計画化が必要なかぎりは、尊重されています。したがってこの意味では――正義についてこうした考え方の内部に立つかぎりは――共産主義社会はたしかに正義に適った社会です。

2　ところがもう一つの意味では、共産主義社会は正義を超越しているようにも見えます。言い換えれば、共産主義社会はたったいま定義した意味では正義を達成している一方で、正義を達成するのに人々の権利と正義の感覚にはいっさい依拠していないのです。共産主義社会の成員たちは、正義の原理や徳によって動かされる人々ではありません

──すなわち、正義に属する数々の原理や指針にもとづいて行為したいという性向によって動かされる人々ではないのです。人々は正義が何であるかは知っているかもしれないし、彼らの祖先がかつて正義によって動かされたことを思い出すかもしれません。しかし、いちいち正義を気にしなければいけないという厄介な関心、そして正義が何を要求するかについてのいろいろな討論は、彼らの共同生活の一部ではない。こういう人々は、私たちにとっては見たこともない存在です。彼らを記述するのは困難です。

しかしながら、正義への関心がこのように不在であることは、マルクスにとっては魅力となる特徴の一つなのです。これが本当に魅力的な特徴なのかどうか、私たちは自らに尋ねてみるべきでしょう。それがどんなことか、私たちは本当に理解できるでしょうか。『自由論』第三章第九段落でミルが言っていることを考えてみてください(12)。マルクスの言う無制限の豊穣さをユートピア的だとして退けることは容易です。しかし正義の消滅が望ましいかどうかという問いは、はるかに深い問いを提起します。

私にとっては、正義の消滅はそれ自体としても、また現実問題としても望ましくないことです。正義に適った諸制度というものは、私の考えでは、おのずと現れてくるのではなくて、まさにそうした制度自体からなる文脈のなかで学習される正義の感覚を、市民たちがもっていることにかなりの程度──もちろんこれだけにではありませんが──依存します。正義への関心の不在がそれ自体として望ましくないのは、正義の感覚をもつこと、そしてそのことに含まれるいろいろなことすべてが、人間の生活の一部であり、他の人々のことを理解し、彼らのさまざまな請求資格を承認することの一部だからです。他人の請求資格について心配することも、それらを意識することもなしに、いつも心のおもむくままに行為することは、まともな人間社会にとって欠かせない諸条件についての意識を欠いたまま生きる生活となってしまうでしょう。

むすび

私は、マルクスの見解のなかで、自由に連合した生産者の社会という観念がもつ中心的な位置づけを説明しようと試みてきました。この社会で生産者は、彼らの類的生活――マルクスがそう呼んだのですが――を、全員がそれを理解し、全員がそれに参加するような、公共的な、そして民主的に到達された経済計画に従って運営するのです。社会がそれ自体をこのような仕方で運営するとき、イデオロギー意識は消滅し、疎外も搾取もなくなります。そこにあるのは理論と実践の統一です。私たちは、自分たちがしていることの意味は何かを理解しており、しかも私たちのしていることは、自由の諸条件のもとで私たちの自然的な力の数々を実現するのです。社会全体にわたる幅広さをもつ、公共的で民主的な経済計画という観念は、マルクスの思想のなかできわめて深い根をもち根本的に重要な帰結をもっています。この点を理解することは、いまという時代にはとりわけ重要です。いまという時代は、共産主義の崩壊がたやすく私たちを誘惑し、こうしたつながりを見過ごさせ、民主的な経済計画という観念そのものが信用を失ったのだと想定させることがありうるからです。私たちがこの観念を退ける可能性もたしかにあるでしょう。それでも私たちは、社会主義の伝統のなかでこの観念がそれほど中心的な役割をもっていたのはなぜかということ、そしてそれが現在の私たちに対してもつ意義は何かということを、理解するよう努めなければならないのです。

注

(1) マルクスは資本主義にいたる歴史過程(生産者を生産手段から切り離してゆく歴史過程)について、「資本主義の前史的段階」と呼んでいる(『資本論』第一巻、Tucker, pp. 714f)。さらに、彼にとって望ましい、自由に連合した生産者の社会という最終段階にいたるさまざまな過程すべてのことは、たんに「前史」と呼んでいる。

(2) Marx, *Value, Price and Profit* (New York: International Publishers, 1935), Ch. XIV, p. 61. [最後から五番目の段落。]

(3) Marx, *Selected Writings*, ed. David McLellan, 2nd ed., p. 149 (Oxford: Oxford University Press, 2000), from *Holy Family* を参照。

(4) Tucker, pp. 14f, "Letter to Arnold Ruge," Deutsch-Französischer Jahrbucher, 1844.

Marx, *Selected Writings*, ed. McLellan, 2nd ed., pp. 44-45 も参照。

（5）この点については『ゴータ綱領批判』第一節を参照。

（6）Duncan Foley, *Understanding Capital: Marx's Economic Theory* (Cambridge, Mass.: Harvard University Press, 1986), p. 46 にあるいくつかの計算を参照。

（7）John Roemer, *Value, Exploitation, and Class* (New York: Horwood, 1986), pp. 77f.

（8）格差原理は、公正としての正義における正義の二原理のうち、第二原理の二番目の部分。格差原理が述べるのはさまざまな社会的・経済的不平等が、次の二つの条件をみたさなければならないということである。第一に、そうした不平等は、公正な機会均等の諸条件のもとで、すべての人に開かれた職務と地位にともなうものでなければならない。第二に、そうした不平等は、社会の最も恵まれない成員の最大の便益になるようなものでなければならない。*Restatement*, pp. 42f.〔『再説』八三―八四頁〕.

（9）G. A. Cohen, "Self Ownership, Communism, and Equality," *Proceedings of the Aristotelian Society* 64(Supplement), 1990, pp. 1f.〔「自己所有権・共産主義・平等――マルクス主義の技術的解決に抗して」（松井暁・中村宗之訳『自己所有権・自由・平等』青木書店、二〇〇五年に所収）〕

（10）Ibid., p. 118.

（11）この指針はルイ・ブランからとられている。それは Louis Blanc, *Organization of Work*, 9th edition (Paris, 1850) につけ加えられたものである。

（12）ミルは言う。「人間が観想にとって高貴な、美しい対象の一つになるのは、他の人間の諸権利と諸利益によって課せられた諸制約の内部で、「人間たち自身のなかにある個性的なものを」陶冶し、それを発揮させることによってである。……人間のなかでより力の強い者が他人の諸権利を侵食するのを妨げるのに必要なだけの圧力は、これなしで済ますことはできない。……他人のために厳格な正義の諸規則に従わせられることは、他人にとっての善をその対象とするさまざまな感受性や能力を発達させる」。

補　遺

ヘンリー・シジウィック四講

ジョゼフ・バトラー五講

講義概要

APPENDIXES

ヘンリー・シジウィック四講（一九七六年と一九七九年の秋学期）

第一講　シジウィック『倫理学の方法』

第一節　はじめに

(1)　ヒュームについての講義の第一講で述べたように、功利主義の伝統の歴史は、おおまかに言えば一七〇〇年から一九〇〇年までにわたっており、そのなかで、私が「古典的な系譜」と呼んでいる流れを代表する思想家はベンサム、エッジワース、シジウィックです（以下「B‐E‐Sの系譜」と呼ぶことにします）。シジウィックの『倫理学の方法』（初版一八七四年、最終第七版一九〇七年）は、この古典的功利主義の教説を最も洗練された完全な形で哲学的に述べた作品であり（とくに第一部第九章、第二部第二章、第三部第一三、一四章、第四部）、その発展史に一つの区切りをつけた集大成と言えます。ヒュームが効用を社会の幸福と必要性というひどく大ざっぱな意味でとらえていたのに対し、数学的解釈を施された明晰かつ判明な古典的効用原理の基礎となる観念を提示したという点において、ベンサムもエッジワースもオリジナルな思想家でした。あるいは、賢明な観察者という観点についてのヒュームの見解をある方向に突き詰めれば、そこには、古典的効用原理への自然な移行という帰結が潜在的に含まれていたかもしれません(ヒュームについての講義Ⅱとそれにつづく議論を参照)。シジウィックのオリジナリティは、道徳哲学そのものについての、つまり道徳哲学とは何であり、どのようになされるのかといったことについての、彼なりの構想にあります。

(2) 三人の功利主義者――ヒューム、シジウィック、J・S・ミル――について考察を行うに際し、まずは効用の観念についての議論を整理し、この観念がどのように定義され、理解されているかということを見ておきたいと思います。そして以下においては、ヒューム、シジウィック(あるいはB-E-Sの系譜)、J・S・ミルの三人が、三つのまったく異なる効用の観念を提示していることが明らかになるでしょう。

ヒュームについての第二講で、賢明な観察者の観点についてのヒュームの見解を検討した際に、明らかになったのは次のことです。[1]

(i) ヒュームが、その心理学的で自然主義的な道徳論のなかで、この観点に、どのような役割を認めていたかということ。そして、

(ii) この観点に、ヒュームが『人間本性論』、『道徳原理研究』、「原初契約について」

で提示していたよりも、もっと鋭い(つまりもっと厳密な)効用の観念に到達するような直観的な方法が、含まれていたかどうかということ。すでに見たように、原初契約についてヒュームがいだいていた観念は、規範原理として用いられる場合、ロックの社会契約論的な判断基準と、それほど対照的ではありませんでした。

そして、私が示した見解は、次のような自然的あるいは直観的な方法が見出されるというものでした。すなわち、

(a) ヒュームには、道徳的な是非が、人間の自然な情動――私たち人間の本来的な(あるいは人間本性にとって生得的な)情念――すなわち愛や嫌悪とつながっているという考え方が見出される。あるいは『道徳原理研究』で述べられている考え方によれば、道徳的な是非は、人間性(慈恵)の原理とつながっている。

(b) こうした道徳的な是非は、賢明な観察者の観点から導き出された人間性の原理によって基礎づけられる。このこととの関連で注目すべきは『道徳原理研究』第六章の第五段落で、この重要な一節においてヒュームは次のように述べています。「どのような環境にあっても、道徳感情と人間性の感情にとって快いのは、同一の資質[性格の質]である。道徳感情と人間性の感情とが高い感度を示すのも、同一の気質である。接近や結合によって道徳感情と人間性の感情に活気を与えるのも、対象物の同一の変化である」。

ヒュームはつづけます。「したがって、哲学のあらゆる規則に従って、私たちは、こ

の二つの感情が、もともと同一のものであったと[つまり、この二つは、もともと現在の自我の内において同一であると]結論せざるをえない。というのも、どれほど些細なものであれ、個々の感情が、同一の法則によって[同一の程度に]、同一の対象物によって動かされるからである」と。(2)

(c)　そして、こうした道徳的な比較判断のための前提を組み合わせていくならば、次のように言うことができる。すなわち、賢明な観察者の観点から見れば、私たちは、ある特質の制度が、別の制度よりも大きな幸福をもたらすとき(あるいはもたらすように設計されていると思われるとき)、その制度により強い賛同と高い評価を与えるであろう、と。より大きな幸福は、私たちの感情により多くの活気を与える。こう考えるとき、私たちはすでに、ベンサム-エッジワース-シジウィックの効用の定義へと向かう途上にいるのです。

ヒュームの作品のなかにも、後のB-E-Sの系譜に見られるような、より明確な効用の観念を示唆する記述はいくつか見られますが、多くはありません。『道徳原理研究』には「善のバランス」に言及した箇所が一つあります(付録二)。また別のところでは、完全な平等の非現実性についての議論のなかで、限界効用逓減の法則の存在にヒュームが気づいていたことを示す記述があります(第三章第二五段落、p. 194)。しかし、やはり本質的には、効用についてのより鋭い観念が提示されるには、B-E-Sの系譜の登場を待たねばなりませんでした。ただし、「より鋭い」と言っても、哲学的に言って、あらゆる事柄についての観念が鋭ければ鋭いほどよいというわけではありません。ある見解が「鋭い」ということは、それだけ他の見解との対照がはっきりしていることであり、より好ましいことです。少なくとも、功利主義と社会契約論との間にどのような違いがあるのかということは明確になります。以下でシジウィックを取り上げる一つの目的は、まさにそうした鋭さと明確さを得ることです。

(3) 哲学的な作品としての『倫理学の方法』。いささか突飛に思われるかもしれませんが、私は同書が、哲学的な作品として重要であるだけでなく、歴史的に画期的な意義をもつ重要な作品だと考えています。

(a) まず第一に、同書は、オックスフォード大学とケンブリッジ大学がしがらみにとらわれることなく本格的にイギリス哲学の伝統のなかに再び参入を果たしたことを示す、象徴的な作品でした。それはおおよそ一八七〇年頃のことですから、まだ最近のことにすぎません。ここで重要なことは、シジウィックが一八六九年に〔国教会の〕三十九カ条への宣誓を拒み、[3] トリニティ・カレッジのフェローの職を辞したということです。シジウィック以前にも重要な大学関係者が一人もいなかったわけではなく、たとえばF・D・モーリス、ヒューウエル、ジョン・グロートなどがいたことは確かですが、彼らはみな国教徒であり、(ヒューム、ベンサム、ミル父子などに代表される)功利主義と経験論を認めてはいませんでした。一説によれば、彼らが功利主義に反対していたのは、それが自分たちの信仰と相容れなかったからです。むろん、だからといって彼らが哲学者ではないということにはなりません。けれど、国教徒としての信仰が大学に所属するための条件であったことを考えると、このことは無視できないのです。

(b)『倫理学の方法』は、古典的功利主義の教説を最も明晰かつ平易に定式化した作品でした。この古典的な教説によれば、社会や個人の行為の最終的な道徳的目的は、あらゆる感覚的存在の幸福の最終的な総和を最大化することです。ここで言う幸福とは、苦を上回る快の合計によって、あるいはシジウィックが好んだ言い方をすれば、不快な意識を上回る快い意識の合計によって(積極的あるいは消極的に)算出されるものです。おおまかに言えば以上のような内容をもつ古典的な教説は、シジウィックの時代においては、長らくベンサムの著作とそれが他の思想家たちに与えた広範な影響力を通じて、一般的によく知られていました。そして、『倫理学の方法』がかくも重要な作品である理由は、古典的な教説を唱えていた他の人々とは異なり、シジウィックが、この教説の直面する数多くの困難に気づいていたからであり、さらには、たとえばJ・S・ミルのように功利主義の厳密な教説から離れることなく、首尾一貫した徹底的な方法で、こうした多くの困難に対処しようと試みたからでした。したがって、シジウィックの書物は、厳密な古典的功利主義の作品のなかで最も哲学的に深みのある作品であり、この伝統の一つの時代に区切りをつけたと言っても過言ではないのです。

(c)『倫理学の方法』が重要である理由は他にもあります。同書は(英語で書かれた)真に学術的な道徳哲学の著作としては最初のものであり、方法論においても、アプローチの精神においても、近代的な作品でした。同書は、道徳哲学を他のすべての学問分野と同じように扱いました。道徳的な構想の体系的な比較を行うに際し、同書はまず、歴史的観点から見ても、現代的な関心から見ても、最も重要な道徳的構想の検討からはじめています。シジウィックがそのような研究に取り組んだのは、この古典的な教説を(もちろん、それはすべての道徳的構想に当てはまることですが)理性的に、しかも満足のいく形で正当化するには、そうした論じ方をする以外にないと考えたからです。そうした正当化を提示することこそが、彼の望んだことでした。この目的のために、シジウィックは、あらゆる主要な道徳的構想を、利己的快楽主義、直観主義、普遍的快楽主義(古典的功利主義の教説)の三つにまとめています。第一部で倫理学の主題とその問題領域について述べた後、彼はつづく第二、三、四部で、前述の三つの構想を利己的快楽主義、直観主義、普遍的快楽主義の順番で検討しています。ただし、第三部の最後のところで、彼が普遍的快楽主義について詳述し、それを直観主義よりも優れたものとして擁護している点を見逃すわけにはいきません。普遍的快楽主義の方が直観主義よりも優れているという体系的な正当化の作業は、第四部でなされています。シジウィックが哲学的かつ道徳的に共感しているのは明らかに普遍的快楽主義であるため、私たちは、彼が議論をさらに進めて、普遍的快楽主義の方が利己的快楽主義よりも優れた構想だと論じるはずだという期待をついつい抱いてしまいます。しかし、シジウィックはそれが不可能だということを悟ることになります。というのも、シジウィックの認識において、この二種類の快楽主義はともに、彼自身が実に注意深く定式化した理性的な正当化という基準をみたしていたからです。彼は、失望感を漂わせながら、私たちの実践理性は真っ二つに引き裂かれているようだと結論づけています。そして、この分裂は解決可能なのか、可能であるとすればどのように解決すればいいのかという問題を、シジウィックは、倫理学の課題としてではなく、信念の真偽を判断する基準についての一般的な検討を終えた後に私たち自身が取り組むべき課題として残しました。

(d) 私たちにとってはあまり重要ではありませんが、『倫理学の方法』には二つの大きな欠陥があります。(i) まず同書は、比較をいささか狭い範囲で行っているため、道徳的構想の重要な側面がいくつか省かれてしまっているように思われます。また、(ii) シジウィックは、カントの教説が判明な道徳的構想としてそれ自体で研究に値するということを理解できていません。とはいえ、シジウィックが直観主義について徹底的かつ包括的な比較研究を十分に行っていることは間違いないと言えるでしょう。

(e) シジウィックのオリジナリティは、道徳哲学の主題についての独自の構想と、道徳的構想の十分な理性的正当化は、例外なく、哲学の伝統のなかのもっと重要な道徳的構想についての十分な知識と比較研究を前提とするものでなければならないという独自の見解とにあります。『倫理学の方法』が重要な作品である理由は、同書が、こうした道徳哲学の構想を、着実に、しかも十分な裏づけによって展開し、提示していることです。古典的功利主義の教説について正確な理解と情報にもとづいた評価を行うためには——それは現代の道徳哲学にとっても大きな意義のある作業です——まずはシジウィックの作品を注意深く読むことからはじめるのが最善と言えるでしょう。

同書は、学術的な性質の作品であり、また間違いなくシジウィックの特徴的な文体のせいもあって、非常に読みづらい作品です。実際、同書は見るからに味気のない退屈な作品なのですが、学術書というものは、たとえそれが優れた一級品である場合でも、十分な予備知識をもたない読者にとっては、味気のないものであることがほとんどです。そういう事態を回避するにはどうすればいいのでしょうか。そこで以下では、少なくとも読者が『倫理学の方法』の議論について評価を行うことができるよう、同書とその背景について十分な予備知識を提示することを試みます。愉快な話にはならないと思いますが、しばらくは我慢しておつきあいください。

(4)　まずはシジウィックの生涯について。シジウィックの全生涯はヴィクトリア女王の在位期間(一八三七—一九〇一年)に含まれており、一八三八年五月三一日に生まれ、一九〇〇年八月二八日に没しています。父親は裕福な製棺業者の孫で、ケンブリッジ大学トリニティ・カレッジを卒業後、国教会牧師を経て、ヨークシャーのスキプトンにあるグラマースクールの校長を務め、一八四一年に死亡しています。

ヘンリー・シジウィックは、ラグビー校に通い、一八五五年にトリニティ・カレッジに入学、学部生として優秀な成績をおさめた後、一八五九年にトリニティ・カレッジのフェローに選ばれました(二一歳)。シジウィックは一八六九年(三一歳)にフェローの職を辞していますが、理由は彼自身の信仰に対する疑念でした。というのも、法律により、フェローの職にとどまるにはイギリス国教会の三十九カ条への宣誓が必要だと定められていたからです(4)。とはいえ、彼は即座に、三十九カ条への宣誓を必要としない特別な職に任命され、そうした宣誓が必要であると定めていた法律が廃止になると、再びフェローに任命されました。一八八三年には、四五歳でナイトブリッジ教授に就任し(前任者は、F・D・モーリスの後任だったバークス)、トリニティ・カレッジにとどまり、他所で教壇に立つことはありませんでした。一九〇〇年にウィリアム・ジェイムズがシジウィックをハーバード大学に招致することを望みましたが、シジウィック自身はこの件に関心を示さなかったようです。

一八七六年、三九歳のとき、シジウィックは、後に首相となるアーサー・バルフォアの姉エレノア・バルフォアと結婚しました。エレノアは後に、ケンブリッジ大学の最初の女性のための高等教育の場であるニューナム・カレッジを設立しています。

また、シジウィックは、自らの教え子であるG・E・ムーアについて次のような言葉を遺しています。「彼の鋭さは――その鋭さたるや相当なものであるが――彼の洞察を凌駕してしまうほどのものだ」と。(5)

第二節 『倫理学の方法』の議論の構造

(1) まず『倫理学の方法』について最初に述べておくべきことは、同書が、何か特定の道徳的、哲学的、あるいは神学的な教説を擁護しようとしているわけではないということです。この点において、同書は、それ以前の、たとえばホッブズやロック、ベンサムやJ・S・ミルらのほとんどの作品と、決定的に異なっています。先ほど『倫理学の方法』は道徳哲学を他のすべての学問分野と同じように扱った作品であるということを述べましたが、その際に私が言いたかったことの一つはこのことです。

しかし、さらに重要なこととして、シジウィックは、初版の序文(*Methods of Ethics*(『倫理学の方法』), p. vii. 以下*ME*(『方法』)と略記)で次のように述べています。すなわち、彼の目的は、「人類一般の道徳的意識のなかに――明示的ないしは暗示的に――見出される義務についての理性的な[道徳的]確信を獲得するためのさまざまな方法」のすべてを検討すること(さらにつけ加えるならば、比較することと、対照すること)であり、こうした方法は「個々の思想家たちが、独力あるいは協力によって発展させ、いまや歴史的な遺産となったさまざまな体系へとまとめあげたものである」、と。シジウィックのねらいは、こうした方法を「できるだけ偏りのない、中立的な立場から」詳述し、批判(評価)することでした(p. viii)。したがって、私たちの当面の課題の一つは、彼の言う中立的で偏りのない立場というのがどういうものなのかを理解することです。

そもそも「倫理学の方法」とは何のことなのでしょうか。シジウィックの定義によれば、それは、個々の人間は何をすべきかということを決めたり、何をすることが正しいのか、あるいは(自由な)自発的行為によって何を実現しようとすることが正しいのかということを決めるための、理性的な手続きのことです(*ME*, p. 1)。そしてこの「個々の人間」という文言によって、倫理学は政治学から区別されます。というのも、シジウィックによれば、政治学は、正しい立法とはどのようなものか、あるいは善い立法とはどのようなものかを研究する学問だからです(6)。しかし、この区別は私たちにとってあまり重要ではありません。というのも、効用原理は倫理学と政治学の両方に当てはまるものであるし、正義をめぐるシジウィックの議論は、実際のところ、政治学に属しているからです。

注目すべきことに、シジウィックは、どのような環境のもとでも、それを行うかあるいは(可能ならば)実現することが正しいか、もしくは理性的であるようなこと(特定の代替的な制度や習慣など)が存在すると述べており、また、このことは原理のなかにおいて明らかになるとも述べています(*ME*, Preface, 1st edition, p. vii を参照)。加えて、シジウィックは、合理的な方法とは、あらゆる合理的な(そして理性的な)人間に当てはめることができるものであり、それに正しく従えば、誰もが同じ結果を得ることができるものだとも述べています(*ME*, pp. 27, 33 を参照)。つまり、必ず正しいか、あるいは最善の答えが一つ存在し、この答えはあらゆる合理的な精神がたどり着く共通の結果だというのです。シジウィックにとって、こうした考え方は科学と真理の探究に特有のものであり、彼は、それが道徳哲学や倫理的な信念にも当てはまると信じていました。シジウィック曰く、「真理という観念そのもの」のなかには「真理とは本質的にあらゆる人々の精神にとって同一であるという含意があり、[したがって]私が認めてきた命題を誰かが否定したとすれば、そのことは、その命題の妥当性に対して私がいだいてきた確信を揺るがす可能性が高いのである」(*ME*, p. 341)。

このことは、なぜ判断における一般的な合意が自明性の指標となるのかということについての説明のなかで述べられています。このように、シジウィックは、道徳的客観性というテーゼを唱えているのです。

(2) シジウィックが倫理学の方法として念頭においていたのは歴史的な教説のなかに組み込まれていた次のような手続きです。すなわち、さまざまな形態の合理的直観主義と道徳感覚説、卓越主義と功利主義、そして以上の教説を含んでいる社会契約論です。また、シジウィックは、合理的な利己主義も倫理学の方法の一つであると考えていました。

注目すべきことは、シジウィックが、倫理学の方法そのものと、その方法としての相違に議論を集中し、その実際の帰結については立ち入ろうとしていない点です。彼は、読者を啓発したいという欲求が倫理学の進歩を妨げていると考えていたので、そうした欲求を排し、倫理学の方法そのものを公平無私な好奇心によって研究することを望みました。すなわち、彼は、「私たちの義務を決定する真の方法を見出して実施することを視野の外におき、「たんに、ある倫理的な前提から合理的な推論を行った場合、どのような結論に、どの程度確実かつ正確に到達するのかを考え」たいと願ったのです(*ME*, Preface, 1st edition, p. viii)。

ただし、こういう言い方をすると、シジウィックの見解を正確に伝えたことにはならないかもしれません。というのも、少なくとも彼は、合理的な倫理学の方法は、あるいくつかの基準をみたさなければならないと考えていたからです。後に見るように、この基準は、倫理学の方法の相違を評価するための中立的な見地としての役割を果たすものでした。とはいえ、さまざまな倫理学の方法を、公平無私な観点から整理し、比較したいというシジウィックの欲求は、『倫理学の方法』の重要な特徴です。

　この特徴から言えることは、私たちは、『倫理学の方法』を、古典的功利主義の正当化を目的とした作品として読むべきではないということです。たしかに、シジウィックが相対的に高い評価を与え、最も強い魅力を感じているのは古典的功利主義の教説です。しかし、『方法』の最後の部分で、シジウィックは、自分が次のことを認めざるをえないと述べています。すなわち、たしかに、中立的な観点から見れば、功利主義は、あらゆる形態の直観主義よりもはるかによく合理的な倫理学の方法という基準をみたしており、したがって直観主義よりも優れているが、にもかかわらず、古典的功利主義と合理的利己主義とは、こうした基準をともに等しくみたしているように思われる。すなわちシジウィックがたどり着いたのは、実践領域において理性が内在的な矛盾をきたすという歓迎しがたい結論でした。

(3)『方法』のおおまかな構造は以下のとおりです(以下では、正義を扱った第五章とシジウィックの議論を全体として適切な文脈のなかでとらえることができるように整理したつもりです)。

(a)『方法』は四部構成です。

第一部では、序論として、倫理学、道徳的判断、倫理学の原理と方法についての定義がなされ、自由意志とその倫理学との関係、欲求と快、そして直観主義と利己主義や自己愛との対立などについての定義がなされています。

第二部は「利己主義」です。シジウィックは、倫理学の基本的な方法には、本質的に言えば、合理的利己主義、直観主義、功利主義の三つしか存在しないと確信していたので、この三つの方法についての体系的な説明と比較からはじめています。この第二部は合理的利己主義に当てられています。

第三部「直観主義」は(第一部第八章とともに)さまざまな種類の直観主義を網羅的に扱うのみならず、直観主義の方法としての弱さを指摘し、古典的功利主義の優位という後に展開される議論を予示しています。コモンセンス道徳の評価については第三部第一一章を、哲学的直観主義については第一三章を、究極的善については第一四章を参照してください。

第四部「功利主義」では、まず、効用の定義が古典的な形式で示されます。第一章では、倫理学の方法を評価するための中立的で公正な観点あるいは論拠の一部が述べられており、第二章では、効用原理の証明が論じられています。第三章では、コモンセンスと功利主義の関係についての整理がなされており、コモンセンスがいわば無意識的に功利主義を支持しているという議論が展開されています。第四、五章では功利主義の方法が提示され、第六章は、この三つの倫理学の方法の関係について検討を行った後、最後に「実践理性の二元性」の指摘で結ばれています。

(b) シジウィックが古典的功利主義の教説を強く支持していることは明らかですが、厳密に言えば、『倫理学の方法』の議論は、古典的功利主義の教説を正当化しているわけではありません。というのも、たしかに第三、四部において功利主義は直観主義に対して勝利を収めていますが、その一方で、功利主義は、合理的利己主義と否定しがたく結びついているから、すなわち、功利主義も合理的利己主義も倫理学の合理的な方法の客観的な基準を等しくみたしているからです。シジウィックは第四部の最終章で、この唐突で驚くべき結論にたどり着きます。したがって、シジウィックによれば、実践理性の二元性なるものが否定しがたく存在し、この二元性を解決する策は見あたらないということになります。

同書のこうした構成と概要を見るかぎり、シジウィックがその目的を達成し損ねていることは明らかです。たしかに、倫理学の主な方法についての正確な説明と比較ということで言えば、彼にとって満足な議論が展開されていると言えます。しかし、彼が展開することのできた議論においては、少なくとも二つの倫理学の方法――合理的利己主義と功利主義――が、ともに倫理学の方法についての合理的で中立的なテストに等しく合格することが判明してしまう。したがって、客観性という彼の最初の想定――つねに唯一の正解が存在するという想定――が疑問にさらされることになります。この二元性を解決すべく、彼は宗教的な想定を持ち出しますが、これについては残念ながら検討する時間的余裕がありません(そうした解決の仕方は正しくないと考える人もいるかもしれませんが、私はそれが十分検討に値する解決策だと考えています)。

(4) ここで触れておかなければいけないこととして(後で重要になってきます)、まず第一に、シジウィックは、主な倫理学の方法を、合理的利己主義(第二部)、直観主義(第三部)、功利主義(第四部)という、わずか三つに――むろん、歴史的に重要な他の方法についての検討が一切なされていないわけではありませんが――限定しています。そのなかで、卓越主義は、直観主義に含まれるものへと切り詰められ、カントの教説は、シジウィックの用語法における公平さや公正さの形式的原理へと切り詰められました(*ME*, p. 379を参照)。しかし、私の考えでは、シジウィックのこうした整理の仕方は、非常に狭い範囲での比較にとどまっています。思うにそれは、カントの教説や、それに類する見解――〔私の〕『正議論』はそうした見解の一つです――を、一つの独立した倫理学の方法ととらえていない点において、間違っています。また、私の考えでは、彼が卓越主義を直観主義に吸収したことも間違いです。こうしたシジウィックが行っている比較の幅の偏狭さは、彼の見解全体にともなう一つの弱点となっています。

第二に、私の考えでは、シジウィックは、倫理学の方法について述べる際に、道徳的構想のある重要な側面についての説明に失敗しています。ただ、この点についてはここでは深く立ち入りません。

(5) すべての倫理学の方法に適用される一般的な判断基準。[7]

p. 293(第五章)の注に注目してください。そこにおいてシジウィックは、(さまざまな定義を行う際に用いられる)「恣意的」という言葉を、「原理の自明性を破壊するような、そして、詳細に検討された場合に、従属的とみなされるような」という意味で用いると述べています。こうした記述の背景には、合理的な倫理学の方法の第一原理についての判断基準に関するシジウィックの考え方があります。すなわち、[8]

(a) シジウィックによれば、まず第一に、倫理学の第一原理は次の条件をみたさなければなりません。(i) 少なくとも他のいかなる道徳的原理にも劣らない確かさを有していること、(ii) 他の原理よりも妥当性において優れていること、そして(iii) 真に自明であり、その妥当性や正しさの根拠を他の原理から導き出してはいないこと。さらに、

(b) あらゆる倫理学の第一原理は、次の条件もみたさなければなりません。すなわち、(iv) 自ら課したものでないような限界、例外、制約を一切含まないという意味において、

十分に合理的であること、言い換えれば、たんなる不明瞭な附則として示されるのではなく、原理そのものから導き出されたものであること(*ME*, p. 293n. "arbitrary"(「恣意的」)の定義を参照)。加えて、

(c) (v) 第一原理は、下位の原理と基準(そしてさらに下位の道徳的な教訓や信念)を支配、統制、体系化し、それらを、恣意的な要素のない、まとまった一つの調和的な体系へと組織化するものでなければなりません。そしてこの条件はもう一つの条件と結びついています。すなわち、(vi) 第一原理は、たんなる表面的な正しさではなく、本当の正しさを決定(確定)する倫理学の方法を定義しなければなりません、言い換えれば、第一原理は、問題となるあらゆる事柄について、正しい判断を提示するものでなければなりません。そして、だからこそ、第一原理は、(vii) 合理的な主体にとっての、真の実践の導き手として役立つものでなければならないし、私たちが合理的に行動することを可能にするものでなければならないのです。――したがって、第一原理が曖昧であったり、不明瞭であったり、両義的であったりすることはありえません。そして最後に、(viii) 第一原理は、私たちの思慮の足りない判断を適切に正してくれるものでなければなりません。

シジウィックの正義についての説明(第三部第五章)の目的は、コモンセンスのなかに見出される正義の原理がいずれもこれらの判断基準をみたしておらず、したがって、従属的な原理であるということを示すことにありました。第三部第五章の正義についての

議論においては、これらのうち、最初の三つの条件も出てきてはいるものの、彼が徹底して論じているのは最後の三つの条件(d)―(f)〔ここでは挙げられていない〕です。次の講義では、正義についてのシジウィックの議論を検討します。

第二講　正義と古典的効用原理についてのシジウィックの見解

第一節　正義についてのシジウィックの説明

(1)　第三部第五章でシジウィックが展開している正義についての説明を読む際に注意しなければならないことは、それが、正真正銘の合理的な第一原理を構築しようと努めてきた過去のさまざまな思想家たちによってコモンセンスのなかから見出され、洗練された直観的な原理についての、シジウィックによる長きにわたる慎重な説明として読まれなければならないということです。シジウィックは、こうした原理を検討することによって、次のことが明らかになると考えていました。すなわち、こうした原理は、実際に使ってみると、あらゆる場合において、曖昧で不正確であるということ、そして、こうした原理は、原理そのものによって合理的な根拠を示せないという意味で恣意的な、さまざまな例外や但し書きの影響を免れないということです。したがって、シジウィックの結論によれば、こうした原理は、正真正銘の合理的かつ客観的な第一原理とはなりえない。こうした但し書きについて説明を与えてくれるような、何か別の、より高次の支配的な原理が別に存在するに違いない。そして彼は、終始、このより高次の原理が効用原理であるに違いないということを示唆しており、ときにはたんなる示唆にはとどまらない書き方をしています。もちろん、こうした彼の議論は、必ず正しいか本当の答えというものが存在し、(理性に従えば)その答えにたどり着き、合意することが可能であるという前提に立脚しています。

(2)　シジウィックは正義の概念について、次の三つの箇所で論じています。まず『方法』第三部第五章で最も詳細な記述がなされ、つづいて第三部第一一章の「コモンセンスの検討」(pp. 349-352)では第五章の簡潔な要約がなされ、最後に、第四部第三章(pp. 440-448)で評価が述べられています。

この三つの記述の目的の違いについて、シジウィックは次のように説明しています。まず、第三部第五章の目的は「コモンセンスの解放が実際のところ何を意味しているのかということを公平に確認すること」である(*ME*, p. 343)。それに対し、第一一章の「検討」の目的は「こうした言明[コモンセンスの解放]がはたしてどの程度、直観的な真理として分類されるに値するのかを問うこと」であった(*ME*, p. 343)。そして第四部第三章における評価の目的は、次のことを示すことである。すなわち、正義の概念を実際に定義し、特定する際に発生する困難や両義性に対処するなかで、コモンセンスは、いわば、無自覚の功利主義の立場を採る。というのも、ごく暗示的なものであれ、効用原理は自然的にそこに含まれているからである、と(人間のコモンセンスについてのシジウィックの定義の一つは、「道徳的判断を委ねられた人々の身体が一般的に表出する」ものです(*ME*, p. 343))。このように、こうした正義についての三つの説明には内容的な重なりが見られるものの、そこで述べられている目的は異なっています。そして実際のところ、シジウィックによる説明も同一ではなく、ある意味で相互補完的なものです。

(3) 第五章の概要は以下のとおりです。

(a) 第一節(*ME*, pp. 264–268)…ここでシジウィックが述べているところによれば、正義は私たちの精神において法と結びつけられて考えられますが(たとえば「正義の執行」という言葉は裁判という意味です)、この正義を法的なものと同一視することはできません。というのも、法は不正である可能性があるからです。また、正義には、法の制定と執行において恣意的な不平等がない状態という含意がありますが、もっぱらそのような状態のことだけを意味しているわけではありません。

(b) 第二節(*ME*, pp. 268–271)…ここでシジウィックが論じているのは、彼のいわゆる「保守的正義」のことです。それは、(1) 契約および明確な合意と、(2) 確立された社会の慣行と制度のなかから自然に発生する期待とが、実現されている状態のことです。しかしながら、後者を実現する義務は、明確に定義されていません。また、こうした期待がどの程度重視されるべきなのかということも不明瞭です。

(c) 第三節(*ME*, pp. 271–274)…社会の秩序そのものは、理想的な正義という基準によって判断されると、不正なものとみなされてしまうかもしれません。しかし、この基準については、複数の相異なるとらえ方(構想)が存在します。

(d) 第四節(*ME*, pp. 274–278)…また、自由を絶対的な目的ととらえる考え方がありますが、この考え方にもとづいて理想的な概念を構築する試みは、克服しがたい困難に直面することになります。

(e) 第五節(*ME*, pp. 278–283)…たとえ自由が実現されたとしても、それで私たちが共有している理想的な正義の構想が達成されたことにはなりません。むしろ理想的な正義の原理とは、功績は報われなければならないというものです。

(f) 第六節(*ME*, pp. 283–290)…しかし、この原則もまた不明瞭なものです。というのも、

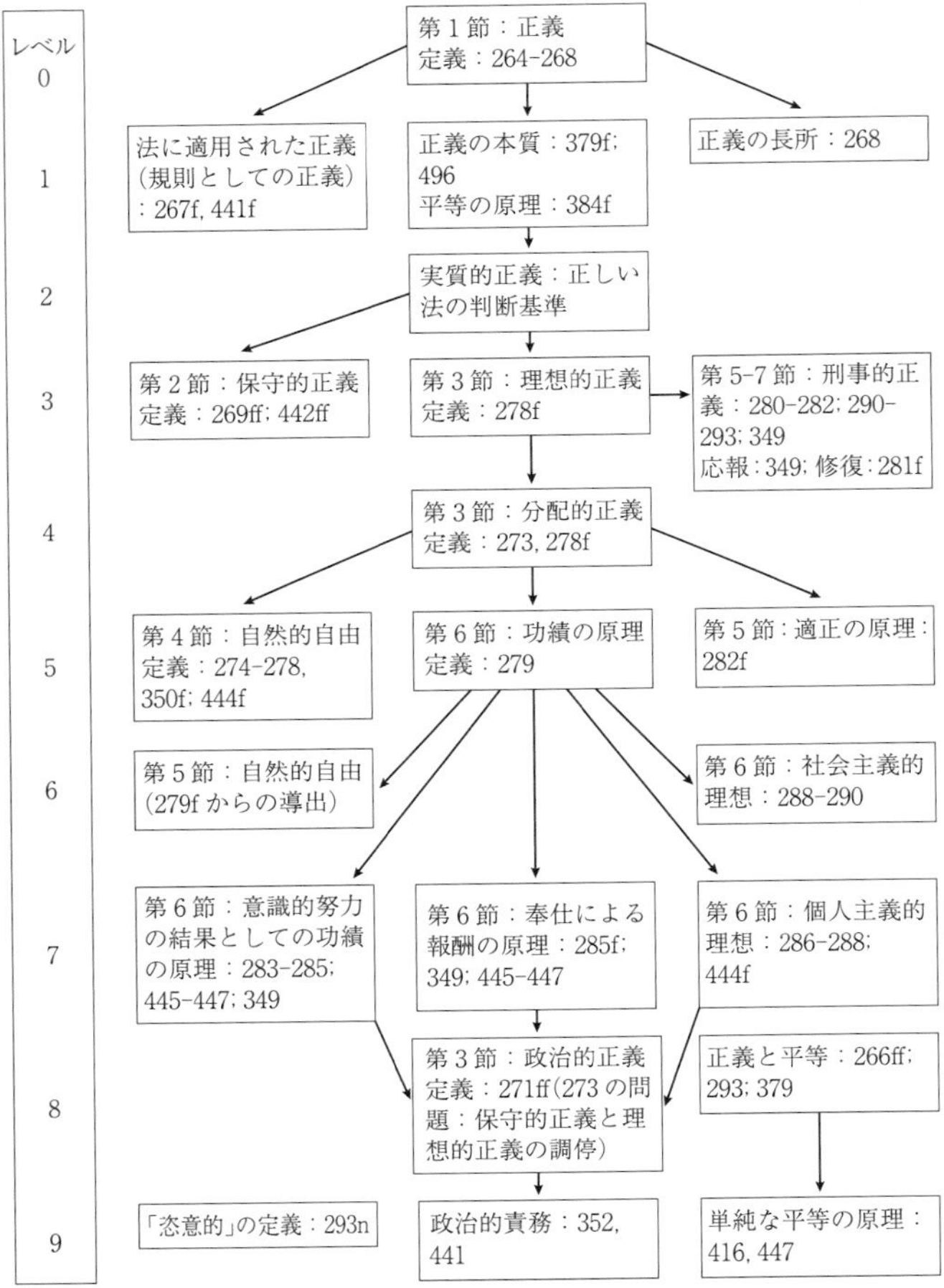

図8　シジウィック『倫理学の方法』第3部第5章の正義についての説明の図解

功績という言葉についてさまざまな解釈を認めているからです。たとえば、功績は、誠実な努力によって評価することもできれば、なされたこと(つまり、もたらされた貢献)の価値によって評価することも可能です。加えて、適正の原理は複雑な要因です。

(g) 第七節(*ME*, pp. 290–294)…また、刑事的な正義(刑事裁判)とは何かを定義する際には、罪について同様の困難がともないます。そしてシジウィックは自分の結論を要約し、結びとしています(*ME*, pp. 293–294)。

第二節　古典的効用原理についての説明

直観的に言えば、中心にある考え方は、快苦の収支(苦を上回る快の量)の最大化です。

(1) 人々は、おかれている状況や慣習、行為や性格などにおいてさまざまであり、理想的な環境で暮らしている場合もあれば、そうでない場合もあります。しかし、この原理は、そのような人々全員に、ごく一般的に適用されます。つまり、どのような環境においても、制度や行為などが正しく、あるべきものとなるのは、それが、おかれている環境のもとで選びうる現実的な選択肢のなかで、次の量を最大化するものである場合です。

$\sum a_i u_i = a_1 u_1 + a_2 u_2 + \dots + a_n u_n$ (u_iの線形和)

a_iは実数（u_iの重み）、u_iは個々の私にとっての効用（苦を上回る快の量）を表す実数で、こうした数字は、当該の制度や行為が、影響下にあるあらゆる空間と時間に——たとえばどれほど遠く先の未来においてであれ——属しているすべての個人にもたらす、すべての帰結を勘定に入れたものです。

(2) 整理のために、問題となるすべての個人は同一の社会に属するものとみなし、それ以外のすべての個人は省いて考えてください。ただし、世代については、将来のすべての世代、つまり仮定としては、世界が終わるまでの第m世代までが含まれます。基本的な考え方は、この（現在から未来までの）期間における効用の最大化であり、過去は含まれません。というのも、過去は結局のところすでに終わってしまった過去なのであって、人間の行為によって影響を受けるものではないからです。

(3) この古典的な教説において、重みa_iはすべて1です。というのは、J・S・ミルが言うように、快苦をその強度と持続が示す客観的量として測定するという考え方から言えば、そうならざるをえないからです。ハーバート・スペンサーに抗しつつ希求されたものとしての「幸福に対する平等な権利」は最も哲学的なものです（J・S・ミル『功利主義』第五章第三六段落の注を参照）。

(4) すでに述べたように、u_iは、該当する期間(つまりその制度や行為が影響を及ぼす期間)における個々の私にとっての幸福の量の収支を測定するための数字です。この期間はさらにいくつもの単位間隔に、すなわちu_iを、いくつものu_{ij} $(j=1, \ldots, q)$に分けることが可能ですが、無駄な作業ですので、これ以上細かく分けることはしません。詳しくは以下で明らかになります。

(5) 重要なのは、u_iが、もっぱら一つの種類の情報だけを表しているということです。すなわち、この種の経験の条件である個人間の客観的関係や、満足や不満足によって快苦をもたらされる欲求の目的などとは無関係に、もっぱら快苦についての好悪の意識の強度と持続から算出あるいは推定された効用の収支のことです。悪意に満ちた残酷な快も、それ自体としては、寛大さや愛情の快と等価です。ベンサムが言うように、もたらされる快の量ということで言えば、幼稚なプッシュピン遊びも、高尚な詩も同じぐらい善いのです(つまり、前者の単位と後者の単位は等しいということです)。

第三節　効用の個人間比較（IP比較）についてのコメント

(1) 効用の線形和の最大化について論じるために、私たちは、一人ひとりの個人の快苦を集計することが有意なことであり、その測定の単位がさまざまな個人にとって同一であるという前提に立たなければなりません。古典的な功利主義の教説は、効用を個人間で比較することが十分に可能であるという前提、すなわち(a)幸福の水準は比較可能であり、(b)その比較は同一の単位によって行われるという前提に立脚しています。また、ベンサム－エッジワース－シジウィックの系譜の功利主義は、快と苦の中間にある無関心状態を意味するゼロ点の存在をも前提としています。こうしたことについては、シジウィック『倫理学の方法』第二部第二章を参照してください[9]。

(2) 古典的教説によれば、一人ひとりの個人は、自分のさまざまな幸福のレベルを、内省と記憶にもとづいて比較衡量することができます。すなわち、快苦とは、好悪として判断される経験のなかで直接的に知覚される様相のことです。

(3) すべての人が幸福の水準の差異について首尾一貫した比較を行うことができ、しかも、すべての人にとって同一のゼロ点と、(エッジワースが言うように)幸福の水準の差異について、すべての人に共通の単位となるような同一の明確な単位が存在するという前提に立つならば、〔効用の〕必要な個人間比較は、十分に可能であり、偶然とリスクに左右されるさまざまな選択に依拠しないということになります(こうした前提はずいぶん強引なもので、信じがたいとすら感じられます。しかし、この点については、後ほど説明します)。

第四節　合理的な倫理学の方法の第一原理として見た場合の効用原理の特徴

(1)　シジウィックは、正義についての議論(前回の講義で扱いました)において、古典的功利主義が直観主義の欠点を克服していると述べていますが、ここでは、とくに、彼がその根拠と考えていた古典的功利主義の特徴について見ておきます。まず、功利主義が単一の原理からなる構想であるということに注目しましょう。つまり、単一の原理で構成されているので、第一原理の間で対立が発生しません。この点で功利主義は直観主義よりも優れています。

(2) また、シジウィックは、効用原理が、次の三つの自明な(あるいは、ほぼ自明だと思われるような)原理から導き出された帰結だと考えていました。すなわち、(a) 平等(公平性)の原理(*ME*, pp. 379f) ── シジウィックによればその本質はすでにクラーク(pp. 384f)とカント(pp. 385f)によって定式化されていました ── と、(b) 合理的な自己愛(ゼロ時点選好 zero time preference)の原理(p. 381)と、(c) 合理的慈恵の原理(pp. 382f)です。しかしながら、この三つの原理は、対立するのではなく、相まって単一の効用原理を提示し、こうして、実践の手引きとなりうるという基準を放棄することなく、自明性という基準がみたされるのです(この点については、シジウィックについての第一講のB: 5〔第二節(5)〕を参照してください)。

(3) シジウィックによれば、効用原理は、次の点において十分に合理的です。すなわち、まず、効用原理は、恣意的な例外や但し書きによる制限や制約を受けません。次に、効用原理は、実践的な推論のあらゆる場面に十分な一般性をもって当てはまります。また、二次的な原則や「中間公理」(*ME*, p. 350)の使用についての説明が第一原理そのものによって説明されるので、第一講B: 5〔第二節(5)〕で論じた基準をみたすことになります。

(4) 最後に、効用原理は、複数のコモンセンス的判断を調和させ、体系化し、首尾一貫した考え方へと調整します(たとえば、第三部第一四章の理想的価値についての議論や、もっぱら効用原理だけがこうした判断を組織化できるという結論(pp. 406f)を参照)。また同時に、この原理は、私たちの無自覚で非反省的な判断を正してくれるので、B：(5)：(c)viii〔第一講第二節(5)(c)(viii)〕の判断基準をみたしています。シジウィックが述べているところによれば、私たちの前反省的な判断(あるいはそのうちのいくつか)にはある程度の表面的な妥当性が認められ、そうした判断を整理すれば、効用原理はさらに確かなものになります(第四部第二章 pp. 419–422 を参照)。

第五節　説明のための事例としての自然的自由に対する批判

(1)　第三部第五章第四節においてシジウィックが述べているところによれば、自由の原理——人々が互いに背負っている義務は、契約(契約の執行を含む)を除けば、もっぱら干渉からの自由を守るということだけであるという原理——は、合理的な倫理学の方法の第一原理にはなりえません。というのも、まず第一に(a)自由の原理には恣意的な制約が含まれています。すなわち、自由の原理は、それ自体では、なぜそれが子どもや精神障害者に適用されないのかを説明できないので、暗黙の裡に、たとえば功利主義原理のような別の原理に助けを求めなければならなくなります(*ME*, p. 275)。

(2) また第二に、(b) 自由原理は両義的で、一方で、強い意味での行為に対する制約のみを排除し、それ以外のあらゆる類の嫌がらせや妨害を許容するような行為の自由を意味することもあれば、他方では、あらゆる嫌がらせや妨害を排除することはできないにせよ、少なくとも何らかの嫌がらせや妨害は受けないでいる自由という意味を含むこともあります。しかし、こうした二つの極端な自由についての見方の中間に立って、自由という言葉に意味を見出そうとするのであれば、これとは別の原理が、すなわち、ここでもまた功利主義の原理が必要になってくるのです(pp. 275f)。

(3) もしも自由原理を用いることで社会秩序が可能になるとするならば、この原理は、契約によって自由を制約する権利を許容するものでなければなりません。しかし、この権利自体は制約を受けざるをえません。というのも自由原理が、自らを奴隷として売り払う権利を許容することはほとんどありえないからです。しかしながら、契約によって人の自由を制約する権利を適度に制約する権利なるものをもっぱら自由原理のみから導き出すことは不可能であるように思われます。自由原理とは別に、妥当性などにおいてより優れているような追加的原理が必要なのです(p. 276)。

(4) 物質的なもの、とくに土地の私有の問題に眼を向けると(この部分においてシジウィックはおそらくロックのことを、上記(1)—(3)ではスペンサーのことを念頭においています)、シジウィックは、自由原理が最もよく実現されるのは、私有が一切行われていない場合だと述べています。あらゆる土地が私有されてはいるものの、土地財産をまったく相続できない人もいるような社会において、にもかかわらず、私有が認められないよりは、認められている方が、社会のすべての人々の暮らし向きは豊かであるという主張がなされるとすれば、その前提には、自由に対する干渉には埋め合わせが可能だという見方があります。しかし、こうした議論の仕方は、実際のところ、別の原理に訴えることなのであって、したがって、自由の実現は「分配的正義という唯一にして究極の目的」とはなりえないのです(pp. 276ff)。

第六節　効用原理の定義についての補足

(1)「最大多数の最大幸福」という表現の初出はおそらくハチスン『道徳的善悪の探求』(一七二五年)だと思われます(第三部第八節を参照)。この表現のために、効用原理は無意味だとみなされることがあります。というのも、この表現は二つのもの(幸福と数)の最大化を目的として掲げているからです。しかし、これは誤解です。この原理は全体の幸福を最大化することであり、その意味するところは、(社会政策が影響を及ぼす範囲内における)人々の数も、現在の人々、もしくは将来までの世代にわたる人々の間での幸福の分配も、ともに、(平均ではなく)全体的な効用を最大化するものによって決定されるということです。この点について、シジウィックの見解ははっきりしています(*ME*, pp. 415f を参照。『正義論』*A Theory of Justice*, pp. 161ff も参照してください)。

(2) また、注意しなければならないのは、効用原理が、平等(効用の平等な分配という意味での)をまったく重視していないことです。ただ一つ、重要なのは全体的な効用です。効用原理(u_i の線形和の最大化)の加算的な性質から考えれば、これは当然のことです。もしも効用原理が効用の掛け算ならば、平等が重視されることになったかもしれません。このように、効用原理の数学的な形式には、すでにある倫理的な考え方が含まれているのです。すなわち、そこにおいて分配は重要なことではないのです。

(3) 実際、たとえば立法について、功利主義者はしばしば、人々が快苦を感じる能力は似たようなものだから、限界効用逓減の原理は正しいと考えます。そして、こうした考え方はすべて、他の条件が同じならば、幸福の手段の分配において、平等と結びつくのです。

第三講　シジウィックの功利主義(一九七五年秋学期)

第一節　功利主義についての序論

(1)　前にお話ししたように、功利主義は英語圏の道徳哲学のなかでは最も長い(つまり古くからの)伝統をもっています。「英語圏の」(English)という言葉を用いましたが、これは「英語で書かれた」という意味です。功利主義の重要な思想家の多くはスコットランドの人たち――フランシス・ハチスン、ディヴィッド・ヒューム、アダム・スミス――でしたし、今世紀において、功利主義を代表する強者は、アメリカにいます。思うに、一八世紀の第2四半期に誕生した功利主義は、多かれ少なかれ、英語圏の道徳哲学において支配的な位置を占めることに成功したと言っても過言ではありません。ここで支配的な位置というのは次のようなことです。

(a)　まず、功利主義の代表的な思想家は、一連の非凡の系譜――ハチスン、ヒューム、スミス、ベンサム、ミル父子、シジウィック、エッジワース――をなしており、その人数の多さにしても、思想の力強さにしても、功利主義の系譜は、他のあらゆる道徳哲学の系譜——たとえば社会契約論、観念論、直観主義、卓越主義など——を圧倒しています(ただし、これは英語圏の道徳哲学に限定した話であって、ドイツやフランスなどの大陸系の道徳哲学については、とりあえず措きます)。

(b) また、功利主義は、他の伝統が——しばしば失敗しましたが——異論を突きつけてきた際の哲学的論争において、多くの場合、主導権を握ってきました。たしかに、直観主義や観念論は、功利主義のさまざまな弱点を明らかにすることに成功してきましたが、最良の功利主義者たちの教説に匹敵するような体系的教説を構築できたかと言えば、十分なことはできませんでした。ここで念頭においている主な直観主義者は、バトラー、プライス、リード、ヒューウェルで、主な一九世紀イギリス観念論者は、ハミルトン、ブラッドリー、グリーンです。

(c) そして、功利主義は、社会理論と実に密接なつながりをもちつづけてきましたし、その代表的な思想家は、政治理論家や経済学者としても重要な役割を果たしました。驚くべき事実ですが、リカードを例外とするならば、古典派の政治経済学者の全員が、道徳哲学の伝統としての功利主義において、重要な位置を占めているのです! 名前を列挙すれば、説明は不要でしょう。

一八世紀…ヒューム、アダム・スミス、ジェレミ・ベンサム。

一九世紀…ジェイムズ・ミル、J・S・ミル、エッジワース、シジウィック(最後の二人のうち前者は経済学の側に、後者は哲学の側に偏っているかもしれませんが、二人とも両分野に関心をもっていました)。シジウィックの三冊目の著作『政治経済学原理』(一八八四年、第三版は一九〇一年)は、経済学における、功利主義的な厚生経済学についての短い論文でした。

二〇世紀になると、功利主義は、他のあらゆる道徳哲学よりもはるかに大きな影響を、経済学に及ぼすようになりました。代表的な思想家はマーシャルとピグーでした。ようやく一九三〇年代になって、初めてこの古典的教説の影響力は失われました。しかし、現在でも多くの経済学者は、彼らのいわゆる一般的な形態の功利主義なるものを支持しています。詳しくは後ほどお話しします。

したがって、功利主義については、注意深い考察が絶対的に必要です。これほど強い影響力をもっている伝統ですから、大きな真価があるに違いありません。

(2) まず、近代における功利主義の始まりについて、簡単にまとめておきます。近代の英語圏における、他の道徳哲学や社会理論の多くがそうであるように、功利主義についても、次のように説明することが好都合です。すなわち、それはホッブズと彼に対する反動のなかからはじまりました。忘れてはならないことですが、ホッブズの存在は他を

カドワース	ホッブズ
有神論	無神論
心身二元論(精神と物質)	唯物論
自由意志(リバタリアニズム)	決定論
国家有機体説	個人主義
永遠にして不変の道徳	倫理的相対主義

図9

圧倒しています。彼は、独特の、ぞっとするような政治生活についてのヴィジョンを、見事な文体と、完璧と言ってよい言葉で描き出すことができる恐るべき思想家でした。そしてホッブズは、彼に対する激しい思想的反動を引き起こします。たとえば、ホッブズ主義者とみなされることは危険なことだと思われました。理由は簡単で、ホッブズは、近代的な不信心を最も典型的に示す思想家だからです。

ホッブズと、正統派キリスト教モラリストの一人であったカドワースを比較して考えてみましょう。おおまかに言えば、カドワースは、図9の左側の欄に示されているような哲学的見解を支持していました。

このカドワースの立場と、カドワースが当時のホッブズの立場だと考えたもの(図の右側の欄)とを比較してみましょう。(10) ホッブズが同時代にどのように思われていたのかということや、キリスト教の道徳と哲学の伝統に対して彼がどのようなダメージを与えたのかということを理解するうえで、カドワースの『真の知的体系』(一六七一年に出版が許可され、一六七八年に出版)

は最も有益な情報源です。

(3) しかしながら、言うまでもなく、功利主義の中心的な思想家たちがホッブズに対して示した反応は、カドワースのそれとはまったく異なるものでした(神学的功利主義者——ゲイ、ペイリー、オースティン——の見解については省略しますが、ここで扱う功利主義者のなかには、ハチスンやスミスのような神学者や有神論者が含まれています)。大づかみに言えば、功利主義者にとって、ホッブズの思想的な問題点は、その無神論(あくまでも彼を無神論者と考えるならば、の話ですが)でもなければ、唯物論でも、決定論でも、個人主義でもありませんでした。むしろ、いくつかの理性的な意味においては、ヒュームも、ベンサムも、ミル父子も、シジウィックも、ホッブズのこうした考え方を支持していたのです。ホッブズの思想(あるいはホッブズの思想だと考えられていたもの)のうち、彼ら功利主義者たちが拒絶したのは、次の三つです。

(i) 心理学的利己主義と倫理的利己主義についての教説。

(ii) 政治的権威を正統化するのは権力か(ここまでは間違いなくホッブズの見解です)、あるいは上位の権力の前でなされた合意のどちらかであり、それはもっぱら社会契約にもとづくか、あるいは何らかの種類の契約(普通の意味での)にもとづくかのどちらかであるという考え方。

(iii) 倫理的相対主義の命題。

このように、古典的功利主義(ハチスン‐ヒュームから、シジウィック‐エッジワースにいたる一つの系譜)を大づかみにとらえることは有益なことです。言い換えれば、それは、ホッブズに対抗しつつ、次のものを定式化する試みとして理解することができます。

(a) 政治的権威の根拠を、権力ではなく道徳的な原理にもとづくものとして説明するような道徳と政治の構想。しかも、相対主義的でなく、心理学的利己主義にも倫理的利己主義にももとづかない道徳と政治の構想。

また同時に、古典的功利主義は、道徳と政治の構想が非宗教的(世俗的)なものでなければならないという近代文化の条件を受け入れる。すなわち、

(b) 古典的功利主義は、道徳的な第一原理の基礎を、神の意志のなかには求めません。古典的功利主義は、有神論(伝統的な意味での)の否認とも、十分に両立可能です。また、古典的功利主義は、唯物論とも、決定論とも、個人主義とも両立可能であり、社会理論と自然科学から導き出される結論と考えられていることとも、十分に両立可能です。

要約しましょう。古典的功利主義とは、近代的な条件のもとにある非宗教的な社会という前提のもとで、体系的な道徳的構想を展開しようとした最初の思想的伝統です。功利主義の思想家たちの努力の多くは、正統とされていた道徳的伝統への抵抗と、神学的

背景を一切もたず、非宗教的な考え方や近代世界の風潮と両立するように設計された政治制度の道徳的基礎の構築とに注ぎ込まれました。

後に見るように、正しく基礎づけられ、よく秩序づけられた社会を理に適った政治的な判断基準とみなす考え方もまた、功利主義と同じ思想にもとづいています。だから、私たちもまた、おそらくこの目的を受け入れることになるでしょう。私たちは、正統派の［神学的な］考え方が誤りだと主張することなく、それを成し遂げることができるのです。こうした［神学的な］基礎（そのようなものが存在しうるとして、という仮定の話ですが）を前提としないような道徳的教説を展開すれば、それで十分なのです。私は、私たちが論じている見解のすべてが、この背景にある目的を受け入れていると考えています。

第二節　古典的効用原理についての説明（シジウィック）

(1)　シジウィックは、『倫理学の方法』第四部第一章において、効用原理について慎重な説明を行っています。以下では、説明のためのコメントをいくつか付しながら、その要点を整理していきます。私は功利主義（シジウィックはそれを「普遍的快楽主義」と呼ぶことがあります）を、いかなる環境においても、（客観的に）正しい制度や客観的に正しい（一人ひとりの個人の）行為とは、全体に最大の幸福をもたらすものであると考える倫理的構想と定義します。あるいは、幸福(好ましい感情)の収支を最大にするもの、と言い換えてもかまいません。

ここで言う、最大化されるべき幸福の総和には、当該の制度や行為によって影響を受ける(つまり、その幸福を積極的ないしは消極的に左右されてしまう)すべての個人(人々)が含まれることになります。実を言えば、古典的功利主義者たちは、感覚をもつすべての存在を、したがって、快苦を経験する能力をもつすべての動物や生物も、含めなければならないと考えていました。快苦の感情をもっているのであれば、人間以外の生物も含まれるのが当然だということになります。このことは功利主義の重要な側面であり、後に検討したいと思います。しかし、さしあたっては、制度や行為の帰結が及ぶ範囲を、個々の人間たちと、その将来の世代に限定して考えることにします。

形式的に言えば、功利主義の原理は、次のように述べることができます。当該の制度(あるいは複数の制度で構成される機構)や行為によって影響を受ける n 人の個人(つまり、当該の社会[や集団]のなかにいる n 人の個人)の効用(幸福の程度を表す数字)を $u_1, \dots, u_n$ とし、これらの効用の重みを $a_1, \dots, a_n$ とすると、この原理は、次を最大化することを意味します。

$$\sum a_i u_i = a_1 u_1 + \dots + a_n u_n$$

換言するならば、正しい選択肢(制度や行為など)とは、可能な選択肢のなかで、この関数の値を最大化するもののことです(ここではとりあえず、同じ値になる選択肢が複数存在することはないと考えてください)。

まず、はっきり言えることは、この原理は倫理的利己主義ではないということです。というのも、すべての個人の幸福が計算に入れられており、いくらかの重み(すべての a_i について $a_i>0$ と考えてください)を与えられているからです。

(2) さて、この原理の非常に重要な点についてです。u_i は、幸福の量を数値で表したもので、シジウィックにとって、究極の善とは、好ましい感情や経験(あるいは意識)のことでした(後ほど詳しく述べます)。好ましい感情や経験とは、精神の状態やその側面のことで、それは内省によって、いわば直接的に認識されます。言い換えれば、好ましい感情や経験は、それ自体で(ある一定の時間のなかで)完結しており、それ自体で善い(あるいは苦の場合は、それ自体で悪い)ものだということになります。こうした感情の認知は、正しさや正義などの概念や、こうした概念に対応するいかなる概念をも前提としませんし、使うこともありません。このように古典的功利主義は、幸福と究極の善についての独特の概念を用いています。すなわち、他の一切から独立した形で定義され、いわば、他のあらゆる道徳的概念に先だって、正しさや正義、道徳的な徳や価値といった概念に先だって定義された概念です。これは目的論的な構想に特有の考え方で、功利主義もまた目的論的な教説なのです[11]。

功利主義が他の目的論的な構想と異なるのは、善の定義、すなわち、最大化すべきものについての定義です。たとえば卓越主義によれば、私たちは、ある種の卓越性（人間的な卓越性など）や、その他のさまざまな価値――美しいもの、世界（あるいはその主な構造的部分など）についての知識、もしくはこうしたものの混合物など――を最大化しなければならない[12]（ときに、こうした見方は「理想的功利主義」と呼ばれることがあるが、これは呼称としては間違っています）。卓越主義の例は、G・E・ムーアやヘースティングズ・ラシュドールなどの卓越主義的な価値を重視する思想家に見られます。

しかし、古典的功利主義は、善を、主観的に最大化されるべきものとして、すなわち、個別的な存在（個人）の好ましい感情や経験（意識）によって定義するのです。

(3) こうした考え方は、一見、ひどく偏狭な善の定義のように思われます。こうした定義の仕方を用いた第一の理由は、それがある意味で明確であり、シンプルだからです。そして第二には、それがまさにシジウィックの（そしてベンサムとエッジワースの）見解だからです。シジウィックはこうした考え方を擁護するためのいくつかの興味深い議論を展開しています（これについては後述します）。シジウィックの見解は、厳密な意味での古典的功利主義の教説についての最も鋭い説明であり、この教説に対して距離をおこうとするあらゆる努力——とりわけミル(後で取り上げます)やムーアなどの立場がそうです——に、シジウィックは抵抗しています。

しかしながら、そう望むのであれば、私たちは、善についての功利主義の定義をもっと広い意味に拡大解釈することができます。たとえば、善を、快楽主義的でない人間的な利益の満足や充足と拡大解釈することもできるでしょうし、あるいは、他の道徳的概念(権利や道徳的価値など)を含めないという条件がつきますが、ある種の合理性のテストを用いつつ、善を、合理的な(人間の)利益の満足や充足とみなすこともできます。つまり、私たちには、人間の利益や欲望に(たとえば合理的な熟議などを通じて)ある程度の適切な修正を加えることができるのです。より一般的な言い方をするならば、私たちは、善を、合理的な人生計画(これもまた適切な意味での「合理的な」でなければなりませんが)の実行と定義された幸福とみなしてもかまわないのです[13]。功利主義には、このようにさまざまな形の考え方を含むように拡大解釈する余地があり、こうしたさまざまな形の功利主義と見比べると、功利主義の教説に対する凡百の異論は説得力を失います。実際、たとえばミルは善を、(少なくとも)上に述べたような形で最大化すべきものとして位置づけることを望みました[14]。

功利主義の善の定義の決定的な特徴は次のとおりです。まず(a) 功利主義は善を(正しさとか道徳的な価値の概念に依存しない)独立のものとして定義しています。次に(b)功利主義は善を主観的に、すなわち善いものを(i)好ましい感情(意識)(快)として、あるいは(ii)合理的(と言っても非常に限定的な意味で)な個人の利益――人々の実際の利益との関連で定義された――の満足として、あるいは(iii)合理的な人生計画(幸福)の実行として定義しています。また(c)功利主義の善の定義は、ある意味で個別主義（個人主義）的です。というのも、それは、究極の善の源泉を、もっぱら個人の意識の経験のみに求めており、客観的な関係を一切考慮していません。そして、いずれにしても(d)功利主義の善の定義において、最大化されるべきものは、こうした善(一人ひとりの個人の善)の総和にほかなりません。ここで個別主義(個人主義)と呼んだものが何を意味しているのかを説明するには、他のさまざまな見方と比較して考えるのが最善の方法です。

(4) 功利主義の許容されうる変更と修正について。では、古典的功利主義について、どのような変更(あるいは修正)が可能なのか、詳細に検討してみましょう。すなわち、許容されうる変更ということの重要な点は何か、また、それは何を意味するのでしょうか。まずは重要な点から。「功利主義」という言葉は、極端なまでにルーズな意味で用いられることが多いようで、その結果、明確に功利主義と区別すべき類に属しているにもかかわらず、功利主義的と呼ばれる道徳的構想がたくさんあります。そして、不幸にも、こうしたルーズさは好ましくない影響を及ぼしています。すなわち、さまざまな道徳的教説の構造が不明瞭になり、それら一つひとつの特殊性が見えにくくなってしまっているのです。したがって、私たちは、古典的功利主義の見解に固有の特殊な構造を共有しているさまざまな考え方を特定すべく、許容されうる範囲で変更や修正を加えられた功利主義の異説とはどのようなものなのかということを明確にしておく必要があります。

では、この古典的功利主義に固有の特徴的な構造とはどのようなものなのでしょうか。

(a) まず第一の構造上の特徴は、功利主義と目的論的な教説一般に共通すること、すなわち、善が、正しさ(およびそれに類するすべての概念)に先行し、かつ独立したものとして定義されていることです。こうした考え方によれば、正しさとは、善を最大化することと定義されます。このように正しさの概念を導入する議論の立て方は、功利主義の根底にある自然的な直観の一側面です。その直観とは、合理的な行為と決定は、善を最大化する、つまり最大の善を強く求めるものであるという考え方です(社会契約論と比較してみてください)。

(b) 第二に、功利主義を他の目的論的構想から区別している特徴は、功利主義が善を主観的に定義していること、大づかみに言えば、善を主観、すなわち個々の人間という主体の観点から、定義していることです。そして、このような見方をするということは、次のことを意味しています。

(i) 善は、好ましい意識あるいは望ましい意識として、あるいは苦ではない快として、あるいは欲求充足の強度と持続として定義されます。

(ii) 快と苦を感じる能力や、それに関連する欲望と嫌悪は、人々がどんなときにも実際にもっているものです。私たちは、何かを考えるときにはいつも、人々のそうした能力が現在どうであるか、将来どうなるかということから考察をはじめます。実践理性は、所与の傾向性と欲求にもとづいているのです。

したがって、古典的功利主義に固有の特徴は、それが人格を、快苦や満足などを感じる能力という観点から扱うということに存します。したがって、人格がどのような社会的資源を要求するかということは、快苦や満足などを感じる能力に依存するということになります。そして、この点において、古典的功利主義はたとえば社会契約論やカントの理論のような、人格の要求の多様性を認める他の見解とは対照的です。

では、功利主義の許容範囲の異説を定義してみましょう。許容範囲での功利主義の異説とは、こうした特徴を保持し、それと矛盾するような要素を取り込んでいない教説のことです。この考え方によれば、功利主義を検証する際には、こうした特徴をもつすべての見解が正しいのかどうかを考えてみる必要があると思います。もしも、こうした見解が満足のいくものではありえないということが示せたとすれば、それは大きな発見となるでしょう。

したがって(すでに示唆してきたことですが)、私たちは、主張と構想の修正が施されるのであれば、次のような見方を、すなわち、一人ひとりの個人が自らの現実的な欲求を(合理的選択の原理によって)ある種の合理的評価に従わせることでいだくようになる特別の欲求が存在するという前提に立脚し、善とはそうした合理的な欲求の満足であると定義する見方を、功利主義の許容範囲の異説とみなしたいと思います。これは古典的功利主義とは異なる見方(一つの異説)ですが、同じ構造の枠内にある、許容範囲の異説だと認めてかまいません。

重要な点は、このように修正された考え方が功利主義の許容範囲の異説だということを認めないと、功利主義の基本的な誤りが見えなくなってしまうということです(以下で論じますが、〔功利主義においては〕正しさの概念によって現実の欲求を制約することが認められていません)。

第三節　効用の個人間比較についてのいくつかのポイント

(1)　さまざまな個人の幸福の程度の総和、あるいは(単純に言えば)快の総和という見方の前提にあるのは、一人ひとりの個人が経験する快を比較し、評価する何らかの方法が存在するという考え方です。たとえば、Aという個人は、Bという個人に比べると、二倍の快を感じている、という具合にです。

この点については、いくつか重要なことがあります。

まず第一に、a_i がすべて等しく、値が1だとします。これは、おそらくベンサムが「各人を一と数え、誰もそれ以上には数えない」という(ミルが『功利主義』第五章第三六段落で引用した)言葉で述べようとした見方です。ミルはこの測定のための規則を正しく解釈しています。すなわち、この見方は、スペンサーが『社会静学』で述べているのとは違い、幸福に対する権利の平等のことを意味しているわけではありません。むしろこの見方は、善を快や満足として独立的に定義したことから導き出されるものなのです。ミルが言うように、この見方はもっぱら、等しい量の幸福(快)は、同一の人が感じる場合も別の人々が感じる場合でも、同等に望ましい(善い)ということを述べているにすぎません。この見方はすべて、快の測定単位という考え方のなかに含まれています。それは効用原理の一部なのであって、効用原理を支えるために必要な前提ではありません。(15) ミルが述べているとおりです。善をもっぱら快(あるいは満足)としてのみ理解するならば、この見方は十分に正当化できるのです(メインの言うバラモンと比較してください。バラモンは、バラモン一人の快に、非バラモン一人の快の二〇倍の重みを認めています。このような結論を導き出すには、厳密な古典的功利主義の原理を何らかの形で修正しなければなりません(16))。

(2) 以上のように、私たちは効用の重みの値をすべて1とおきます。加えて、ここでは、これが、空間的あるいは時間的にどれほど隔たっているかにかかわらず、すべての個人に当てはまるものとします。また、私たちの行為の影響が及ぶのは現在と未来とに限られますから、(過去のことは結局のところ過去のことにすぎないとして)すべての未来の人々の快に、現在の人々と同じ重みがあると考えることができます。したがって、純粋な意味での時間選好というものは存在しません。それが自分のものであれ、他人のものであれ、未来の快を〔現在の快と比べて〕低く見積もることがあるとすれば、それはたんなる時間的ないしは空間的な隔たりによるものではなく、何か別の理由によるものでなければなりません。そうでないとすれば、それは効用原理の用い方が間違っています。〔未来の快を現在の快よりも低く見積もる場合〕たとえば、将来に得られるであろう快がさまざまな理由で大なり小なり蓋然的であるとか、それがみたされるかどうかが大なり小なり不確実であるといった理由づけが必要になります。何らかの理由があるのなら、未来の快は低く見積もられるであろうし、あるいはその可能性に応じた重みが付されるでしょう。すなわち、いわゆる数学的な期待が付与されるのです。しかし、このような理由づけにもとづいて未来の快を低く見積もることは、純粋な意味での時間選好を意味していません。というのも、そうした低い見積もりは、あくまでも不確実性(蓋然性)についての理性的な評価にもとづいているのであって、たんにその快が時間的に現在と隔たっているから(未来のものだから)ということではないからです。

(3) 次に、個人間比較についていくつか述べておきます。効用の個人間比較を行うために少なくとも次の二つが必要だということは明らかです。すなわち、

(a) すべての個人(n人全員)の効用を測るための基数的な測定単位と、

(b) 一人ひとりの個人の効用の測定単位を有意に関連づけたり加えたりすることができるような調整の方法、短く言えば、さまざまな人々の快をどのように比較評価すべきかを示す対応規則、この二つが必要なのです。

(a)だけでは十分ではありません。(a)と(b)の両方が揃い、何らかの形で十分に両者を用いることができてこそ、私たちは、個人間比較を行う方法を確立したことになるのです。

こうした基数的な測定単位について、いくつかポイントを述べておきます。まず第一に、古典的な教説において、効用についての一人ひとりの個人の基数的な測定単位は、内省と反省、さらにはさまざまな段階の間の幸福の比較によって得られる自分の幸福についての一人ひとりの個人の評価に、すなわち意識された好悪の状態の強度と持続に、もとづいていました。ひとことで言えば、一人ひとりの個人は、(a) 自分のさまざまな幸福のレベルを首尾一貫した方法でランクづけすると考えられており、また(b) 状態A

と状態Bのレベルの違いが状態Cと状態Dのレベルの違いと同じであるか(あるいは大きいか小さいか)ということを認識することができるのです。この二つのことを前提とするならば、一人ひとりの個人にとっての基数的な測定単位が存在するということになります。そして、この測定単位は、リスクや不確実性を含むさまざまな選択(選好)からは独立しています(これとは別に、エッジワースにまで遡る理論にもとづく測定単位が考えられます。この測定単位もまた、リスクや不確実性からは独立しています[17])。したがって、古典的な功利主義の測定単位は、フォン・ノイマン-モルゲンシュテルンの効用の測定単位——くじ(確率による重みつきの選択肢をさまざまに組み合わせたもの)に対する一貫した選択にもとづいた——と混同されるべきではありません(後ほど詳細に検討する予定です[18])。

　第二に、一人ひとりの個人の効用の測定単位を加算することができるような対応規則を設定するうえで、一人ひとりの個人の幸福のレベル(絶対的なレベル)の比較が可能である必要はありません。その際、単位間の比較が可能であれば十分で、レベル間の比較は不可能でもかまわないのです(完全な比較が可能であるというのは、レベル間の比較と単位間の比較の両方が可能であることを意味します)。幸福の総和を最大化することを考えているわけですから、重要なことは、可能性のあるさまざまな選択肢を選び、実行することによって、結果的に、一人ひとりの個人の現状をいかに大きく(つまり、いかに多くの単位を）改善ないし改悪するかに尽きています。単位間の比較が可能であるにしても、たとえば、個人Aの状態が、個人Bのレベルに比べて、n単位分改善ないし改悪されたかどうかということは重要ではありません。現状に比べ、最も多くの効用収支（プラスとマイナスの合計）の増大をもたらす制度や政策や行為こそが、そうした選択肢を上回る効用を最大化するのです[19]。

第四節　個人間比較の十分な測定単位にとっての哲学的な制約

（1）個人間比較のための十分な対応規則には、それがどのようなものであれ、少なくとも二つの重要な哲学的制約が存在します。この制約をクリアしなければ、説得的な功利主義の定義を示したことにはなりません。まず第一の制約によれば、対応規則は、問題となっている特定の功利主義——ここでは厳密な古典的教説に相当する——による解釈にもとづく道徳的観点から見て、有意義であり、しかも、受け入れ可能なものでなければなりません。どんな種類の対応も、根拠とは認められないでしょう。しかも、あらゆる対応規則には、何らかの非常に強い倫理的想定が、あるいは少なくとも、倫理的な含意についての想定が含まれているように思われますし、こうした前提となる想定は問題となっている見解と対応していなければなりません。

(2) 具体的に説明しましょう。ゼロ‐ワンルールというよく知られた規則があります。私たちが個々に基数的な測定単位をもっており、それらに上限と下限があるとして、それぞれの上限〔最大値〕を1とし、下限〔最小値〕を0とおくというものです。こうすれば個人間で使える基数的な測定単位が得られたことになりますが、これは私たちが求めている測定単位でしょうか。つまり、この規則を使えば、私たちが（功利主義の立場から）最大化を望んでいる目的を定義することができるのでしょうか。たとえば、極端な（そして明らかに不真面目な）例ですが、この規則の難点を明示するうえで好都合ですので、次のような例で考えてみましょう。時点0（t_0）においてn人の人間と、ほぼ同数のm匹の猫（いわば、誰もが一人一匹ずつ猫を飼っているとお考えください）が住んでいる社会を頭に思いうかべてください。この社会に属している、感覚をもつすべての存在を含めて計算すると、最大化すべきは次の関数だということになります。

$$\sum u_i = u_1 + \dots + u_n + u_{n+1} + \dots + u_{n+m}$$

そして、ヒックスが述べるように「週」[20] ごとに、一定量Xの食べ物が与えられたとします。はたして、この一定量の食べ物をどのように分配すればいいのでしょうか。さて（ゼロ‐ワンルールを適用すると）相対的に上限〔最大値〕（$u=1$）に近い効用を得やすいのは、人間よりも猫だと考えてみましょう。だとすれば、長期的に見れば、私たちは、(最適な)時点$t_{\star}$において、食べ物を手に入れる側の人間の数が少なく、食べ物をもらう側の実に幸せな猫の数が多くなるように、m分のnの値を小さくすることによって、効用の総和を最大化することになるでしょう(すべての時間tに与えられる食べ物が一定量Xであるという前提の話です)。つまり、ゼロ‐ワンルールを用いるならば、相対的に見て、一定量Xに対して、効用をより効率的につくりだしているのは、人間ではなく猫の方だということになります。

この例を挙げたのは、ゼロ‐ワンルールに対して真っ向から異論を述べるためではなく、その難点をわかりやすく示すためです。言い換えるならば、このように何らかの個人間の測定単位を確定できたからといって、それだけで何かを証明したことにはなりません。この測定単位は、哲学的な観点から見て、私たちが最大化しなければならないという義務が理論的に発生するような目的を、あるいは、私たちがいだきながら生きていくことができるような目的を、明確に定めるものでなければならないのです。個人間の測定単位に受け入れがたい含意がともなうのであれば、おそらくそれは、功利主義者が念頭においている測定単位とは別物です。したがって、重要なことは次のことです。おそらく、あらゆる対応規則の図式は、次の二つにおいて、倫理的な含意をともないます。すなわち、(a)それが結果的にもたらす原理にともなう含意において、そして(b)その図式が、対応規則のなかに倫理的な観念を埋め込むことにおいて。たとえ、その図式が道徳的な観念や原理をまったく含まないように思われる場合においても、倫理的含意は生じます。そのような倫理的含意が生じるのは、対応規則の図式が、最大化すべき目的を、つまりは、それを最大化することが制度と行為の唯一の目的となるような目的を設定するからです。しかも、何らかの倫理的構想が対応規則に埋め込まれていることが明白な場合もあります。たとえば、ゼロ‐ワンルールには、感覚的存在は、平等な権利とか、(おそらくこういう言い方の方が正しいと思いますが)満足の最大化を要求する平等な資格をもっているということが含意されているのではないでしょうか。というのも、この考え方と、ミルがスペンサーに対して述べたことを比べてみてください。ミルによれば、(いわば)強度と持続を本質的な属性とするものとしての快は、その快が誰のものであるかということにかかわらず、等しい。前述の事例について言えば、人々の個人差や、さまざまな猫の間の個体差、人間と猫の違いなどとは無関係に、(すべての人間が感じる)人間の快の値域は、(すべての猫が感じる)猫の快の値域と、(原則的には)等しいということになります。こうした原則を何が正当化するのでしょうか。また、ゼロ‐ワンルールを退けるとして、どのような割合が正しいのでしょうか。ゼロ‐ワンルールはすべての人に当てはまるのでしょうか。ゼロ‐ワンルールの含意している快として、私たちは単純な快を想定すべきなのでしょうか。(21)

(3) 第二に、(個人間比較のための)対応規則の図式は、どのようなものであれ、正しさや道徳的価値の観念に依存するような倫理上の観念や原理を含むものであってはなりません。その理由は、古典的な教説において、正しさの概念は、あくまでも独立的に定められた善の観念の最大化という概念として導入されているからです(このことは、たとえば快楽主義や人間の卓越性などのことを考えれば明らかです)。

すでに見たように、ゼロ－ワンルールには、たとえば権利の平等や、満足(最大化)を要求する資格の平等といった、何らかの倫理的な観念が含まれていました。もちろん、そのことは、結果的にそのような原理をともなう考え方が誤りであるという根拠にはなりません。しかし、明確にしておかなければならないのは、だとすれば、この原理はもはや古典的な効用原理ではない、別の何かだということです。先ほど私たちは、すべての感覚的な(あるいは人間という)存在にとっての権利の平等という原理を導入しました。しかし、私たちはこの原理をどういう根拠から導き出したのでしょうか。少なくとも、この原理を導入したのは、それが効用を最大化する最善の方法だからという理由によってではありませんでした。というのも、私たちはこの原理を、効用を定義する際に用いたからです。したがって、この原理はおそらく基底的な第一原理だということになりますが、もしそうならば、このことは明確にしておく必要があります。最後に、なぜ効用を増やさなければならないのでしょうか。むしろ、効用の分配における不平等を減らすべく、増加分の効用は削除すべきではないでしょうか。

(4) また、功利主義の思想家たちがしばしば用いることのある標準的な前提は、第一原理を導入したり、加えたりするための隠れ蓑であることが考えられます[22]。重要なのは、こうした前提がどのように用いられ、正当化されているかということです。こうした前提が、実際の個人心理学上の事実とは無関係に持ち込まれているのであれば、それは第一原理であり、実質的に言えば、それは、どのような場合においても、あたかもそうした前提が正しいかのごとく、人々を処遇しなさいということを意味しています。だとすれば、第一原理は判明な形で述べられる必要があります。また、すでに述べたことの繰り返しになりますが、そのような第一原理を前提とする以上、それはもはや厳密な意味での古典的教説ではないのです[23]。

(5) 最後に、前述の例に比べるとわかりにくいですが、同様の問題について、もう一つの事例を検討しておきます。さまざまな快や満足のなかから、該当する特徴をもつ意識や感情の状態だけを計算に入れるよう注意しなければなりません。すなわち、勘定に入れるのはもっぱら、善と非道徳的な観念によって特徴づけられるものに限られます。たとえば、人々がさまざまな不平等に対して不満をいだいているとか、憤っているとかいうことと、そうした不平等に対して功利主義的な観点から展開される批判とは別物です。というのも、不満や憤りは道徳的な感情だからです。人々がさまざまな不平等に対して不満をいだくとか、憤るということは、言い換えるならば、一人ひとりが正しさや正義についての何らかの構想を肯定的に受け入れていて、しかも、これらの構想を定めている原理がそうした不平等によって侵害されていると確信しているということです。しかしながら、古典的教説の制約に従うならば、議論をこのように組み立てることは不可能です。むしろ、古典的功利主義者ならば次のように論じなければなりません。すなわち、ある特定の不平等が激しい嫉妬と苦痛や、ひどい無気力感と憂鬱(つまり、ありとあらゆる精神がみたされていない状態のことです)をもたらすのであれば、そうした不平等を根絶することによって、幸福のバランスが改善されるであろう、と。つまり、こうした道徳的な感情を考慮するにしても、古典的功利主義者は、そうした感情の重要性を、もっぱらその感情としての強度と持続のみによって判断しなければならないのです。それは適切なことなのでしょうか。

(6) 個人的な効用の機能において、道徳観念がどのような位置づけを与えられるのか、もう一つ例を挙げて説明しましょう。財もしくは満足の既存の分配(以下、この分配の現状を、すべての人が把握しているものと仮定します)に対する、一人ひとりの支持や態度を表す変数があると仮定してみましょう。また、説明の都合上、この既存の分配の基本方針はジニ係数にもとづいているものと考えます。つまり、一人ひとりが満足するか不満をもつかは、この係数によって測定された不平等の度合いによって左右されるものと仮定するのです(24)。平等に対する欲求には個人差がありますが、他の条件がすべて同じならば、平等の度合いが大きくなるにしたがって、人々の満足度も大きくなります。したがって、個々の効用 u_i について、次のことが言えます。

$$U_i = U_i(X, I, G)$$　したがって、定義どおりの $\sum U_i$ を最大化しなさい。

Xは財のベクトル、Iは所得、Gはジニ係数です。

さて、ここで私たちは、(単純化して言えば)図10にあるように、一人ひとりの個人によってさまざまな無差別曲線が存在すると考えることができます。

この図式は序数的(ordinal)な理論にも同数的(coordinal)な理論にも当てはめることができます。ここでは都合上、この無差別曲線が、対応規則によって他の一人ひとりの個人の測定単位とぴったり対応する、意味のある基数的測定単位をもっている(個人間比較が妥当である)と仮定してみましょう。

さて、重要なのは次のことです。効用の収支を最大化することとは、形式的な手続きとしては可能です。しかし、この理論はもはや、次のように決定的な点において、目的論ではありません。

(a) まず、ジニ係数を計算に入れることによって、一人ひとりの個人は分配のことを考慮することになります。いわば、ある第一種のパターン原理(財Xと所得Iの分配から算出される財産によって表される分配のパターンにもとづいた原理)が共有されているかのように。

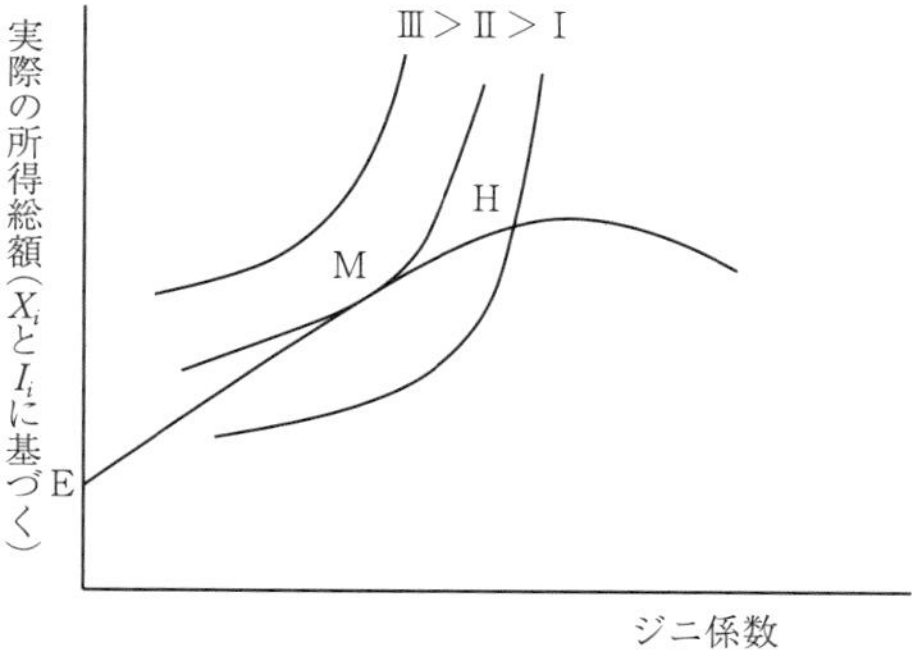

図 10

曲線 EH＝最大出力値(所与のジニ係数に対する)[a]
ゆえに，H＝最大出力値(すべてのジニ係数に対する)
ゆえに，M＝最大選好点(個人 i に対する)[b]

(a)［このグラフについての注．E は縦軸と曲線 EH との交点，M は曲線 EH と無差別曲線Ⅱとの交点，H は曲線 EH と無差別曲線Ⅰとの交点である．── 編者］
(b) 次を参照．William Breit, “Income Redistribution and Efficiency Norms,” in Hochman and Peterson, *Redistribution Through Public Choice*(1974).

(b) 次に、一人ひとりの個人が何にもとづいて分配を考慮しているかということをはっきりさせる必要があります。ジニ係数Gへの人々の対応の基底にあるものとして、たとえば次のようなものが考えられるのかもしれません。

(i) 慈恵と共感的な気質
(ii) 慈善の義務感からわき起こる道徳的な確信
(iii) 分配における正義と、その具体的な構想への確信
(iv) 社会の安定にとって平等の拡大は望ましいことだという見解
(v) 一般に嫉妬や意気消沈の減少は望ましいことだという見解
(vi) 将来的に自分にも起こりうる損害にそなえて保険をかけておくという見解、すなわち、不平等拡大にそなえたリスク回避と、不平等を減らすための公共政策確立という要望

(c)　これらのうち、最後の三つは目的論という制約と両立可能ですが、最初の三つについて言えば、例外的に第一のものは必ずしも両立不可能ではないにせよ、目的論という制約とは相容れません。

道徳理論の観点から言えば、重要なことは、人々が実際にどのようなことにもとづいて分配を考えているかということではなく(一人ひとりの個人の判断には、おそらく前述の六つだけでなく、もっと多くのことが影響を及ぼしています)、人々の考えにおいて分配を考慮する義務の根拠となっているものは何かということ、すなわち、人々がこ

の点に関していただいている道徳的な構想です。では、話を限定するならば、いったい古典的功利主義は、分配についてどのような説明を与えているのでしょうか。

第五節　最大多数の最大幸福、ならびに総効用最大化説と平均効用最大化説の対立について

(1)「最大多数の最大幸福」という言葉の初出は、おそらくフランシス・ハチスン『道徳的善悪の探求』(一七二五年)第三部第八節です。この言葉はしばしば、効用原理が命じているのが、快の総量を最大化することなのか、快を感じる人間の数(人口)を最大化することなのか、あるいはこの両者を何らかの形で重みつきで組み合わせたものなのかといった混乱を招く原因になりました。

古典的功利主義の教説は明快なもので、それによれば私たちは、快の総量(快と苦の収支)を最大化しなければなりません。長期的に見れば、人口(あるいは社会の規模)は、それに合わせて調整されるはずです。これが古典的功利主義の教説の内容です。効用の収支(総量)と人口との重みつきの組み合わせを最大化するというのは制度論に代表される考え方であり、古典的教説にそのような考え方は一切ありません。フォン・ノイマンとモルゲンシュテルンは、ベンサムがすべての幸福の総量と総人口の両方を同時に最大

化することを唱えたとし、それがベンサムの功利主義の荒唐無稽さだと批判していますが(『ゲーム理論』第二版、一九四七年)、これは不正確であるということを付言しておかなければなりません。ベンサムも、エッジワースも、シジウィックも、そのような誤りを犯すほど愚かではありませんでした。

(2)　第二に、効用の総量を最大化するのか、平均(社会の全構成員一人当たりの幸福)を最大化するのかという問題があります。これについても古典的教説の見解は実に明快であり、それによれば私たちは、平均効用ではなく、総効用を最大化しなければなりません。たしかに、n(nは社会の人口とします)を一定とした場合、短期的に見れば、総効用を最大化しても、平均効用を最大化しても同じことです。しかし、長期的に見ればnは一定ではありませんし、いくつかの条件のもとでは、総効用説をとるか平均効用説をとるかによって、人口政策において、そして(たとえば出生率や死亡率などに及ぼす影響を通じて)人口規模に影響を及ぼすかぎりではあらゆる政策において、異なる帰結がもたらされることになります。とくに、人口規模を決定する際に決定的に重要な条件は、人口増にともなう平均効用の相対的な減少率です。平均効用の減少が十分に緩慢であれば、平均効用の減少分はつねに人口増にともなう総効用の増加分を下回る。したがって、理論的には、おそらく平均効用が最大で人口が非常に少ないという状態ではなく、(一人ひとりにとっての)効用は非常に小さい(ただし決して0より小さくはならず、プラスにとどまります)けれども、人口は非常に多いという状態がもたらされることになるでしょう。ただ、いずれにしても功利主義は、人口政策を考えるうえで、おそらく頼るべき原理ではありません。だとすれば、古典的功利主義はこの問題にどのように決着をつけるのでしょうか。

注目すべきことにシジウィックは、この二つの問題の両方を明快に論じています(*ME*, pp. 415f を参照)。このことこそ、私がシジウィックを古典的教説を最もよく代表する功利主義者だと考える最大の理由です。彼は、こうしたすべての問題の存在を認識しており、どの問題についても、自らの教説と矛盾することなく、首尾一貫した答えを示したのです。繰り返しになりますが、考えてみれば、もしも総効用ではなく平均効用を最大化すべきであると主張するのであれば、私たちは、新たに別の第一原理を持ち込むことになるように思われます。というのも、快のみが唯一の善であるのなら、私たちがその総量を最大化すべきであることは明らかだと思われるからです。そもそも、この場合に、なぜ平均などということが問題になるなどと言えるのでしょうか。

第六節　むすび

(1)　以上述べてきたことの要点をまとめておく必要があります。はじめに歴史的なことを話しましたが、強調したかったのは、功利主義の伝統が長い連続性をもっているということであり、（遅くとも）一八世紀の第１四半期以来の英語圏の道徳哲学の流れにおいて（少なくとも三つの点において）驚くべきほど支配的な位置を占めてきたということであり、さらには、社会的な理論、とくに政治理論や経済学と密接なつながりをもちつづけてきたということです。こうした顕著な特徴において、功利主義に並ぶものはありません。

加えて、私たちが理解しておくべきは、若干の留保をつける必要はあるのですが、主要な功利主義者たちが、ホッブズに抗う形で、近代世界の特徴を帯びた世俗的な社会にとって受け入れ可能な道徳理論を構築しようと試みてきたということです。彼らがホッブズに対抗したことで（それはたとえばカドワースのような正統なキリスト教徒のホッブズへの対抗とは対照的でした）、彼らの作品は、最初の近代的な道徳・政治理論となったのです。

(2)　また第二に、私はシジウィックこそが、厳密な意味での古典的功利主義の系譜、すなわちベンサム－エッジワース－シジウィックという系譜を代表する最後の一人だと論じました。シジウィックの作品は古典的功利主義を最も詳細に述べたものです。彼は

(現代においても、すべての功利主義者が気づいているとは言えないような)問題の(少なくとも)ほとんどを十分に把握していました。一見単純に見える原理(構想)でも、組み立てるには、数多くの複雑なことを踏まえなければなりません。そして実際、そうやって組み立てられた単純な出発点こそが、複雑なことについての理解を容易にしてくれるのです。

(3) 最後に、私たちは幸福の個人間比較にともなう問題のいくつかについて急ぎ足で検討を行いましたが、これはもっぱら問題を明確にし、その難しさを説明するにとどまりました。たとえば、ゼロ‐ワンルールは、人間だけに当てはめるならまだしも、あらゆる感覚的存在に当てはめた場合、どう考えても十分なものとは言いがたいもののように思われます。しかし、多くの根の深い問題の所在を明らかにすることができました。これらの問題についてはこれ以上検討することはしませんが、存在する問題そのものについては、けっして忘れないでください。

補遺　基数的な個人間比較について

ポイント…重要な点は以下のとおり。

(1) 功利主義原理を当てはめるべき二つのこと。
(a) 一人ひとりの個人にとっての基数的測定単位。
(b) これらの測定単位を関連づけるための有意味な対応規則…少なくとも比較可能な単位。

(2) 基数的測定単位と序数的測定単位の対立。
(a) 序数的測定単位は、善悪の程度ではなく、もっぱら善悪の完全な序列を定めるだけである。
(b) 基数的測定単位は、ゼロと単位を定め、複数のレベル間で何単位の差があるかを測定する。
(c) 基数的測定単位においては、唯一の基準は存在せず、すべての基準が正の線形変換によって相対化されている。序数的測定単位においては、単調的変換が基準を相対化している。

(3) 古典的な個人間比較の基数的測定単位(たとえば、シジウィック『方法』第三部第二章)において、
(a) 一人ひとりの個人は、内観によって幸福のレベルを序列化することができる(完全

な序列化)。

(b) 一人ひとりの個人は、内観によってレベル間の格差を序列化することができる(完全なレベル間格差の序列化)。この(a)と(b)によって個人の基数的測定単位が与えられる。

(c) こうした序列化に、リスクや不確実性をともなった選択や決断は含まれていない。

(4) 対応規則について。対応規則は、さまざまな個人の測定単位に対応するものでなければならない(25)。

(a) レベル比較可能性とは、レベル間の対応のことである。

(b) 単位比較可能性とは、単位間の対応(個人Aの何単位が個人Bの一単位と等しいか)のことである。

(c) 完全な比較可能性とは、レベル比較可能性と単位比較可能性を合わせたものである。功利主義を適用する際に必要なのは、単位比較可能性だけである(功利主義は合計に関心をもつが、レベルには関心をもたない)。

(5) ゼロ-ワンルールについての説明。

(a) このルールを人間と猫で構成される社会に適用した場合にどうなるかを算出すると、荒唐無稽な結果が導き出されます。しかし、人間と猫の対応規則を退けるのであれば、その根拠はどこに求められるのでしょうか。たんにそれは、私たち人間が猫の奴隷になるのは嫌だからという理由でしょうか。厳密なものでなくとも、おおまかなもの、ごく大ざっぱなものでもかまいませんが、正しい対応比率はどのぐらいになるでしょうか。

(b) ゼロ‐ワンルールが人間と猫で構成される社会に適用できないとして、このルールは人間だけで構成される社会に当てはまるのでしょうか。私たちが人間と猫の間の対応へのこのルールの適用を拒絶することになった理由は、さまざまな種類の人々の間の対応についても、このルールの適用を拒む理由に十分なりえます。このルールの適用によって起こりうることを、私たちは受け入れることができるでしょうか、あるいは受け入れるべきでしょうか。繰り返しになりますが、このルールの適用を拒絶する理由は、古典的功利主義の見解と合致するでしょうか。そこには、功利主義の観点からは認められないような形での、快の質の区別についての教説(たとえば、それほど明確には言えませんが、J・S・ミルの見解)が含まれているのでしょうか。

(c) ゼロ‐ワンルールには、社会政策上の問題として、単純かつ容易に満足させやすい快を身につける義務が私たちにあるということが含まれているのでしょうか。さらに言うならば、少ない社会的資源でも容易に幸せになれるような単純な種類の人々という存在が予期されているのでしょうか。

(d) ゼロ‐ワンルールには、どのような道徳原理が含意されているのでしょうか。満足する能力をもつすべての存在にとっての満足は、平等化しなければならないということなのでしょうか、それとも最大化しなければならないということなのでしょうか。

基数的な個人間比較という問題の説明ということで言えば、ゼロ‐ワンルールは有益な例です。推察するに、あらゆる対応規則は、功利主義から導き出すことが難しい深遠な倫理的前提をともなうように思われます。そして、まさにここにおいて、功利主義の難しさが浮かび上がってくるのです。

第四講　功利主義の要約(一九七六年)

(1) 以上の三回の講義において、私たちはシジウィックが『倫理学の方法』で定式化した古典的な功利主義の教説について検討してきました(26)(ベンサム、エッジワース、シジウィックの間には違いもあるのですが、ここで言う古典的な教説とは、B‐E‐Sの系譜の功利主義のことだとお考えください。シジウィックの記述は、最も完全で首尾一貫したものであり、彼はこの古典的功利主義をその哲学的な限界まで突き詰めました)。

すでに見たように、古典的功利主義の見解とは、次の値を最大化することでした。

$$\sum\sum u_{ij} = u_{11} + u_{21} + \dots + u_{nm}$$

iとは個人、jは期間を表します。

また、この式の個々のu_{ij}についてですが、

(a) この実数u_{ij}は、期間jにおける個人iにとっての幸福の収支について個人間比較を行うための基数的測定単位を表します。また、この幸福の収支は、意識の望ましい感情という快楽主義的な意味に解釈されています(『方法』第一部第九章、第二部第二章、第三部第一〇章を参照)。

(b) この基数的測定単位は内観、すなわち個人の評価にもとづいています(ここで個人は、幸福のレベルを序列化することができるだけでなく、複数のレベルの格差をも序列化できるものとして想定されており、また、そうした序列化を、リスクや不確実性をともなわない判断によって行うものと想定されています(フォン・ノイマン＝モルゲンシュテルンの基数的な効用の測定単位と対照してみてください))。

(c) こうしたu_{ij}には目的論的な性格が付されている。すなわち、効用の定義においては、いかなる正しさの観念も必要ではありません。

(2) さて、功利主義の直観的な観念には数多くの魅力的な特徴があります。実際、私たちのなすべきことが善の最大化だということや、どういう場合であっても、与えられた環境のもと、すべてを考慮したうえで、最善の結果をもたらす可能性が最も高い行為をなすべきだということは、自明のことであるように思われるかもしれません。古典的功利主義は、こうした考え方を定式化する明快な方法であるように思われます。

こうした考え方を明快に定式化しているがゆえに、古典的功利主義には次のような魅力的な特徴がそなわっているのです。

(a) 古典的功利主義は、単一の原理的な最大化の構想です。

(b) したがって古典的功利主義は、理論的に、優先規則を必要としません。用いられる規則はすべて、おおまかな目安や経験則などです。

(c) 古典的功利主義は完全に一般的な構想であり、すべての主体に一様に適用されます。

(d) 功利主義には、善という唯一の基底的な観念があります。したがって、他の観念(正しさや道徳的価値など)は、あくまでも最大化の観念を媒介として導入されます。

(e) 古典的功利主義は、しばしば、計算を用いた推論に適した数式による定式が容易だと考えられてきました。そのため、経済学では、そのような形で用いられてきました。

これらは記憶にとどめておくべき特徴です。講義のなかでは徹頭徹尾、倫理や政治の

構想の発達と形成を導いていると思われる単純で基礎的な〔功利主義の〕直観的観念の重要性を強調してきました。私の理解では、

> 古典的功利主義は善の最大化という観念から発展したものです。古典的功利主義は、善を推進するためにあらゆる手段を最もよい方法（手段と資源の最も合理的な節約）によって用いるという観念とも容易に結びつきます。

以上が古典的な功利主義の教説の構造です。

(3)　この教説を論じるに際し、私はその単純さが落し穴になりうるということを述べました。

(a)　善そのものを定義し、その測定単位として u_{ij} を用いる際、私たちは目的論の制約に従わなければならないということを忘れてはなりません。この測定単位 u_{ij} には、人々の間に見られる、憤慨（ルサンチマン）の感情や、混乱に対する私心のない嫌悪感や（シジウィック）、分配のありよう（ジニ係数）に対する態度などの適切な調整ということは含まれていません。

(b)　実は、個人間の比較という手続きそのものに正しさの原理が埋め込まれており、

このことは明確にされなければならないし、説明が必要です。例としては、ゼロ－ワンルールや他の標準的な想定などが挙げられます。

(c) u_{ij} について、たとえば掛け算ではなく、あくまでも足し算によって総和を求めるべきだという考え方は、それ自体がすでに一つの倫理的な想定です。たとえば、総和のみを重視するということは、分配のありようについては無関心であるということを意味しています。

(d) 加えて、以上述べた(a)(b)(c)という異なる三つの制約は例外なく、当然のことではありますが、人格についての特定の構想を主張するものであり、あるいは無理強いすると言ってもいいかもしれません。たとえば(シジウィックに見られるような)容器としての人格という構想などです。

したがって、私が言いたいことはこういうことです。古典的功利主義の内実を注意深く検討すれば、それがみかけほど単純な教説ではないことが判明します。たしかに、それだけでは古典的功利主義に対する異論にはなりません。しかし、そのことは、たとえ何か単純な直観的観念から発展した構想であっても、理に適った政治的構想というものは、必ず複雑な構造をもたざるをえないという事実を思い起こさせてくれます。おそらく、同じ特徴は、社会契約説にも見られることでしょう。

(4) 最後のコメントは、効用関数という観念の用法についてです。この用語は、しばしば(経済学などの分野において)誰か特定の人の選好、選択、決定などを数式で表したもののことを指します。たとえば、直観主義者の決定や判断を表すのに効用関数を用いることができます(『正義論』第七節)。あるいは、ある社会によってなされる集合的な社会的決定や、その構成員が政治体制の構成原理によって選択した集合的な社会的決定を表すために効用関数を用いることも可能です。

私が思うに、効用関数という観念がこのように広い意味で用いられているのは非常に不幸なことです。次のように改めた方がはるかに望ましいのではないでしょうか。

(a) 個々の場合に応じて、たとえば(複数の)目的関数、社会的決定関数、政治体制選択関数など、適切な別の用語を使い分けるべきです。「効用関数」や「福利関数」といった特殊で限定的な含意をもつ用語の使用は、むしろ避けるべきです。

(b) 目的関数、決定関数、判定関数といった関数は、特定の理論の目的に従って、特定の行為主体(個人や、企業、結社、社会など)の選択や決定を再現したり、記述しているにすぎないということ、このことは理解する必要があります。つまり、これらの関数は、行為主体が手持ちのさまざまな原理をどのように組み合わせ、どのような過程を経て決定を行ったかということをまったく説明してはくれません。たとえば、直観主義的な判定関数の場合を考えてみてください。

(c) 道徳理論の観点から見た場合、取り組まなければならない問題は、こうした希薄な意味における再現ではなく、実際になされた判断——それは反照的均衡によってなされた可能性もあります——が、どのような原理の組み合わせによって形成され、統制されているかを把握することにほかならないということ、このことも理解する必要があります。

(d) また、数学的に言えば、再現関数を用いたからといって、それによって行為主体による何かの最大化が記述されるわけではありません。たとえば、目的は複数かもしれないし、アルファベット順に配列がなされている可能性もあります(つまり、連続性のない再現関数ということです)。

(e) そして最後に、再現関数が適切な目的論の制約に完全に従わないのであれば、古典的功利主義の理論そのものが成立しえないでしょう。

では、以上で述べてきたことの要点をまとめておきます。

あらゆる人の道徳的ないしは政治的な判断を、何らかの数学的な関数で再現することが可能であると仮定しましょう。この関数を用いるならば、次のように考えることができます。すなわち、何らかの判断を下す際、人々は、社会はどういう場合においてもこの関数を最大化しなければならないと、つまり、社会は(この関数で定義された)最善の帰結をもたらさなければならないと考えているかのごとくである、と。

しかしながら、そのように考えているからといって、こうした考え方そのものから、特定の政治的構想を導き出すことはできません。したがって、考えなければならない問題は以下のとおりです。すなわち、この関数は具体的にどのような形態をとるのか、あるいは、その具体的な特徴は何かという問題。そして、(個人や社会といった)行為主体の思想や判断において、この関数の背後に、どのような構想や原理が潜んでいるのかという問題です。

注

(1)「賢明な観察者」という言葉については、ヒューム『人間本性論』第三巻、第三部第一節第一四段落。

(2) ヒューム『道徳原理研究』*An Enquiry Concerning the Principles of Morals*, pp. 235-236.

(3) [この三十九カ条はイギリス国教会の最も重要な信仰箇条で、一五六三年に作成され、一五七一年に聖職者会議と議会で承認されたもので、その大部分は、ルター派のアウグスブルク信仰告白(一五三〇年)やヴィッテンベルク信仰告白(一五六二年)をもとにしている。三位一体、キリストの人格、人間の罪深さといった正統のキリスト教の教説を認めている一方で、信仰による義認、聖書、二つだけの聖礼典の重要性を強調している点でプロテスタント的ないしは「改革派カトリック」的な性格をもつ。次を参照。Stephen Sykes and John

Booty, eds., *The Study of Anglicanism* (New York: Fortress Press, 1988), pp. 134-137. ——編者]

(4) [フェローの職を辞した際、シジウィックが何を考えていたのかについて、ロールズのノートには論評が記されている。おそらくはJ・B・シュニーウィンドの議論(J. B. Schneewind, *Sidgwick's Ethics and Victorian Moral Philosophy* (Oxford: Oxford University Press, 1977), pp. 48-52)を踏まえつつ、ロールズは次のように記している。——編者]。「シジウィックの「服従と宣誓の倫理学」(一八七〇年)について。異議申し立てということについて、宗教的共同体の進歩的な構成員が果たすべき義務とはどのようなものであるか。シジウィックが考えたところによれば、人は二つの悪の間で選択を迫られる。すなわち、真実を犠牲にするという悪と、あらゆる変化を絶対的に拒むという悪のいずれかを選ばなければならない。この選択のなかで、人が受け入れざるをえない不誠実を免罪することが可能であるのは、(1)そうした不誠実がある意味で極限にまで達しており、(2)それに対する異議申し立てを公然と行うことが推奨されている場合に限られる。[このシジウィックの論文の]ポイントを三つ挙げるとすれば、(1)これはあくまでも[現実に行われていることについての]現実主義的な評価であって、[社会についての]理想について何か言おうとしているわけではないということ、(2)コモンセンスのなかには、[たとえば真実を述べるという義務と自分が選んだ教会に対する忠誠という義務といった]二つの義務が対立した場合に、どう行為すべきかを決める際に依拠すべき明確な規則が存在しないということ、そして、(3)さまざまな困難と葛藤は、功利主義的な原理に訴えることによって解決されるべきであるということ、この三つである」。

(5)　Ibid., pp. 15-17を参照。シジウィックの倫理学についての二次文献として、シュニーウィンドのこの本は非常に有益である。同書は、シジウィックの教説について包括的に論じており、またシジウィックの教説をイギリスの道徳哲学の歴史のなかに位置づけている。

(6)　「政治学は……適切な国制のありようと、統治される社会の正しい公的行いのありようの探求である」(*ME*, p. 1)。

(7)　ここで私が検討するシジウィックの手続きと議論の組み立てについては、とくに第四部第二章を参照。

(8)　『方法』第三部第一一章と第四部第二章、および、シュニーウィンドの前掲書第九―一〇章を参照。

(9)　〔この個人間比較についてのまとまった議論については、本書のシジウィックについての第三講を参照。――編者〕

(10)　John Passmore, *Ralph Cudworth: An Interpretation* (Cambridge: Cambridge University Press, 1951), pp. 11f.

(11)　〔目的論について、および目的論と契約説との対比については次を参照。『正義論　改訂版』*A Theory of Justice*, rev. ed., pp. 21-23〔三四―三六頁〕, 35-36〔五六―五七頁〕, 490-491〔七三四―七三六頁〕, 495-496〔七四三―七四五頁〕. ――編者〕

(12)　〔卓越主義の原理については次を参照。『正義論　改訂版』第五〇節。――編者〕

(13)　〔ちなみにロールズは『正義論』第六三―六六節において、人が、アリストテレス的な原理を念頭におきつつ、熟議的理性という条件のもとで選択するであろう合理的な人生計画

という観点に立脚しながら、人の善についての説明を試みている。――編者〕

(14) 功利主義の許容範囲の異説については、この講義の補遺を参照。

(15) ミルは次のように述べている。「ハーバート・スペンサー氏は、効用原理が、万人の平等な幸福追求権という原理を前提としていると述べている。より正確に言えば、それは、効用原理は、同じ量の幸福は、それを感じる人が同じ人であるか別の人であるかにかかわらず、同等に望ましいという考え方を前提にしているというのである。しかしながら、こうした考え方は、効用原理の前提ではない。すなわちそれは、効用原理を主張する際に不可欠な前提ではなく、むしろ、効用原理そのものである。というのも、もしも、ここで「幸福」と呼ばれているものと「望ましい」と呼ばれているものが同義でないとすれば、効用原理とは何であろうか。もしも効用原理にとって前提のようなものがあるとすれば、それは、数学的な真理は、他のあらゆる測定可能な量についてと同じく、幸福の評価にも適用できるはずだ、ということにほかならない」(『功利主義』第五章第三六段落に付された注を参照)。

(16) Henry Maine, *Lectures on the Early History of Institutions* (London: Murray, 1897), pp. 397ff.

(17) [Rawls, *A Theory of Justice*, rev. ed., §49, p. 282〔四二六頁〕で、ロールズは次のように述べている。――編者。「効用の個人間比較の測定単位を決定するにはいくつかの方法があります。一つは(これは少なくともエッジワースにまで遡るものですが)、個人が識別できる効用のレベルの数を限定する方法です。すなわち、人は同じ区分のレベルに属する複数の選択肢の差を区別することができないと考えるのです。そうすれば、二つの選択肢をどのようにとろうとも、その間での効用の差を測定する基数的な測定単位は、それらを区分する識別可能なレベルの数によって決定されることになります。こうして導き出される基数的な測定単位は、例外なく、正の線形変化によって一意的に決まります。個人間比較の測定単位を決めるには、隣接レベル間の差が、あらゆる個人にとって等しく、あらゆるレベルの間で等しいということが前提となります。こうした個人間の対応規則があれば、計算はきわめて簡単です。複数の選択肢を比較する際には、一人ひとりの個人が識別できる選択の間のレベルの数を確かめておき、プラスとマイナスを考慮に入れながら合計することになります。次を参照してください。Amartya K. Sen, *Collective Choice and Social Welfare*(San Francisco: Holden-Day, 1970), pp. 93f(志田基与師監訳『集合的選択と社会的厚生』勁草書房、二〇〇〇年)。エッジワースについては次を参照。*Mathematical Psychics*(London: Kegan Paul, 1888), pp. 7-9, 60f.」

(18)［効用についてのフォン・ノイマン－モルゲンシュテルンの定義と効用の個人間比較の問題については、Rawls, *A Theory of Justice*, rev. ed., §49, pp. 283-284(四二七－四二九頁)を参照。――編者］

(19) 経済学者の言う「限界効用の加算」とはおおむねこのような意味であり、(財とサービスを測定単位とする)利益と損失が少なく、一人ひとりの個人の限界効用が、財やサービスなどを測定単位とする、ありうべき利益や損失の全体を恒常的にいくらか上回っている場合を仮定するならば、それこそがまさに「限界効用の加算」を意味している［この文章は、ロールズの手書きの講義ノートにおいて、取消線で消されている。――編者］。

(20) [ジョン・R・ヒックス(一九〇四―一九八九年)はイギリスの経済学者。ケネス・アローとともに一九七二年にノーベル経済学賞を受賞。――編者]

(21) [個人間比較の前提となっている価値観に関連する議論として、Rawls, *A Theory of Justice*, rev. ed., pp. 284-285〔四二九―四三一頁〕を参照。]

(22) 次を参照。Maine, *Lectures on the Early History of Institutions*, pp. 399f[なお、*A Theory of Justice*, rev. ed., p. 285 において同じ文献に依拠した同様の記述がなされている。――編者]。「標準的な功利主義の考え方についてのメインの想定は適切です。メインによれば、たんなる立法の運用規則ととらえれば、功利主義の考え方の根拠は明らかであり、実際、ベンサムは功利主義の考え方をそのようにとらえています。人口が多く適度に同質的な社会と、強力な近代的立法機関の存在を前提とするならば、大規模な立法を導きうる唯一の原理は効用原理です。たとえどれほどリアルなものであれ、個人間の差異は無視しなければならないという前提に立つならば、あらゆるものを平等に数えよという格率や、類似性と限界の仮説が導き出されます。当然のことながら、個人間比較に用いられる約束ごとは、同じ論拠にもとづいて判断されなければなりません。契約説の考え方では、以上のことがはっきりすれば、幸福を測定して集計するという考え方は見事なまでに論駁されたことになります」。

(23) 次を参照。Lionel Robbins, *The Nature and Significance of Economic Science* (London: Macmillan, 1932), p. 141.

(24) [ジニ係数とは、ジニが一九一二年に考案したとされる、不平等の測定単位。「ジニ係数にはさまざまな定義がありますが、簡潔にまとめるならば、ジニ係数とは、相対的平均差――あらゆる所得間の差の絶対値の算術平均のことです――を正確に二で割った値です。……言うまでもなく、ジニ係数や相対的平均差を用いることが有益なのは、これらの数字が、所得格差のまさに直接の測定単位であり、あらゆる所得格差を反映させたものだからです」。Amartya Sen, *On Economic Inequality* (Oxford: Oxford University Press, 1997), pp. 30–31.〔鈴村興太郎・須賀晃一訳『不平等の経済学――ジェームズ・フォスター、アマルティア・センによる補論「四半世紀後の『不平等の経済学』」を含む拡大版』東洋経済新報社、二〇〇〇年〕〕

(25)　次を参照。Sen, *Collective Choice and Social Welfare*, Chs. 7 and 7*.

(26)　〔以下で述べられていることは、「功利主義からの移行」という題で、一九七六年の講義「ロックと社会契約説」の第一節を構成している。――編者〕

ジョゼフ・バトラー五講

第一講　人間本性の道徳的な構成原理

第一節　序論——バトラーの生涯(一六九二—一七五二年)、作品、ねらい

(1) ジョゼフ・バトラーは、一六九二年、バークシャーのウォンティッジに生まれました。長老派の信徒だった父に長老派の牧師となることを嘱望されたバトラーは、グロスターの有名な非国教徒のアカデミー(後にチュークスベリに移転)に通学しましたが、やがて国教徒に改宗する決意をします。一七一四年、二二歳でオックスフォード大学オリエル・カレッジに入学し、一七一八年に卒業すると、同年、ウェストミンスターの聖ジェイムズ教会のタルボット司祭によって教会助祭の職を与えられ、さらには司祭に任命されました。同年、ロンドンのロールズ・チャペルの説教師に転任し、この職位に一七二六年までとどまっています。道徳哲学の分野でのバトラーの評価を決定的なものにした『説教集』は、この時期に執筆されました。最初に刊行されたのは一七二六年です。

さまざまな職位を経た後、一七五〇年には富裕なダラム管区の司教へと上りつめますが、その二年後には他界しています。

バトラーと言えば、『説教集』のみならず、その一〇年後の一七三六年に刊行された『宗教の類比』という作品でもよく知られています。本講では詳しく検討しませんが、同書のことを念頭におくことは大切なことです。というのも、同書は、彼の道徳哲学を理解するうえで重要な背景となる構想や思想的枠組みについて、きわめて多くのことを教えてくれるからです。そうした背景を見落とすということは、まさに私が回避したいと考えている誤りの最たるものです。また、付言しておかなければならないことですが、『類比』には二つの短い付録が含まれており、一つは人格的同一性について、もう一つは徳についての(彼の言い方によれば)短論文《ディサティション》となっています。後者については、後ほど検討する予定です。

(2)　バトラーの文体を見るかぎり、彼自身が激烈な論争を好んでいなかったことは明らかです。けれども、彼の著作は、同時代の、ある特定の見解や思想家に異議を申し立てるために書かれました。バトラーのねらいは、以下に述べる意味においてすぐれて実際的でした。

(a)　彼は、誰も否定しない真理をわざわざ証明するという手間はとりませんでした。

すでに真理として受け入れられていることを確かめるために新しい方法を探したり、より洗練された方法を見出したりすることに、彼は関心をもたなかったのです。

(b) 彼は、もっぱら自分が危険だと考えるものだけを攻撃の対象としました。すなわち、人間の社会にとって不可欠の信念とか徳を、あるいはキリスト教の信仰の純一性を、道徳的に堕落させたり、掘り崩したりしてしまう可能性が高いもののことです。本質的に、バトラーは古い意味での護教論者でした。彼にとって哲学とは、カントにとってのそれとは異なる意味における、しかも興味深い意味における、弁護の営みでした。

(c) バトラーはつねに、敵対する陣営と自分が共有している前提から考察をはじめています。自ら進んで共通の前提を認めつつも、この共通の根拠に対して、道徳的信念や、理に適った宗教的信仰を擁護しようとしたのです。ときおり、攻撃対象の考え方がもたらす致命的な帰結については強烈なことが述べられることもありますが、彼の文体そのものは礼儀正しく、穏健なものです。

(3) バトラーの哲学的な気質は、別の意味においても実際的でした。たとえば彼は、形而上学や認識論などの哲学的な問題そのものについては、ほとんど関心を示しておりません。彼は哲学の細かい議論を回避しました。思弁的な問題は人間の力を越えていると考えたのです。『類比』には、こうした態度をよく示す題目の章が二つあります。「不完全にしか把握されない図式あるいは構成原理《コンスティテューション》としての、神の統治について」と題された第一部第七章と、「不完全にしか把握されない図式あるいは構成原理としての、キリスト教について」と題された第二部第四章です。

このようにバトラーの実際的なねらいは、もっぱら日常生活における道徳や宗教の実践を確かなものにすることでした。道徳的な徳や宗教的な営為のために新しい価値観を練り上げたり、新たな基礎を構築するという関心はなかったのです。彼は保守主義者であり、道徳と理に適ったキリスト教信仰の擁護者でした。社会で実際に生きていくうえで哲学は不要です。しかしながら、そうした私たちの実際の生活の基礎が哲学的な手段によって攻撃された場合、私たちには哲学が間違いなく必要になります。言い換えるならば、哲学に対抗するには、哲学によって、それも、必要最小限の哲学によって闘わなければなりません。

第二節　バトラーの敵対者

バトラーの敵対者については、次の二つのグループに分類することができます。

(1) 第一のグループは、ある特定の道徳哲学者たちです。とくに顕著な例を挙げるならば、まずは何といってもホッブズですが、シャフツベリやハチスンも含まれます。バトラーと彼らの相違点は『説教集』で明確に述べられています。バトラーが主な批判の対象としたのはホッブズと、ホッブズの影響を受けた思想家、さらには、ホッブズにつながるような議論を展開したマンデヴィルのような思想家でした。ホッブズに関して言えば、彼を近代哲学の始祖とみなすことは、近代哲学の歴史を眺めるうえで有益なとらえ方です。彼の著作『リヴァイアサン』は、たしかにその中心的な命題こそは誤りだと考えられているに違いありませんが、おそらく英語圏においては最も偉大な道徳哲学と政治哲学の作品です。そして、当然のことながら、同書の圧倒的な力ゆえに、ホッブズは、同時代において、近代的な無信仰を最も劇的に示す思想家とみなされていました。私たちの理解において、ホッブズ主義の教説とは、唯物論、決定論、利己主義を含意しています。彼は、道徳の理性的な基礎を否定したと考えられています。したがって、ホッブズ主義は非道徳主義を含意し、もっぱら利益の合理的な計算こそが、実践的ないしは合理的な熟議の唯一の方法であると考えます。また、伝えられるところによれば、ホッブズは、政治的な責務の根拠をもっぱら権力関係にのみ求め、何らかの道徳の基礎が客観的に存在するとか、人々の間に共有されているとかいう見方を否認しました。社会の法の内容を決定するのは主権であり、したがって法とは、実効的な主権が権力の独占によって強制する公的な約束事のことを表すことになります。

端的に言えば、バトラーは、こうした見解を論駁することに非常に強い関心をもっていました(この点においては、カドワースやクラークも同様でしたし、シャフツベリ、ハチスン、ヒュームなどの功利主義者たちについても事情は同じでした)。このホッブズ主義批判という課題へのバトラーの関心は、明示的にホッブズに言及している箇所(たとえば第一説教第四段落、注)に看取されるにとどまりません。人間本性の構成原理についてのバトラーの構想そのものが、バトラーのホッブズ主義批判の核心部分なのです。実際、慈恵の原理や、私たちを道徳的な徳へと導き、徳そのもののために行為するよう促す良心の最高原理の根拠を人間本性に求める点において、バトラーの構想は、(私たちの解釈における)ホッブズ主義とは明確に異なっています。

バトラーとホッブズの間には、こうした明確な相違のほかにも、もっと基本的な違いがあります。たとえば、ホッブズは人間本性を反社会的なものとして、すなわち、虚栄心、名誉欲、自己顕示欲に突き動かされるものとしてとらえました。彼によれば、理性ですら、私たちにとっては危険なものです。理性をもっているために、人は、自分こそが他の誰よりも物事をよく理解することができ、社会をよりよく運営することができると思い込みます。私たちが自らのおかれている状況を厳粛に受け止めず、自己保存という根本的利害関心の基礎について冷静に計算することを怠るならば、理性は私たちを熱狂的にし(ホッブズは各教派の牧師を念頭においていました)、社会を統治不可能な混乱に陥れるかもしれません。こうした人間の反社会性という見方の背景には、ホッブズがイギリスの内乱に見出した狂気の沙汰と呼ぶべき状況があります。そして、まさにこうした人間の反社会性というホッブズの見方に対抗しつつ、バトラーは、人間本性の道徳的な構成原理について、自らの構想を述べているのです。このことは、この構成原理の概要を見れば、即座に明らかになります。

(2) 本講義の議論に直接の関わりはありませんが、バトラーが敵対した第二のグループには、当時のイギリスの理神論者が含まれます。理神論者は、啓示と(バトラーの用語で言えば)啓示にもとづくキリスト教信仰の図式の必要性を明確に否定しました。理神論の考え方によれば、自然神学があれば十分なのであって、世界の創造者にして、最高の知性と力をもつ存在であり、正義と慈恵の模範でもある神の存在を確かなものにするのは、理性にほかなりません。この立場を代表する思想家としては、『神秘的ならざるキリスト教』を書いたジョン・トーランド(一六七〇―一七二二年)と、バトラーの『説教集』刊行後の一七三〇年に『天地創造以来の歴史をもつキリスト教』を発表したマシュー・ティンダルを挙げることができます。これらの作品について、バトラーは『類比』(一七三六年)で批判を展開しています。

見落としてはならないのは、バトラーが、こうした理神論者と、いくつかの前提を共有していたということです。たとえば、世界の創造主としての神の存在といったことを、バトラーは、『説教集』においても『類比』においても、ごく当たり前のこととして認めています。『説教集』を解釈するうえで、こうした背景を見落とすわけにはいきません。たとえば、バトラーが良心の至上性について述べていることと、冷静で理に適った自己愛について述べていることの間には一貫性の欠如らしきものが見あたるわけですが、彼の見解が一貫しているかどうかは、そうした背景にあるさまざまな前提に大きく左右されます。この点については後ほど検討する予定です。

第三節　人間本性の道徳的な構成原理

では本日の講義の本題に入りますが、手始めに、序文と最初の三つの説教の内容について触れておきます。

(1) この序文は第二版に付されたもので、『説教集』の主な命題についての概説になっています。人間本性の構成原理についての記述が突出していますが、このことはバトラーがこの問題を自らの道徳教説の中核として位置づけていたことを示しています。第一説教では、この構成原理が非常に詳細に論じられています。第二説教では、良心の権威と良心の指示の影響との対立に焦点が当てられていますが、この区別は、バトラーが私たちの道徳経験に訴えかけることによって説明と裏づけを与えようと試みている重要な区別です。そこでバトラーが展開している議論の詳細については、次回の講義で検討を試みる予定です。第三説教では、良心の権威と冷静で理に適った自己愛との間に発生しうる衝突という問題が扱われています。なお、この問題については、同書の序文の第二九、四一段落と、第一一説教の第二〇、二一段落でも論じられています。

(2) 人間本性の構成原理という観念の検討に移りましょう。バトラーによれば、この観念には次のようなさまざまな側面があります。

(a) 人間本性にはさまざまな部分や、心理や、知的能力や、気質があります。これらについて、バトラーは次のような区別を行っています。

(i) さまざまな種類の欲求、情、情念。これらのなかには、特定の人や、場所や、もの――制度や伝統のようなものを含む――への愛着も含めるべきでしょう。

(ii) 一般的であり、しかも合理的あるいは熟慮された二つの原理、すなわち慈恵と理に適った自己愛。慈恵についてのバトラーの説明にはある種の両義性が認められます。すなわち、彼は慈恵について、一方でそれが一つの情や情念だとして説明することもあれば、他方ではそれが一般的で熟慮された原理だという説明をすることもあるのです。

ただし、このことは大きな難点ではありませんし、第一一、一二説教まで読み進めれば解決する問題です。さしあたり、慈恵については、一般的で熟慮された原理であると(したがって、より高次の原理であると)考えることにしましょう。

(iii)(バトラーがときに用いる言葉に従うならば)反省の原理、すなわち良心という至上の原理。これは道徳的判断力の原理であり、良心の判断力は、私たちに、正直さ、誠実さ、正義、感謝といった道徳的な徳それ自体のために行為するよう指示を与えます。

(b)以上が人間本性のさまざまな部分ですが、構成原理という観念から言えば、こうしたさまざまな部分はある一定の関係におかれなければなりません。一つの階層秩序に組織され、至上の規制的原理によって支配ないしは指導されるのです。こうした要請を踏まえるならば、バトラーの記述において、さまざまな部分からなる組織は三つの階層をもっているように思われます。すなわち、情と情念という最も低い層、慈恵と理に適った自己愛という一般的で合理的に熟慮された原理の層、そして、反省あるいは良心の原理という最も高い層です。こうしたバトラーの構成原理の観念に従うならば、一般に、権威のある判断が、必要に応じて下されるということになります。そして、この権威のある至上の規制的役割を良心に委ねるということは、私たちが行うべきことの決定的な理由を特定しなければならなくなった場合に、その特定を良心の裁決や判断によって行うということを意味します。最終的な決定は良心への訴えかけによってなされます。良心こそが事態を決するのです。

(c) バトラーによれば、構成原理の観念を用いる場合、もう一つつけ加えるべきことがあります。私たちは、どのような目的が人間本性の構成原理を導き、その構成を理解可能にしているかということを特定しなければなりません。序文の第一一段落においてバトラーは、人間本性を時計にたとえています。私たちが時計の構成原理について語りうるのは、時計が時を告げることを目的として構成されているからです。こうした目的があるからこそ、私たちは、なぜ時計のさまざまな部分が時計として組み立てられているのかということを理解することができます。そしてバトラーによれば、人間本性もまた、有徳な存在になるよう構成されています。すなわち、人間本性の各部分は――反省の原理または権威のある至上の良心という原理によって――私たちを有徳な行為と、それ自体で正しく善い行いへと導くように組み立てられているのです。

(3) 一見したところ、こうした人間本性の構成原理と時計の組み立てのたとえは議論としては不十分であるように思われます。私たち人間は、自らの目的のために私たちを創造した高次の存在者の特定の目的を達成するために設計された作り物ではありません。しかしながら、とはいえ、私たちはバトラーが次のような信仰をもっていたことを知っています。すなわち、少なくとも彼にとっては、唯一無二なる高次の存在、つまり、神が存在していたのです。大ざっぱな言い方になりますが、私たちはみな神の目的のためにつくられたのです。ただし、自然においてであれ、啓示においてであれ、神の目的や統治の枠組みは、私たち人間にとって、不完全にしか把握できないものではありましたが。

このようにバトラーの教説は宗教的なものでしたが、現代の私たち自身の道徳的な構成原理を精査するならば、その違和感はいくらかましになるように思われます。たとえば、次のように言い直せば、バトラーの見解はもっと有意義な形で述べることができるのではないでしょうか。すなわち、私たちの構成原理は徳と適合的であり、ここで言う徳とは、私たちを社会の構成員として日常生活に適合させる行為の形式のことである、と。こうした徳や良心の判断に含まれている内容は、理に適った自己愛(もちろん、それは身勝手な利己心と同じものではありません)の要請に正当な容認を与えるだけでなく、社会の要請に対しても、他の人々に対しても、しかるべき容認を与えるものです。私たち人間は、一方において、多様な欲求や情や愛着をもっているので、自分自身に関心をもちます。しかしながら、バトラーが繰り返し指摘しているように、他方において私たちは、自らの社会的な本性を考慮しつつ、社会のなかで生きていかなければなりません。したがって、私たちの構成原理が徳と適合的であるというバトラーの見解は、私たちの構成原理が、社会における理に適った構成員としての生き方を可能にするような行為の形式に適合しているという意味に解することができるのです。

私たち人間は、自分自身の善と他の人々の善にしかるべき容認と余地を与えるような社会生活の形式に携わることができる。——このようにとらえ直すことで、この人間本性の構成原理という観念に、どのようなホッブズ批判が込められていたかということが理解可能になります。私たちは後ほど、良心の権威という観念にどのようなシャフツベリ批判が込められていたかということを、さらには、良心(の判断)に含まれる内容についてのバトラーの構想にどのようなハチスン批判が込められていたかということを(この問題については短論文第二「徳の本性について」を参照)明らかにする予定です。

第二講　良心の本性と権威

第一節　序　論

前回の講義では、人間本性の道徳的構成原理と、そのさまざまな部分や要素と、それらの関係——つまり、それらがどのようにして良心の至高性と権威ある役割によって道徳的構成原理へと組み立てられているかということ——を検討し、最後に、バトラーが人間本性の徳への適応と述べた、この構成原理の目的について論じました。前回の講義での説明によれば、人間本性の徳への適応とは次のようなことでした。すなわち、私たち人間の本性は徳へと適応させられますが、ここで言う徳とは、私たちを社会生活に適応させる行為や行いの原理と形式、すなわち、私たちをして、自分自身の利益と愛する人々の利益に当然の義務として関心をもちつつ、なおかつ他の人々の利益や関心に対しても義務を果たすことができるような社会の構成員としての行いに適した存在とならしめる原理と形式のことです。人間の道徳的構成原理があるからこそ、私たちは共同体の善に由来する正当な要請と私たち自身の私的善に由来する正当な要請と一致して行為することができるようになり、そのことを通じて、社会に適した存在となるのです。このように、人間本性の道徳的構成原理が私たち人間を社会に適した存在にしている点を強調し、この道徳的構成原理を重視している点こそが、バトラーのホッブズ批判の核心です。

(1) 本日の講義では、内省あるいは良心の原理の本質と権威についてのバトラーの見解を検討します。まず、バトラーが良心というものの内容をどう考えていたかを確認するのが有益でしょう。ここで言う良心の内容とは、良心が是認するような行為の種類、行いの形式、人間本性のなかの気質や性格のことです。たとえば、短論文第二「徳の本性について」(『類比』に付録として収められています)において、バトラーはハチスンを批判し、人間の良心の内容は功利主義的ではないと述べていますが、だとすれば、私たちの良心の判断は、効用原理とは一致しないということになります。あるいはバトラー自身が述べているように、「慈恵やそれが欠落した状態」を「単独で取り上げる」ならばそれらは「徳や悪徳の総体」ではない(第一二段落)。バトラーによれば(わずかながら変更を加えての引用になりますが)「私たちが、……もっぱら幸福の量が増える可能性が高いというだけの理由で特定の人々にだけ慈恵を与えることを是認するとか、もっぱら苦痛の量が増えるというだけの理由で不正や虚偽を否認するとかいうことは、真実ではない」(第一二段落)。

ここで注目すべきは、バトラーが良心の内容の説明(正しさと徳の正しい構想)としての功利主義を退けていることだけでなく、功利主義を退けるためにバトラーが用いている議論の仕方と、自分の導き出した結論にバトラーが施している解釈の仕方です。

(2) ここで確認しておくべきことが二つあります。第一の点は、バトラーの議論が、もっぱら私たちの常識にもとづく道徳的判断に訴えることによって根拠づけられていることです。バトラーは、すべての人、あるいはほとんどすべての人が、この常識にもとづく道徳的判断において合意していると考えていました。バトラーの考えによれば、常識にもとづく道徳的判断は、公平で、重要な問題については冷静なときに考えるような公正な精神の持ち主ならば、誰もがもっているはずのものでした。このように、バトラーは「公正な精神をもつ」、「公平な」、「冷静なとき」といった表現を用いています。この講義では詳しく扱いませんが、バトラーは他にもいくつかの条件を自明の前提として当然視していました。とりあえず、バトラーがこうした表現で説明している道徳的判断のことを「考慮された判断」と呼ぶことにします。バトラーは、そのような道徳的判断が多かれ少なかれ所与の事柄であると、すなわち、私たち人間の道徳経験についての一般的に認められた事実であると考えていました。彼の道徳教説は、啓示とも合理主義哲学の見解とも対立する、道徳経験への訴えを根拠としていました。バトラーは、一見、クラークなどの合理主義者と意見をともにしているように見えますが、議論の仕方はまったくの別物です。バトラーの方法に見られるこうした側面は、明らかな変化を示しています。しかも、バトラーはこうした道徳経験を独特《スイ・ゲネリス》のものだと考えていました。彼にとって、道徳的観念は、非道徳的な観念に(そのような観念の区別が有益な形で行いうると仮定すればの話ではありますが)解消されうるものではなかったのです。この点において、バトラーは、ホッブズとは明確に対立する意見をもっていましたし、おそらくは(まだ検討していませんが)ヒュームとも対立していました。そして、この点においてバトラーは、まさにクラークや合理的直観主義者たちと意見を同じくしていたのです。

バトラーが功利主義を退けたこと(第一二―一六段落)について確認しておくべき第二の点は、彼が道徳教説を人間本性の道徳的構成原理についての説明と考えていたことです。バトラーは、あくまでも思弁的な可能性としてではありますが、神がもっぱら慈恵の原理のみに従って行動しているという見解について考察することにやぶさかではありませんでした。しかし、思うに、彼にとってこの見解は、たんなる思弁的な可能性にすぎなかったでしょう。というのも、そのような、私たちの理解をはるかに越えた問題について思弁をめぐらせることは、私たちのなすべきことではないからです。神によって招かれた、この世の、この場、この立ち位置において、私たちの良心は、私たちの導きとなるはずです。そして、私たちの良心は功利主義的ではありません。そのことを私たちは知っていますし、そのことさえ知っていればよいのです。バトラーによれば、この世の幸福とは神の幸福のことであり、私たち人間の幸福ではありません。「……どのような形であれ、人類の善を推進しようと人々が努力する際、自分が何に従事しているかを知るのは、彼[神]によって導かれた者だけであり、このことはけっして真実とも正義とも矛盾することではない。……真実と正義の定める限界のなかで、同胞たる人類の安楽と、便宜と、元気と、楽しみに貢献すべく努めることこそが、私たちのなすべきことにほかならない」(第一六段落)。

私たち人間にとって、慈恵の原理は、正義、真実、その他の徳によって示される制約と限界の範囲内において是認されるものです。そして、まさにこの点に関して、後にベンサムによって決定的な転換がもたらされます。すなわち、ベンサムは、この世における幸福こそが、私たちの従事すべき事柄であると宣言するのです(後に見るように、ヒュームはこうしたことを述べてはいません)。この転換がどのようにもたらされるのか、そしてその背後に何があるのかということを自分なりに考えてみてください。

第二節 私たちの道徳的能力の特徴

(1) 私たち人間をして、道徳的な統治を行うことを可能ならしめているのは、こうした良心の能力と私たちの道徳的本性です。ここでバトラーが(良心の道徳的能力と対立するものとしての)「道徳的本性」と呼んでいるのは、人間の道徳的な情念、すなわち、同情や憤慨《ルサンチマン》や嫌悪感などのことであり、あるいは感謝などの自然な感覚のことです。いわば、私たちは、ひどい危害と、比較的ましな危害の違いを、自然的に(バトラーに言わせれば「避けようもなく」)識別するのです(短論文第二、第一段落)。

(2) 良心が個別的な事柄に対して下す、一般的な問題についての裁決もまた、疑いを挟みうるようなものではありません。誰もが認める普遍的な基準なるものが存在するのであり、それは、どのような時代においてであれ、どのような国においてであれ、あらゆる政治体制の基本法のなかに公的に明記されてきました。すなわち、正義と、真実と、共通善の尊重です。そこに、普遍性の欠如という問題は存在しません(第一段落)。

(3) 私たちに、良心という能力がそなわっていることは自明のことです。この能力の特徴は、たとえば次のようなものです。

(a) 良心の対象となるもの――良心が判断し、是認するもの――は、私たちの内に組み込まれ、習慣化されることによって、私たちの性格に明確な形を与えるような行為や実際にはたらいている行為原則です(第二段落)。

(b) このように、良心は、あくまでも――たんなる出来事とは区別されるべき――行為を対象とします。ここで言う行為の観念には、意志や計画――ここで言う計画には何らかの結果をもたらそうという意図が含まれます――にもとづいて何らかのことを行う人格という観念が含まれています(第二段落)。

(c) また、良心という能力の対象となるような行為は、私たちが実際において成功するにせよ、失敗するにせよ、私たちの能力の及ぶ範囲内のものであることが前提です(第二段落)。

(d) そうした行為や行いが道徳的能力によって扱われるべき対象だということは、思弁的な真偽が思弁的理性によって扱われるべき対象であることと同様です(第二段落)。

(4) この短論文の残りの部分では、道徳経験によって良心の内容のさまざまな側面が示されることの重要性が論じられています(この点については、第一部の終わり、p. 53の次の一節も参照してください。「こうした内的な感情そのものに関して言えば、それらが実在のものであるということと、人がその本性のなかに情念や情をもっているということは、人が外的な感覚をもっているということと同じく、疑いようのない本当のことである」。第二説教の終わり、第一段落も参照してください)。ここで言うさまざまな側面とは、たとえば次のようなことです。

(a) 私たちの道徳的能力は、行為における功績を、道徳的な善悪と結びつけますが、この結びつきは(私たちの構成原理にとって)自然なものにほかならず、断じて作為によるものでもなければ、偶然的なものでもありません(第三段落)。

(b) 私たちの道徳的能力は、深慮を徳として賞賛し、愚かさを悪徳として戒めます(参照、第六—七段落)。

(c) 私たちの道徳的能力は、慈恵をあらゆる徳の総体として賞賛することはしません。バトラーのハチスン批判が展開されるのは、この点においてです(第八—一〇段落)。

(5) 序文と第一説教において、良心あるいは内省の原理こそが至高の規制的原理だと述べられていたことを思い出してください。その中心的な役割は、管理運営し、統治することです。第一説教の第八—九段落で、バトラーは簡潔な説明を行っています。バトラーは第八段落で良心を定義したうえで、冷静に内省すれば一方を称え、もう一方を戒めるのが当然であるような二つの行為を具体例として示すことによって、良心の存在を証明しようと試みています。

第三節　良心の権威についてのバトラーの議論の概要
——第二説教

(〔他の〕参照箇所…序文の第二四—三〇段落、とくに第二六—二八段落。第一説教の第八—九段落。)

(1) 私たちが被造物として構成原理を有しており、それがある目的に適応しているということ、このことこそが、私たちの本性の創造主がこうした目的を意図していたと信じる理由にほかなりません。バトラーが理神論者と共有している前提に注意しなければなりません。第三段落の九―一一行目（および第一段落）も参照してください。

(2) 反論すべき異論。かりに道徳的能力のようなものが存在するとして、なぜその能力に権威を認めるのか。人それぞれに自らの本性に従うに任せて、良心は、それが最も強い力をもつ場合にのみ、指導的な地位を占めるということでもかまわないのではないでしょうか。私たちの本性の創造主の意図がそうではなかったということを示す、どのような兆候があるでしょうか（第五段落）。

(3) この異論は、目先の快楽のために正義を逸脱することと、対立する誘惑が存在しない場合に正義を遵守して行為することとの間に違いはないという認識に立脚しています。つまり、どちらも同じく、ただ自らの本性に従っているにすぎないというのです。しかし、かりにこの見方が正しいとすれば、次のような帰結が導かれます。すなわち、

(a) 自らの本性を逸脱するという考え方が、理解困難になるでしょう。

(b) また、もしそうだとすれば、私たち自身が自らにとっての律法であるということについて聖パウロが述べていることは、誤りだということになるでしょう。

(c) というのも、そのような見方が正しいとすれば、規範的な意味で自然に従うということが意味をなさなくなるでしょうから。このように、この異論は、一見したところ

聖パウロの見解を認めているようでいて、実はそれを退けているのです。文字通りにとるならば、自然に意識的に従うということは、好き勝手に行為することとは違うのです(第六段落)。

(4) 誰もが生まれながらにして〔つまり自然的に〕自らにとっての律法であり、自分自身の内に、そうした律法に従う権利と義務の価値を見出す——こうした言い方が、はたしてどういうことを意味しているのか、私たちは説明を試みる必要があります(第六段落)。

(5) 自然という語のもつ意味のうち、二つが有意でないものとして退けられます(第七—九段落)。

(6) 三つ目の意味は、聖パウロが用いたものであり、人が自らにとっての律法であるということについて説明を与えてくれます。そこで展開される議論は次のようなものです(すべて第一〇—一一段落に拠るものです)。

(i) 公的な善と私的な善に対して私たちがいだく情念や情は互いに対立します。

(ii) こうした情念や情は、本来的には自然的であり善いものですが、それら一つひとつが、どの程度根深く、私たちに生まれつき〔つまり自然的に〕そなわっているかということを見極めることはできません。
(iii)　こうした情念や情は、いずれも私たちにとっての律法とはなりえません。
(iv)　しかし、自らを根拠づけ、他のものを是認したり否認したりする、良心という高次の原理が存在します。
(v)　この能力があるからこそ、私たちは自らにとっての律法となりうるのです。
(vi)　良心の原理は、程度の強い影響力によって私たちを規制する心の原理ではありません。それは、私たちの本性における比類なき最上の能力であり、独自の権威を有しています。
(vii)　しかも、それは、私たちに間違いなく影響を及ぼし、その命令に従うよう、確実に私たちを駆り立てる原理なのです。

(7)　バトラーの説明(餌に誘われて捕獲された動物)を人間に当てはめて考えるならば、具体例となるのは、私たちの自然本性にとって不釣り合いな、つまり不自然な行為ということになるでしょう(第一三段落)。そうした行為が不自然であるのは、それがたんなる自然な自己愛と衝突するからではありません。というのも、自己愛との衝突ということで言えば、(たんなる自然な)自己愛を優先して情念を抑圧することもまた、不自然だということになってしまいます(第一五段落)。

(8) もう一つ、別の区別を設ける必要があります。すなわち、情念よりも優位にあるものとしての、自己愛の原理です。私たちの自然本性に従って行為するためには、自己愛こそが支配的でなければなりません。自己愛の原理は、良心を呼び覚ますことなく、上位の原理を提示するものです(第一六段落)。

(9) 同じように、良心もまた情念より優位にあります。情念は、目的物に対し、それを獲得するために必要な手段を選ぶことなく、直接的に飛びつきます。情念が無差別に用いるこうした手段が他者に対して大きな危害を与えるとき、良心はそれに異を唱え、情念を屈服させなければなりません。そしてこの場合、自己愛が考慮されることはありません。良心は、それが実際にもつ影響力はさておき、至上のものなのです(第一七段落)。

(10) こうしたことを踏まえつつ、私たちは権力と権威を区別するにいたります。といっても、私法や社会の構成原理に関するものではなく、あくまでも人間本性に関わるものとしての権力と権威の区別です。その本性と役割において、良心が至上の原理であることは明らかです。良心は判断を下し、指導を行い、監督するものです。私たちがどれほど頻繁に良心に逆らうことがあるにせよ、良心には、そうした権威と役割があるのです(第一八―一九段落)。

⑾ つづいて、バトラーは二番目の議論を展開しています(第二〇―二二段落)。逆のことを考えてみるならば、私たちの行いに対する制約は、一方で、私たちの自然的な権力や、自分や他人に無用の危害を与えたくないという欲求によって与えられていることになります。人間本性のさまざまな原理を区別するものが、もっぱら相対的な強度の違いだけだという前提に立脚するならば、そうならざるをえません。しかし、もしそうだとすれば、私たちの行いを制約する規範は、たとえば親を殺すような行為と子が親に対してもつ義務との相違に対する道徳的な無関心を助長するものとなるでしょう。しかし、こうした考え方は理解しがたいものです。

この二番目の議論が示している原理は以下のようなものです。

(1) 私たちの本性のはたらき方と規制のされ方は、私たちの自己統治のあり方についての神の意図を示している。

(2) 私たちの本性のそうした側面を把握するうえで、重要な役割を果たすのが道徳経験、すなわち、恥という感情のはたらき方や良心の能力についての経験です。

(3) バトラーによれば、人々はおおむね、良心の下す判断について合意しています。

では、バトラーは、どういう議論にもとづいて、良心に権威と有意性を認めているのでしょうか。

(A) 第一の筋道は以下のとおりです。

(1) 神は、私たち人間を、自分自身に対する法となることができるよう、理に適っていて合理的な存在につくり上げました。

(2) そのような存在が、もしも――実際、そうであるように――数多くの情念や、情や、欲求に加え、慈恵や自己愛などの競合する一般的情をもっているとするならば、一つの支配的な原理か能力が必要となります。

(3) しかし、こうしたさまざまの原理や情念は、どれ一つとして、そうした支配的な原理を与えてはくれません。

(4) だからこそ、良心は、次のような形で原理として優位を占め、権威をもつのです。すなわち、

(a) まず第一に、是認や否認と、複数の人格の間に共通する内容についての合意を通じて。

(b) 第二に、良心を逸脱した場合に私たちが経験する罪悪感という事実を通じて。

(c) 他のいかなる原理や情念にもこのような特徴は見られません。つまり、逸脱することに罪悪感を覚えることはありません。

(5) 私たちの言語の使い方は、良心のさまざまな要請に根拠を与えています。
(6) 良心が至上であり、権威をもっているということがきわめてはっきりと示されるのは、憤慨の情念においてです。
(B) もう一つの筋道は以下のとおりです。
(1) 私たちは自分自身に対する法となることができるという前提に立脚して、上記の筋道の最初の前提は見直してください(つまり、神学的な背景を除外して考えてみてください)。
(2) そのうえで、あとはおおむね同じような筋道で考えてください。

第四節　良心の権威についてのバトラーの議論の要約

(1) 以上において、私たちは、第二説教においてバトラーが展開している良心の権威についての議論を概観しました。実際、第二説教は、そのすべてをこの問題の検討に当てています。そしてまた私たちは、他のテクスト(とくに、序文の第二四―三〇段落と、第一説教の第八―九段落)でバトラーが述べているいくつかの重要な点についても言及してきました。以下では、そこでバトラーがどのようなことを論じているのか、あるいは厳密に言うならば、それは議論として成り立っているのかどうかということを検討しましょう。以下で述べることは、たんなるバトラーの議論の解釈であり、あるいはたんなるまとめにすぎません。そして、バトラーが自分の見解を裏づけるべく厳密な論理を展開しようとしたわけではないということは明らかなことです。

思うに、バトラーは、私が理神論的前提と呼んだ見方を自明のこととして信じていました。すなわち、神が私たちの本性の創造主であるということや、私たちの本性のデザインこそが、神の望む人間本性のあるべき姿や、そのさまざまな要素が果たすべき協調ということを信じる根拠となりうるといったことは、彼にとっては当たり前のことだったのです。またバトラーは、理に適っていて合理的な存在としての私たち人間には、自分自身に対する法となり、社会生活に参画することが可能であると考えていました。ここで言う「理に適っている」という言葉には、バトラーが「公平な精神の」という言葉で述べたことも含まれます。そして「理に適っている」とか「公平な精神の」といった観念は、合理性とは異なるものです。というのも、合理性には、おおまかに言えば、ある特定の目的を達成するために最も有効な手段を用いることとか、十分に相容れることのない競合する複数の目的の間で相互的な調整を行うといったことが含まれるからです。(1)

(2) さて、もしも私たちが自分自身に対する法となることができるとすれば、私たちの本性には、何らかの目的に適合しており、自分自身を統治することが可能な、バトラーのいわゆる道徳的構成原理がそなわっていなければなりません。良心に権威がそなわっているのか、それとも権威など一切ないのかという問題については、私たち自身の道徳経験をみれば決着がつくでしょう。すなわち、私たちの本性を統治し、私たちの行いを指導して、社会における生活に適合させることができる適切な権威をもつ要素が見出せるのかどうかを確かめればいいのです。

実際、私たちの自然本性にさまざまな要素があるとすれば、そうした支配的あるいは規制的な原理が必要になります。私たちにはさまざまな欲求や、情や、情念があり、そのなかには、他の人格に直接的な関わりをもつものもあれば、私たち自身に直接的な関わりをもつものもあります。こうした欲求や、情や、情念は、もっぱら何か特定の目的を達成するための手段にのみ気をとられ、その結果、他の人格に全般的にもたらされる広範な影響を考慮することができません。こうした行いの源泉は、それが他の人格に対するものであれ、自分自身に対するものであれ、いわば、偏狭なものにすぎません。こうした行いの源泉が支配的あるいは規制的な原理を与えることなどありえないのです。このことは、欲求や、情や、情念の本性からみて明らかです。というのも、欲求も、情も、情念も、自己統治や自己規制を可能にする理に適った、あるいは合理的な原則をつくり上げるものではないからです。このことを説明するために、バトラーは、空腹をみたそうとするあまり餌に誘われて罠にかかった動物の例を用いています。かりに私たちが、こうした動物と同じように、理に適った自己愛の原則によって示される自分自身に対する情に背いて行動したとするなら、私たちもまた同様の過ちを犯すことになります。バトラーがこの例を用いているのは、優越性という一般的な観念、すなわち、私たちの自然本性において、ある原則が他のさまざまな要素をどのように支配することができているか——つまり、たんなる影響力以上の権威を行使できているか——ということを説明するためです。

(3) 次に、バトラーは、一方で、神の道徳的統治のもと、少なくとも長い目で見れば、良心の権威と理に適った自己愛との間に本質的な衝突はないということを懸命に説明してはいますけれども、理に適った自己愛が人間の本性における権威ある原理だとは考えていなかったようです。この見かけ上の衝突についてのバトラーの見解については後ほど扱いますので、いまここでは立ち入りません。しかし、容易にわかることですが、理に適った自己愛というものは、たしかに個別的な欲求や情や情念を規制するという意味で一般的な情であることは間違いないにせよ、結局のところ、私たちが自分自身に対していだく情にすぎません。理に適った自己愛の対象はつねに特定の人格に対するものです。すなわち、理に適った自己愛の関心の対象は、数多くの人格のうちの、ただ一人の善に限られるのです。そして、だからこそ理に適った自己愛は、私たちが社会の一員として自分自身に対する法となるのに適した原理を提供することができません。

同じことは、慈恵についても言えます。慈恵もまた(自己愛と)同様に、他の人格の善に対する個別的な情を規制するという意味で一般的な情です。このことがとくに顕著なのは、慈恵が公共精神や郷土愛《パトリオティズム》などの形をとる場合です。しかし、理に適った自己愛がどういう人格に関与するかということ――つまり自己愛によって突き動かされる人格――が明確に特定されているのに対し、慈恵がどのような人格に関与するかということは、ありとあらゆる人格相互の関係において、多様な形をとるものとされています。C・D・ブロードは、バトラーの言う慈恵が、社会の幸福の最大化という効用原理のことを意味していたと述べています。しかし、そのような内容はテクストのなかには見あたりませんし、実際、テクストの記述とも矛盾しています。したがって、要点をまとめるとすれば、一般的であるにせよ、個別的であるにせよ、自己愛も慈恵も、私たちが自分自身に対する法となるために不可欠の権威ある原理を提供できるものではなかったということになります。

(4) もちろん、そのような原理そのものが存在しないということも――バトラーはそのような可能性について論じてはいませんが――考えられます。しかし、私たち人間が神の似姿に造られたのであれば、私たちの自然本性のなかにはそのような原理が存在しているはずです。私たちの道徳的な経験は、この原理を良心のなかに見出すことが可能であるということを示す十分な証拠だと、バトラーは信じていました。

まず第一に、公正な精神をもつ(正常な)人格ならば、問題となっていることについて、冷静な状態で、公平に考えることが可能な場合に、是認すべき行為と、そうでない行為とを必ず区別するという事実が示すように、道徳経験はある種の形式性をそなえています。人として、なすべきことと、そうでないことがあり、それについての判断は決定的であり、拘束力をもつということを、人々は認識していますし、そのように判断を下してもいます。また、こうした判断は、さらにその根拠を求めて遡ることのできないものです。つまり、こうした判断こそが、私たちの行為上の義務の決定的な根拠を示すものなのです。しかも、こうした判断の決定的な拘束力は、こうした判断が実際に私たちの性格や動機に有効な影響を及ぼすかどうかということには左右されません。以上のような意味において、こうした判断は権威をもっています。換言するならば、こうした判断の特徴のすべてが、たんなる影響力とは区別されるべき、権威の本質を表しているのです。

第二に、どのような行為を是認し、どのような行為を否認するかについて、人々が一般的な合意に達しているということは重要なことです。あるいはすでに紹介した言葉を用いるならば、良心が下す裁決の内容は、どのような時代と地域においても、多かれ少なかれ同一です。人々の間にこうした合意があるからこそ、良心の裁決は、人々が社会の一員として自分自身に対する法となることを可能にしてくれるような権威のある原理を示すことができるのです。もしもすべての個々の人格の良心が互いに衝突しているならば、必要な条件が欠けてしまうということは、誰の目にも明らかです。

第三に、バトラーの観察によれば、私たちは自らの良心に背くとき、はっきりと自分自身を叱責し、自己嫌悪に陥ります。思うに、こうした観察を述べることで、バトラーは、私たちの自然本性において自分自身を叱責するのは、もっぱら良心だけだということを言いたかったのでしょう。たとえば、私たちはさまざまな自己犠牲を拒むことができます。しかし、拒んだ自己犠牲が理に適った仕方で考えて必要なものであるならば、私たちは自責の念を抑えることができないでしょう。また、極端な場合(たとえば、誰が大損するかを、いわば思慮によって賢明に判断しなければならない場合)に限られますが、他の誰かの利益を犠牲にしなければならない場合に、なかなか決断を下せなかったり、なしうる最善の選択を行うことを心から躊躇することがあります。その状況において決断が理に適ったものであり、しかもその状況に対して私たちに非がないのであれば、そのような決断を下したからといって、私たちには自分を非難したり嫌悪したりする必要はないにもかかわらず、です。良心のこうした特別な特徴は――もちろん、それが特別であるとしての話ですが――バトラーが良心に権威があるということを主張する際に根拠とした道徳経験の特徴の一つです。

最後に、四つ目になりますが、バトラーは、良心の権威やそれに背いた行為がもたらす自責の念を、憤慨《ルサンチマン》や怒りなどの道徳的情念と結びつけています。第八説教の第一八段落(pp. 148-149)で、バトラーは次のように述べています。「徳の実在性や、それが事物の本性に基礎づけられているということに、人はなぜ異論をさしはさむのでしょうか。問題にならないことは明らかなのに。あえて問います、なぜそんなことに異議が唱えられなければならないのでしょうか。誰もが抱えているこの情念こそが、十分な証明を与えているというのに。事実、誰もがその行為を、正義と平等の規則によって導かれているではありませんか。というのも、誰でも極悪で卑劣な事件を目にすれば、本性のままに怒りを覚え、同じことに関与すれば自責の念に苦しまないではいられないからです」。憤慨や怒りといった道徳的情念に示されている原理を一般化(現代の用語で言えば「普遍化」ですが)するならば、こうした原理はバトラーが「正義と平等の規則」と呼んだものであることがわかります。この規則はたんに理性の規則であるだけでなく、道徳的情念に見られるように、感情に強く訴えかけるものだとバトラーは考えていました。良心に背いたときに私たちが自分自身を叱責する理由は、他人が行えば腹が立ち、憤慨と怒りを覚えるようなことを、ほかならぬ自分自身がやってしまっているからなのです。

(5) 以上のような理由でバトラーは、良心の裁決が、その影響力とは別に、私たちにとって権威をもつと考えています。このように権威と影響力を区別することは非常に重要ですから、私なりの説明を試みてきました。最後になりますが、思うに、バトラーは、私たちの道徳経験が独特のものだと考えていました(そして、この点においてバトラーは、クラークや直観主義者たちと同意見でした)。大ざっぱな言い方になりますが、道徳的な是非の観念も、自分自身に対する法となるということに含まれる「義務」の意味も、より大きな危害(さまざまな悪事)に対する感情としての憤慨や怒りの観念も、あくまでも一つかそれ以上の根源的な道徳的観念にもとづくものなのであって、非道徳的な観念に遡って定義されるものではなかったのです。良心の権威についてのバトラーの議論が、どの程度理神論的な前提に依拠するものなのかについては、検討してきませんでしたし、ここで検討するつもりもありません。しかしながら、少なくとも、道徳経験を独特のものと位置づけるバトラーの考え方を受け入れるならば、彼の議論の大半は、いまもなお揺らぐことはないように思われます。

第三講　情念の有機的組織

第一節　序　論

本日の講義では、情念の有機的組織《エコノミー》とでも呼ぶべきものについて考察します。詳しい説明は、第五―七説教での同情についての議論と、第八―九説教での憤慨とひどい危害を加えたことに対する許しについての議論においてなされています。しかし、まずは簡潔ながら、二つの重要なことを述べておきます。

(1) 再度強調させてもらいますが、バトラーは人間本性に社会的な性格がそなわっていると考えています。言うまでもなく、これは第一説教の主題です。第一説教で『ローマ信徒への手紙』第一二章第四―五節が扱われていたことを思い出してください。「というのも、私たちはそれぞれ一つの体のなかに数多くの部分をもっていますが、すべての部分が同じ役割を果たしているわけではありません。同じように、私たちは、人数こそ多いけれど、キリストにおいて一つの体をなしており、誰もがお互いの一部となっているのです」。聖パウロがここで示唆している類比、すなわち、人間の身体がいくつもの部分に分かれながら、そうした部分が一つの身体を構成している様子と、複数のばらばらの人格である私たちが、たんなる個人の寄せ集めとは決定的に異なる一つの社会を構成する様子との類比を、より完全な形で表現することがバトラーのねらいです。人間本性の（物理的とは決定的に異なるという意味で）道徳的な構成原理には、「私たち人間が、自分自身の生活や健康や私的善のことを配慮するよう造られている」ことだけでなく、「私たち人間が、社会生活を営み、同じ被造物である仲間たちのために善を行うよう造られている」ことを明確に示すようなデザインが施されています（第一説教第三段落、p. 35）（なお、一八世紀において「道徳的《モラル》な」という言葉には、現代よりも広い意味での用法があり、しばしば「心理的な」という意味でも用いられていたということに注意してください。「人間本性の道徳的構成原理」について考察する際、バトラーはこの「心理的な」という意味でこの言葉を用いていました）。そして、この構成原理についての説明を終えると、バトラーは人間の社会的本性という主題を、つい先ほど引用した記述を繰り返しつつ（第一説教第九段落、p. 44）、第一説教の、長いけれど見事な第一〇段落で要約しています（pp. 44f）。この段落の第二センテンスは次のようなものです。「人類はその本性において互いに密接につながっており、誰かの心中の気持ちは魂の共鳴によって他の人々の心中にも伝わってしまうので、人々は、身体の痛みと同じぐらい気持ちを傷つけられることを忌避し、外面的な財を得ることと同じぐらい誰かに誉められたり愛されたりすることを望むのです」。この段落の全文を読む必要はないでしょう(2)。間違いなく、ここでバトラーは、人間を反社会的な存在ととらえるホッブズの教説のみならず、より一般的に言えば、さまざまな個人主義に対しても抗しつつ、長い歴史をもつキリスト教的な主題の重要性を強調しているのです。わかりきったことではありますが、こうした側面があることも忘れないでください。

(2) たったいま引用した第一説教第一〇段落において、バトラーは、たとえば評判を失いたくないという恐怖や高く評価されたいという欲望といった情念のなかに、人間の社会的本性の兆候を見出しています。本日の講義では、私たちの道徳的構成原理の全体にとってとくに重要だとバトラーが考えた、情念としての同情や憤慨について検討したいと思います。同情は、私たちにそなわっている、良心の指示や慈恵の主張に従って行為する能力を強化し、支えています。もちろん、同情がある意味において非道徳的な情念であることは確かであり、場合によっては、同情の情念を沈静化し、私たちが正義の要請を、もっと正確に言うならば刑事上の正義の要請を実行する能力を強化するために、憤慨の情念が必要になることもあります。とはいえ、憤慨を復讐心と混同してはなりません。というのも、復讐心をみたすことは、いかなる場合においても過ちであるからです。また、憤慨そのものについては、危害を与えた者に対する許しの規則によって分散と調整を加える必要があります。こうしたさまざまな情念の相互的な調整やはたらきのことと、そうした情念が良心の要請や他者への一般的な善意という公共精神に従って行為する人間の能力を助ける様子のことを、ここでは「情念の有機的組織《エコノミー》」と呼ぶことにします。情念とは、いわば、人間本性の道徳的構成原理の内部にあるサブシステムに相当します。つまり、バトラーによれば、情念というサブシステムは、道徳的構成原理が徳に適応する際に、すなわち、道徳的構成原理が、人々の社会生活への参加と貢献を可能にする思想と行動の形態に適応する際に、決定的に重要な役割を果たしているのです。

後ほどヒュームとカントを検討する際に、情念とその役割についての両者の説明をバトラーのそれと比較する予定です(3)。だからこうした直観的なコモンセンス心理学上の考察も、取り上げておくべき不可欠の内容にほかならないのです。

第二節　バトラーの方法

さて、情念にアプローチする際のバトラーの方法については、注目すべき重要な点がいくつかあります。

(1) まず第一に、神学的な背景、私がバトラーの「理神論的前提」と呼んだものを見落としてはなりません。バトラーは、よく知られている一神教的な属性をそなえた神が存在すると考えていました。すなわち、この世界を創造し、全知全能であり、慈恵にあふれ、正しく、それゆえに個々の生物や一人ひとりの人間の善を望んでいる神が存在するということを信じていたのです。バトラーは、この前提について何一つ根拠を示そうとはしていません。彼はごく自明のこととしてこの前提を受け入れていたのです。『類比』とは違い、『説教集』は、こうした前提による制約を受けていませんが(とはいえ『説教集』は文字通り説教集ですから、聖書をテクストとした議論が展開されているといった制約は否めません)、(少なくとも私の確信によれば)バトラーが必要だと考えていることの、すべてではないにせよ、大半についての説明が、もっぱらこの理神論的前提から導き出されているということは確認しておくべきでしょう。

実際、こうした前提に立っていたからこそ、バトラーは、私たちの道徳的構成原理(および、この構成原理によって促される思考や行為の仕方)が「私たちの内なる神の声」であると説明することができたのであり(第六説教第八段落、p. 114)、また、別の場所になりますが、私たちの人間本性(つまり、私に言わせれば、道徳的構成原理ということになりますが)は、「人間は神の似姿に造られた」のであるから、神聖なものとみなされなければならないと述べることができたのです(第八説教第一九段落、p. 149)。また、その作品においてバトラーは、私たちの道徳的構成原理を正しく理解するならば、神が人間の道徳的構成原理に何を望んだかということは容易に確信できるということを、実に頻繁に述べています。たとえば第二説教の第一段落(そこでは、良心の権威についての主な根拠が述べられています)においてバトラーは次のように述べています。「ある被造物の真の自然本性が、他のいかなる目的よりも、ある特定の目的に被造物を導き、またその目的に適しているならば、そのことは、その自然本性の造物主がほかならぬその目的をお望みになったということを確信する根拠となります」(p. 51)。ここで重要なことは、バトラーが、かくかくしかじかの属性と意図をもった神が存在するということの根拠を論じているのではないということです。神が存在するということ、そして神が、世界の創造主としての慈恵や正しさと整合的な意図をもっているということ、こうしたことは、彼にとっては自明の前提でした。したがって、私たちの自然本性にそなわっている道徳的構成原理は、当然のことながら、神が私たち人間に望んでいることを開示するはずであり、そこで示される神の意図は、私たち人間と神の関係を踏まえるならば、私たちを拘束する法に相当することになります。私たちの道徳的構成原理をつぶさに検討すれば、私たちが自らの良心の裁決を、権威のある決定的な拘束力(しかもそれは、個別的な事情によって多かれ少なかれ左右される、たんなる影響力とは別物です)をもつものとして受け入れなければならないことは明らかであり、だからこそバトラーは、人間の道徳的構成原理が、神聖であり、神の声であると述べたのです。

第二説教の第三段落で、バトラーは次のようにつづけています。

したがって、私たちの内的な感情と、私たちの外的感覚による知覚は、等しくリアルなものです。ただし、前者にもとづいて生活や行いについて論じるのは、後者にもとづいて絶対的な思弁的真理について論じるのと同じく、批判に耐えるものではありません。……内的感情としての羞恥心について考えてみましょう。恥の感情が恥ずかしい行為を予防するために与えられるということは、目が正しく歩むために与えられているということと同じく、疑いようのないことです(p. 53)。

さらにつづけて曰く。

……内的な感情そのものについて言えば、それがリアルなものであり、人間が自らの自然本性のなかに情念と情をもっているということは、人間が外的感覚をもっているということと同じく疑いようのないことです。後者(感覚)に比べれば、はるかに誤りやすいことは確かですが、前者(情念)がまったくの誤りであるということはありえません(p. 53)。

この段落において重要な点の一つは、バトラーが(欲求、情、愛着と対立する)情念と呼んだものが、人間の道徳的構成原理の重要な位置を占めており、神が人間にどのような行いを望んだかということを明らかにするための手がかりにほかならないということをバトラーが確信していることです。

(2) 理神論的前提に立脚することは次のような帰結をもたらします。まず第一に、それ自体で邪悪な情念などというものは存在しないということになります。というのも、神の意図に属する情念がそれ自体で邪悪ということはありえないからです。たしかに、情念が間違った形で用いられたり、適切な用法を逸脱することはあります(第八説教第三―四段落、pp. 137-138)。しかし、たとえば復讐は、憤慨の間違った使われ方であり、その責任と過ちは私たち人間に帰せられるものです(第八説教第一四―一五段落、pp. 145-146)。邪悪な性格とは、私たちの道徳的構成原理の混乱の状態、すなわち、そうした混乱が発生した場合に道徳的構成原理の要素が間違った形で用いられたり、統制がきかなくなる状態のことです。

理神論的前提から導かれる第二の帰結は、情念には、とくに、少なくとも重要で基本的な情念には、道徳的構成原理全体のなかで果たすべき何らかの役割と任務が必ずなければならないということです。たしかに、一見したところ、情念にそのような役割や任務は何一つないように思われます。しかし、理神論的前提から言えば、そんなはずはありません。したがって、私たちは、その役割と任務を理解するべく、自らの構成要素について省みるよう促されます。とくにバトラーが重視したのは、憤慨の場合です。バトラーの考えによれば、同情という情念の役割と任務は比較的わかりやすいものでした。すなわち、同情の役割とは、とくに他の誰かが苦しんでいて、助けを必要としている場合に、良心の指図と他者への善意という関心とを支援することです。しかし、憤慨という情念については、そもそもなぜそのようなものを私たち人間がもっているのかということが問題になったのです。というのも、バトラーによれば、憤慨という情念は、たとえ(重大な危害とは異なる)軽微な危害を与えた場合に限られるとはいえ、誰か他の人に苦痛と不幸を課すという点において、(間違った使われ方ではなく、適切に用いられた)情念としては、唯一のものであったからです。憤慨がもっているに違いない役割と任務が何なのか、バトラーは考察を試みています。人間の道徳的構成原理について正しい説明を行えば、憤慨の役割と任務が何なのかを明らかにすることは可能になるはずでした。もちろん、おそらくそれは不可能でした。なぜなら、自然の図式とそのなかにおける人間の位置づけは、神の統治の道徳的な図式であり、残念ながら完全な形で把握することができないものだったからです(『類比』第一部第七章「不完全な形でしか把握できない、図式あるいは構成原理として考えられた、神の統治について」を参照してください)。

(3) この問題については、さらに突っ込んだ考察が、第八説教「憤慨について」の最初の段落で述べられています。人間の道徳的構成原理とそのさまざまな部分を検討する際、バトラーはいつも、人間の道徳的構成原理を、あくまでも自然的存在物の構成原理として、その自然的環境の範囲内で検討しています。バトラーは、人間の道徳的構成原理が、その環境や自然的条件に適合していると、すなわち、人間に固有の構成原理とは、人間がおかれている自然的環境によって決定されるものだと考えていました。したがってバトラーによれば、この問題についての検討においては、「人間本性をありのままにとらえ、人間本性がおかれている環境をありのままにとらえなければならないし、そのうえで人間本性と、その環境や、そうした環境に対して人間本性に含まれる個々の情や情念が引き起こす行為や行動との対応関係について考察しなければなりません」(p. 136)。第六説教第一段落、p. 108も参照してください。バトラーは、この問題を扱うのは、自らの研究を、次のような問題についての考察と区別するためだと述べています。すなわち、なぜ私たちはもっと完全な被造物でないのか(換言すれば、なぜ私たちの意識は、その権威に応じた力(影響力)をもっていないのか)という問題や、なぜ私たちはもっとよい環境に恵まれていないのかという問題です。こうした問題は、私たちとは無縁のものです。というのも、こうした問題を考えることは、「不適切な好奇心よりもさらにたちの悪い」過ちの危険を冒すことになるからです(第八説教第一段落、p. 137)。このようにバトラーは、自らの課題が、「なぜ私たち人間には、憤慨のような穏やかでない情念が不要となるような、もっとましな本性や環境が与えられていないのか」という問題ではなく、むしろ、私たちの本性と条件をありのままにとらえたうえで「なぜ、どのような目的のために、そのような情念が私たちに与えられているのか」という問題を考えることであり、その主な目的は、憤慨の間違った用い方を示すことだと理解していました(第八説教第二段落、p. 137)。こうして、彼自身の気質にも導かれつつ、バトラーは、哲学的な思弁や難解な形而上学的探求に携わることを拒んだのです。実際、彼が行ったことの大半は、ありふれた道徳経験のなかに現れる人間の道徳的構成原理についての明白な事実だと彼自身が考えていたものに関することでした。つまり、バトラーの考えによれば、こうした事実は、何か特別の哲学的な教説を用いなくとも発見することができ、何か特別な手続きや方法を用いなくとも利用することができるという意味において、誰にとっても明白なものだったのです。たしかに、バトラーは、人間の本性に説明を与えることができるのは、ホッブズのような、すでに体系的な理論をもっている者だけだと考えていました(第一説教第四段落、注b(pp. 35ff)と、第五説教第一段落、注a(pp. 93ff)を参照)。しかし、ひとたび日常的な道徳経験を注意深く検討すれば、ホッブズが間違っていることは誰の目にも明らかであるとも考えていたのです。換言するならば、偏愛や自尊心などによって人々が自己欺瞞に陥る可能性は認めるとしても（第一〇説教「自己欺瞞について」）、道徳経験という事実について合意することがとくに困難であるという考え方は、バトラーの思想のなかには見あたりません。こうした点を踏まえるならば、情念についてのバトラーの議論には、博物誌に見られるような、明快な経験主義という側面が認められると言えます。ヒュームがバトラーの『説教集』を重視した理由は、それが神学的な背景をもっていたからではなく、こうした経験主義的な側面をもっていたからにほかなりません。バトラーの議論の、ほとんどの部分ではないにせよ、非常に多くの部分は、神学的背景とは無関係のものだったのです。

第三節　同情の役割——人間の社会的本性の一部としての

（1）定義。第五説教第一段落に従うならば、次のように定義することができます。すなわち、同情(compassion)とは、仲間の被造物が善を享受することを望む情であり、そのような情がみたされた場合に感じる喜悦であり、事態がその真逆になった場合に感じる不安である、と。

このように、その定義において、同情は、他人が享受する善に関するものです(そしてこの点において、不正や危害に関係する憤慨とは異なっています)。同情は、どのような人々を対象にするかという範囲において実にさまざまであり、一般的な情です。ある程度まではありますが、すべての人間が含まれる場合もしばしばあります。このことは、バトラーがしばしば言うように、仲間であるという感情についても当てはまります。そしてこの点において、同情を、特定の人に対する情としての愛着や、自分自身に対する一般的な情の一種である自己愛と区別することは難しいと言えます。

冒頭で紹介した同情についてのバトラーのとらえ方は、完全に正しいと言えるようなものではなく、したがって、彼の見解を理解するためには、彼の定義を修正することが重要です。彼は次のように述べています(第五説教)。他人の繁栄を喜び、他人の苦しみに同情するとき、私たちはいわば、他人を自分に、他人の利益を自分自身の利益におき換えているのであり、他人の繁栄や不幸に、自分の繁栄や不幸についての省察から感じるのと同じ喜びや悲しみを感じるのだ、と(pp. 92–93)。しかし、誰か苦しんでいる他人に同情する際、私たちはその人と同じ苦しみを感じているというわけではありませんし、自分がその人と同じような境遇におかれた場合を(可能なかぎり)想像した場合に感じるような何かを感じているわけでもないということ、このことは明らかであるように思われます。つまり、大ざっぱに言えば、あなたが苦しんでいて、私がそれに同情を感じている場合、私は苦痛を感じているわけではなく、その同情によって、あなたを何らかの方法で助けたり、楽にするよう促されているのです。また、誰かに同情をいだくことで、その人と同じ境遇におかれた場合に自分がどのぐらい苦しいかということをあれこれ考えるように導かれることはありません。たしかに、そういうことをあれこれ考えはじめてしまう可能性はあるかもしれませんが、重要な点は、そうしたことをあれこれ考えてしまうということは、同情という感情の本質ではありません。同情の役割は、もちろん悲嘆などの感情をともなってではありますが、誰かを助けたり楽にするために自分に何ができるかを考えるということです。言うまでもなく、バトラーはこうしたことを十分把握していましたし、だからこそ後に第五説教の第五段落において、正しくも次のように述べています。「苦境にある他者が助けを求めており、私たちが同情に直接的に促されて彼らを助けるとき……［この同情の］対象となるのは、救済のために特定の情を［必要としている］他者が目下のところおかれている惨状にほかなりません。……［同情は］同情そのもののなかで自足するものではなく、苦しんでいる人々を助けるべく私たちを突き動かすのです」(p. 97)。また、同じ箇所においてバトラーは、同情という情念を、他の人の幸福に対する祝福の情念とも比較しています。

第四講　利己主義に対するバトラーの反論

第一節　序　論

本日の講義では、第二説教、つまり隣人愛についての二つの説教のうちの最初の方で展開されている、利己主義に対するバトラーの反論について検討します。ここで言う利己主義とは、ホッブズの心理学的利己主義と、同時代に流行していた――あるいは流行しているとバトラーが確信していた――さまざまな利己主義(たとえばマンデヴィルに見られるような)のことを指すと考えるべきでしょう。見落としてはならないことは、バトラーの議論が護教論であったということです。すなわち、彼はコモンセンス道徳教説と徳を擁護するための議論を展開していたのであり、それはまさにキリスト教の信仰に属することでした。バトラーは、コモンセンスの徳に導かれる生活様式が、人格にとって最適な善とは何かをわきまえない愚行ではなく、それどころか、正しく理解されれば、そうした善と完全に一致するものにほかならないということを論証したいと考えていたのです。次回の講義では、良心と自己愛との間に発生すると考えられる葛藤についての検討し、この葛藤をバトラーがどのように解決したかについて私の考えを述べる予定です。この件については、第一二、一三説教が重要になります。

第一一説教(「隣人愛について」)においてバトラーは四つの問題を検討していますが、それらは作品のなかで次のような順番で扱われています。

(1) はたして私的な利益の追求には、自己愛のあまり我を忘れ、他の原理原則を疎かにする状態にまで及ぶ傾向性が認められるのかどうか。この問題との関連でバトラーは、いわゆる「利己主義のパラドックス」(あるいは快楽説のパラドックス)、すなわち、自分の関心事に没頭することにはさまざまな形で自らの幸福を破壊する可能性があるという考え方を導入します。この問題については、第七段落(pp. 190f)で詳細に論じられています。

(2) 第二の問題は、はたして、公的利益の追求と私的利益の追求との間に何らかの両立不可能性はないのかどうかということです。ここでバトラーが言う何らかの両立不可能性とは、個別的であれ一般的であれ、たんなる二つの情の間に生じうる両立不可能性とは異なる、もっと大きなものです。たとえば、バトラーの観察(第一八段落)によれば、他の人々の善のために多くの時間と思考を費やせば費やすほど、自分の善のために費やせる時間と思考は少なくなります。彼にとって問題は、私的利益と公的利益の間に何か特定の、はっきりした両立不可能性があるのかどうかということでした。そして彼は、そんなものが存在しないことを願っていたのです。この問題が最初に検討されるのは、第一〇—一一段落(pp. 194ff)です。

(3) 第三の問題は、精神の他の原理や情とは区別されるところの、自己愛の本性と対象と目的についてです。この第三の問題に対する解答こそが最初に検討すべきものであり、他のすべての問題に対する解答を左右するとバトラーは確信していました。ただ実際の議論の進行においては、彼自身、この順序を厳密に守っているわけではありません。この第三の問題についての最初の検討は、第五—八段落(pp. 189–192ff)でなされています。

(4) 最初の三つの問題を(3)から(1)、(2)へという順番で解答した後、バトラーは第四の問題を取り上げますが、これは問題(1)を一般化したものと考えることができます。すなわち、慈恵や徳や公共善に専心する生活様式は、人々が本来的にもっている自分の私的善への関心と両立不可能ではないのかという問題です。バトラーは、あらゆる情や情念がそうであるのと同じく、慈恵や徳や公共善に専心する生活様式もまた私的善への関心と両立可能だという見解をもっていました。実際、つづけて彼は、慈恵や徳に専心する生活様式に認められる、こうした両立不可能性を払拭するような明白な特徴を列挙しています。この問題は第一二―一五段落(pp. 197-200)で論じられており、また、こうした彼の解答に対する反論については第一七―一九段落で論じられています。第二〇、二一段落(pp. 204-206)には、バトラーがこれ以前の文章で述べている良心の優越性という命題と一見矛盾するような一節、すなわち、良心と自己愛の葛藤についての、あたかも自己愛の優先性を認めているかのように読める有名な一節があります。そこには次のようにあります。「たしかに、徳や道徳的な正しさは、正しいことや善いことを、まさにそれらが正しく善いという理由によって求める情や欲求のなかに含まれています。しかしながら冷静なときに落ち着いて考えてみれば、どのような情や欲求であれ、私たちがそれを正当化できるのは、それが私たちの幸福のためになるか、あるいは少なくとも私たちの幸福と矛盾しないという確信がもてたときに限られます」(p. 206)。この一節やそれに関連するバトラーの記述については、次回の講義で取り上げます。考えなければならない問題は、端的に言ってバトラーの見解が矛盾するものであったかどうかということであり、換言すれば、こうした複数の厄介な記述を文脈に即してとらえ、なおかつ彼の議論の全体を念頭においたときに、はたしてそこから首尾一貫した教説を読みとることができるかどうかということです。たしかに、細かい点を補い、わずかな誤りを正しながら読まなければならないこともあるかもしれませんが、にもかかわらず大切なことは、これから読もうとするすべてのテクストについて言えることですが、あくまでも首尾一貫した解釈が可能であるという前提に立脚しながら読むということなのです。

第二節　快楽主義的利己主義に対するバトラーの異論

快楽主義的利己主義に対するバトラーの異論(述べられているのは第四―七段落ですが、他の箇所でも補足的な観察が示されています)は到底成功しているとは言いがたいのですが、[4] 快楽主義的利己主義を論駁するうえで有効な手がかりとなるような重要な点がいくつか述べられていることも確かです。これについては後世の思想家たちが取り上げていますが(ヒューム『道徳原理研究』の App. II とブラッドリー『倫理学研究』の Essay VII, esp. pp. 251–276 を参照)、[5] ブラッドリーの議論が決定的なものだと思います。そこで、バトラーが展開しているとおりの議論の検討からはじめるのではなく、まずは私がブラッドリーの議論だと理解しているものを要約し、それを踏まえたうえで、快楽主義的利己主義批判においてバトラーがどのような貢献をもたらしたかを明らかにしたいと考えています。こうした作業は、バトラーの定式がどのような修正を必要としているかを理解するうえでも有益だと思いますので。

(1) まずは、理に適った合理的な行為主体の行為に見られるいくつかの特徴の検討からはじめましょう。まず前提として、行為主体は行為のさまざまな選択肢のなかから選択することができますが、その選択は自らがおかれている環境や制約によって左右されると考えられます。選びうる選択肢の範囲は行為主体の力の及ぶ範囲内であり、その範囲内であれば、どれを選ぶことも可能であり、選ばないでいることも可能です。選択可能な行為のうち、行為主体がどれを選ぶかは、行為主体の信念や、欲望や、ありうべき行為の帰結についての行為主体自身の自己理解に従って決定されます。ここで言う「欲望」とは、バトラーが一般的あるいは個別的な欲求や情や情念と呼んだものに相当するもので、私たちはそこに、先ほど引用した一節のなかでバトラーが「正しいことや善いことを、まさにそれらが正しく善いという理由によって求める情や欲求」を含める必要があります。バトラーがこうしたものを情と呼んでいることに注意してください。

(2) 次に、欲望の目的とは、欲望が実現をめざしている状態のことであると考えてください。そうした目的が実現されたとき、私たちはその欲望が成就されたと言います。それはすなわち、欲望が、その目的を実現することによって、それがめざしていたことを成し遂げたということです。これに対し、行為主体がある欲望の成就を認識するか、理性に従って確信するか、あるいは経験したとき、私たちは、欲望が充足されたということにします。

さまざまな活動への参加や実践をまさにそれ自体のために行いたいという欲望についてうまく説明するためには、説明のための言葉遣いを整理し直す必要があります。たんに言い方だけを変えれば済むのかもしれませんが、いずれにしても活動を何らかの状態としてとらえることにはある種の難しさがともなうことがあります。加えて、ここで私たちは、究極の欲望という観念を導入する必要があります。たとえば、何らかの活動に参加したり、ある状態を実現することを、まさにそれ自体のために希求する欲望のことを説明するための観念です。Xを望むのはYの実現のため、YはZのため等々という理由の連鎖は、何らかの終わりをもつ有限なものでなければなりませんし、のみならず、通常は理に適った短さをもたなければなりません。バトラーが述べているように、理由の連鎖が有限で短いという条件をみたしていない場合、私たちは、欲望ではなく不安、すなわち明白な理由をもたない活動への無目的な傾向性によって突き動かされることになります。ここでいう不安とは、いかなる満足もありえない、もっぱら運動の可能性のみをともなった、欲望なき虚無の状態のことを意味しています。

(3) 以上を踏まえることで、大ざっぱにではありますが、行為の意図を次のように特徴づけることができます。すなわち、行為の意図とは、行為者によって予見され、欲望の目的である特定の状態をもたらすために不可欠の事実と手続きで構成される一連の因果関係の連鎖の一部をなすと認められるような、行為のさまざまな帰結のことです。言うまでもなく、こうした行為の意図のほかにも、さまざまな帰結が予見されうるでしょう。たとえば、行為のめざすところに従って、欲求の目的の実現よりも時系列的には後に発生する帰結などです。こうした帰結については、たとえそれが行為主体の意図によってもたらされた帰結とみなされない場合においても、行為主体が予見していたか、予見すべきであった場合においては、そうした帰結に対する説明責任や応答責任が行為主体にあると考えられます。こうしたさまざまな線引きは、いずれも同一の哲学的目的に資するものです。

次に、行為の動機については、これを、行為のめざすところに従って達成が予見される望ましい帰結としてとらえることにします。こうしたとらえ方をすることで、動機は、行為主体を行為へと促す心理学的要素と区別されることになります。この心理学的要素は、環境によってさまざまな説明が可能であり、そこにはたんなる衝動から、思考のなかで行為主体を導く熟慮された計画まで、さまざまなものが含まれます。そしてこの熟慮された思考の文脈の一つに相当するものが、予見された望ましい帰結、すなわち私がたったいま述べた動機にほかならないのです。

(4) ひどく込み入った前おきになりましたが、こうした区別を用いることで、思考に対する利己主義の呪縛を解きほぐすことができるような議論を、簡潔かつ明快に展開することができるのです。それは次のとおりです。私たちが、欲望の充足は必ず、快いか、喜ばしいか、満足をもたらす等々と述べるとき、それらはいずれも記述としては妥当なものです。しかし、だからといって、欲望の目的が必ず、快い経験とか、喜ばしい経験とか、満足をもたらす経験を獲得(あるいは実現)することであるということにはなりません。「欲望の充足は必ず、快いか、喜ばしいか、満足を与える」という記述は、「その動機は必ず、快楽か、喜びか、満足である」ということを含意していませんし、また「快楽や喜びや満足についての思考が、私たちの行為を促す心理学的要素である」ということも含意してはいないのです。

このように考えると、以下の議論は誤りであるということがわかります。

(1) 熟慮された意図的な行為はすべて、私たちの人格のなかにあって私たちを行為へと促している欲望の目的を実現するためになされるか、あるいは実現しようとするためになされます。

(2) ある欲望が成就したとき――つまりある欲望の目的が達成され、かつ、その事実を私たち自身が認識するか、理性に従って確信するか、あるいは経験したとき——私たちの欲望は充足されます。

(3)　欲望の充足は必ず、快いか、喜ばしいか、満足を与えるものです。つまり、欲望がみたされないことは必ず不快である等々ということになります。それゆえに、

(4)　あらゆる欲望の目的とは、実を言えば、こうした快楽(快い経験)にほかなりません。

このような結論を導くことは誤りです。というのも、この議論は、欲望の目的と欲望の充足とを混同することで成り立っているからです。欲望には無限と言ってよいほど多様な目的があり、あらゆる目的にはそれぞれの達成の形があります。上記の議論の誤りは、欲望の充足が快く喜ばしいということを根拠に、あらゆる欲望の達成の形を、快楽や喜ばしい経験として一義的にとらえてしまっていることにあるのです。

バトラーが第四—七段落での第三の問題をめぐる議論のなかで指摘しているのは、まさにこの誤謬なのですが、加えて彼は、上記の議論が二つ目の誤謬を孕んでいることを指摘しています。すなわち、人間のあらゆる行為が一つ以上の欲望によって突き動かされているということ——この認識において、バトラー、ヒューム、カントは三人とも一致しています——と、欲望の充足によって快楽や喜びを得るのが他の誰かではなくあく

までも本人であるということの二つを根拠に、人間を突き動かしているのは、まさに人間の欲望の目的としての、こうした類の快楽や喜びをもたらす経験に違いないと考えてしまう誤謬です。この誤謬においては、人間を突き動かす欲望は本人の欲望であり、欲望の充足がもたらす快楽と喜びは欲望の目的としての本人のこうした経験であるという認識を根拠に、人間の欲望はこうした本人の経験をその目的としなければならないという見解が導き出されています。こうした誤謬に対してバトラーが述べているのは次のようなことです。「あらゆる個別的な情は、自己愛と同じく、間違いなく私たち自身の情［本人の情］であり、それは隣人愛という情についても同じことです。そして、情の充足によってもたらされる快楽は、自己愛がもたらす快楽と同じく、自分自身の快楽［他の誰かではなく、本人が経験する快楽］にほかなりません」。バトラーは議論を次のようにつづけています（意味がとれなかったところを一カ所省いてあります）。「そして、もしもあらゆる個別的な情が本人のもので、その充足がもたらす快楽がもっぱら本人の快楽であるがゆえに……だとすれば、そのような個別的な情は自己愛と呼ばれるほかありません。こうした見方に従うならば、あらゆる被造物は、もっぱら、たんなる自己愛に従って行為することしかできないということになりますし、あらゆる行為とあらゆる情がこの単一の原理に帰着することになってしまいます」。

　バトラーはさらにつけ加えています。「しかし、だとすれば、そのような説明の仕方は、人間の言葉遣いとしては正しいものではありません。万が一、そのような説明の仕方を採ったとすれば、私たちは、次の二つの行為原理の違いを表現する言葉がないことに困ることでしょう。すなわち、その行為が自分にとって有利かどうかという冷静な省察を起点とする行為原理と、たとえば復讐や友情などといった、人がわざわざ骨を折ってまで他人に悪や善をなす際にはたらく行為原理の違いです。この二つの行為原理が根本的に異なるもので、違いを区別するための言葉が必要であることは明らかです。この二つの行為原理の唯一の合意点は、両者がともに、人の自我のなかにある傾向性を起点とし、行為をその充足のためになされるものとして位置づけていることです」(p. 188)。

この重要な第四―七段落においてバトラーは、明らかに、私たちが先ほど準備のために整理しておいた区別を用いています。彼が指摘していることの一つは、心理学的利己主義が本質的で必要不可欠な区別を見落としているということです。私たちが自分の欲望に従って行為するということ、行為が成功した場合、欲望が充足されるということ、こうした欲望の充足はもっぱら行為者本人にとっての充足であるということ、こうしたことはごく自明のことです(そうでない場合など、ありえませんよね?)。しかしながら、心理学的利己主義は間違っています。というのも、明白な経験的事実に示されるように、私たち人間の欲望――欲求、情、情念――にはいくつものさまざまな目的があり、そうした目的は、たんなる快楽だけで尽くすことのできない、きわめて多様な内容を含んでいるからです。

(5) バトラーは、重要な心理学的指摘を、もう一つ試みています。すなわち、私たち人間の心理学的構成原理において、快楽や喜びが欲望の目的となることはありえないという指摘であり、換言すれば、欲望の目的は、快楽以外の何ものかでなければならないという指摘です。快楽や喜びをある種の自己愛としてとらえるには、前提として、私たち人間の構成原理によって何らかの目的を与えられた欲望――欲求、情、情念――が存在しなければなりません。そして、こうした欲望の充足が可能になるためには、欲望とその目的との間に「先行する適合性」が存在しなければならないのです(第三段落)。

さらにいくつかのポイントを補足しておきます。

(1) 先ほど述べた、最後の点について。バトラーはこうした目的のことを外的目的と呼んでいます。もう少しうまい説明を試みるならば、欲望とは、外的事物を必要としたり用いたりする何かを行いたいという欲望のことです。たとえば食べるという行為や、他の誰かを助けるといった行為を例に考えてみてください。このような説明をつけ加えても、バトラーの議論の主なポイントに影響はありません。

(2) 多様な欲望についてもっと明確な区別を行っていれば、バトラーの議論はもっと明快になっていたはずです。たとえば次のような区別です。

(a)　自我の内的な欲望と自我の欲望の区別。前者はさらに以下の二つに区別されます。

(i)　自己中心的な欲望。すなわち自分自身の名誉や権力や栄光に対する欲望、健康や栄養に対する欲望。

(ii)　自己に関係する欲望。すなわち、家族や友人や同国人などの自分と関係のある個人や集団のための名誉や権力に対する欲望。

利己性は、こうした欲望との関係において特定されます。

(b)　他者のための欲望。この欲望は自己中心的でもなければ、自己に関係する欲望でもありませんが、他者のための善に対する欲望を含みます。適切な自己愛という欲望は、次回の講義でお話しする予定ですが、自分の善に対する情でありながら、自分勝手とはまったく異なるものです。

(3)　また、私の見たところでは、バトラーは相異なる二つの自己愛の観念と、相異なる二つの幸福の観念をともに混同し、区別していませんが、以下のような区別がなされるべきです。

(a)　まず第一は快楽主義的な自己愛のとらえ方です。実際、バトラーは、自己愛の目的とは「何らかの意味において内的な、私たち自身の幸福、楽しさ、満足であり……[それが]外的な何かを求めるのは、もっぱら幸福や善を得るための手段として求める場合に限られる」と述べています(第三段落、p. 189)。

(b) 合理的な計画としての自己愛の観念。自分自身の善を確実にするための計画としての欲望成就の順序づけ、計画、調整としての自己愛。たとえば第一六段落の第二センテンスを参照。「幸福とは、何らかの情や欲求や情念が、それらに自然的に適合した本性をもつ目的によって充足されることにこそあります。そして、私たちは、そうした充足のために努力するよう、自己愛によって促されます。しかし、幸福や喜びは自己愛と直接的なつながりはなく、もっぱらそうした充足によって発生します。たとえば隣人愛は、こうした情の一つです」。

快楽主義的な自己愛の観念の難点は、それがあらゆるものを呑み込んでしまう傾向にあることです。計画としての自己愛の観念にそのような側面はなく、むしろ、私たちにとって適切な善のために順序づけがうまく機能するように、直接的な関心が相対的に強い情や欲望を順序づけに適用します。

(4) またバトラーの作品には、後にブラッドリーが快楽の思考と快い思考の区別として提示することになる区別の萌芽を読みとることができます。この後者には快楽主義的な意味合いがまったくありません。それは快楽が欲望の目的であるということを示していないのです。

(5) 最後に、バトラーは、慈恵と徳に専心する生活が、幸福と自然的に両立可能であるということを示したいと考えていました。第一一説教の全体と最後に解答が示される第四の問題を参照してください。慈恵と徳に対する情が失われるとき、私たち人間は、間違いなく醜くなってしまうのです。

第五講　良心と自己愛の間に想定される葛藤

第一節　序　論

本日の講義では、中心的な問題に踏み込むべく、まずそのための手がかりとして、バトラーの見解における対立あるいは矛盾と考えられているもの、すなわち、彼が良心の権威について述べていることと、自己愛について述べていることとの間の緊張関係について検討します。あくまでもこの作業が、中心的な問題に踏み込むためのたんなる糸口にすぎないということは強調しておきます。というのも、私自身はバトラーの議論のなかに対立とか矛盾のようなものはないと確信していますので。重要なことは、バトラーがなぜそのような議論の仕方をしたのかということです。おおまかに言えば、バトラーは、私たちの自然本性が完成に近づけば近づくほど、徳——正義と正直さ——に対する私たちの愛と、彼の言う「真の慈恵」(第一二説教第四段落)は同一のものに変わっていくと考えていました。だとすればそのような慈恵は、さまざまな徳の総和であり、いわば「理に適った被造物のなかにあって、理性によって導かれる原理」(第一二説教第一九段落、p. 223)だということになります。したがって、もう少し表現を整えるならば次のように言えるでしょう。自然的慈恵はより広範なものへと拡大されたのであり、理性の指導すなわち良心あるいは内省の原理の指導と統合されたのである、と。

その一方でバトラーは、さまざまな自己愛についての区別を行っています。まず、いわゆる利益に対する関心という意味での自己愛、言い換えれば通俗的な意味での自己愛が存在します。また、偏狭な自己愛と呼ぶべきもの、すなわち、ほとんど自分の利益のことにしか関心をもたないような人々の自己愛もあります。自然的な慈恵の情や愛着が弱い人々が、自分の名誉、権力、地位、財産などに対していだいてしまう自己愛のことです。繰り返しになりますが、自己愛といっても、もっぱら自分の現世的で不十分な状態にのみ関心を限定するような偏狭な自己愛もあれば、来るべき未来において実現するかもしれない完全な状態にまで視野を拡大する自己愛もあり、その射程によってさまざまです。バトラーの確信によれば、理に適った被造物(つまりは第一―三説教で描かれたような道徳的構成原理をもつ被造物)としての人間にとって相応しい善に対する落ち着いた情という意味での理に適った自己愛の観念を導入し、人間のありうべき完成という状態を含むように自己愛の射程を十分に拡大するならば、徳に対する愛に導かれる生活――正しいことや正義への情によって導かれ、真の慈恵によって突き動かされて生きること――こそが、私たち人間の善を推進するうえで最も望ましい生活様式にほかなりません。そのような生活様式こそが、可能な範囲内での最大幸福を、換言すれば、信じ期待することが理に適ったことであるような幸福をもたらすのです。私たち人間がもっている自然本性とこの世における人間の位置づけを前提とするならば、私たちがいつもその裁決に従っている良心と、自己愛との間には、対立も矛盾もありえません。したがって、私たちは次のように言わざるをえません。すなわち、良心とは理性の教化を受けた真の慈恵であり、自己愛とは、十分に広範な射程のもとにとらえられた人間の適切な善に対する落ち着いた情という意味での理に適った自己愛として解釈されなければならない、と。

率直に言って、こうした説明には哲学的深みがほとんど感じられません。これでは「神の存在を前提に、徳には天国での祝福という報いが、悪徳には地獄の業火で焼かれるという報いが与えられると考えれば、良心と自己愛の間に対立などありえない」と言っているようなものです。こうした説明においては、「なぜ道徳的でなければならないのか」というお馴染みの問題に、あまりにも明白な解答が用意されているわけですから。しかし、バトラーの解決策についてのこうした解釈は、第一一から一四説教で述べられていることを完全に見落としています。すなわち、そこでバトラーは、慈恵と自己愛についてのいくつものさまざまな観念を検討する道徳的心理学を展開し、こうしたさまざまな観念を、慈恵や自己愛のより高次の、より完成された形態としてとらえる方法を示唆しているのです。そこにおいて慈恵は、良心あるいは内省の原理としての理性によって、拡大し、一般化し、教化し、指導することが可能なものとしてとらえられています。そして、隣人愛や神の愛が人間の真の幸福や最も高次の形態における自己愛に最も適合しているというバトラーの説明を可能にしているのは、こうした道徳的心理学にほかならないのです。バトラーから学ばなければならないのは、むしろ彼の道徳的心理学の原理であり、それらの原理からこうした結論が導き出される際の論理の筋道です。

バトラーの道徳的心理学を検討するに際し、とりあえず、あの世での報いという観念は無視して考えてください。というのも、あの世での報いという観念は、ここでの議論において本質的な役割を果たしてはいません。バトラーの心理学のかなりの部分は――もちろん、すべてではないでしょうが――非宗教的で世俗的な類比を用いることで解釈することが可能です。そうした解釈ができない場合でも、神を、あの世での報いを与える存在としてではなく、理性や善の完成形態としてとらえなければなりません。実際のところ、神の視点《ヴィジオ・ディ》は第一三―一四説教において重要な役割を果たしており、人間の真の幸福や適切な善の成就として位置づけられています。ここで私が言いたいことは、この観念を真剣に受け止めるかどうかで、バトラーの道徳的心理学の原理や、その機能の仕方が、影響を受けることはないということです。

第二節　バトラーの議論が首尾一貫してないとみなされる理由
――良心と自己愛について

以下、関連するいくつかの文章を検討していきます。

(1) 説教集の序文の第二一段落で、バトラーは、私たち人間の幸福こそが明白な義務だと述べています。しかし事情によっては、人間の幸福という義務が、良心の命じる義務と対立する場合があります。この対立を、バトラーは良心の側に立って解決しています。すなわち、彼によれば「しかし実際のところ、利益の側の義務は揺るがぬものではありません。というのも、内省の原理の自然的な権威こそは、最も身近で馴染み深く、最も確実で最もよく知られている義務だからです。それに対し、これに対立する側の義務は、せいぜい、たんに蓋然的な義務のように思われているにすぎません。なぜなら、それが誰であれ、いかなる環境においてであれ、人は、この世で悪徳が自分の利益であるということを確信することができませんし、まして、あの世でそれを確信できないことは言うまでもありません。したがって、確実な義務の方が、不確実な義務を完全に退け、消滅させてしまうのです。不確実な義務は、確実な義務をともなわなければ、その実力を行使することすらできないのです」(第二一段落末尾、pp. 15–16)。このように、この一節では、問題が、良心の方がより身近で馴染み深く、より確実でよく知られているという認識にもとづいて解決されています。ここでバトラーは、環境がどうあれ、この世で悪徳が自分の利益であるということを確信することはできないと述べています。しかし実際にはときおり、そのことを確信できるという人がいます。いずれにしても、バトラーのここでの説明は、良心の権威がつねに優位を占めている根拠としては説得的でありませんし、不十分です。

(2) 第三説教第一三段落で述べられていることもまた、同じような印象を与えます。バトラーによれば、理に適った自己愛と良心は、人間本性において同等に優位を占める原理であるとみなされます。

理に適った自己愛と良心は人間本性において優位を占めている主要な原理です。というのも、ある行為がこの二つの原理に従ってさえいれば、他のすべての原理を逸脱したとしても、その行為は人間本性に適合している可能性があるからであり、また、この二つの原理のどちらかを逸脱するような行為は、間違いなく人間本性に不適合だからです。私たちが自分の本当の幸福を理解していれば、良心と自己愛は私たちを必ず同じ方向に導きます。義務と利益の完全な一致は、この世でもほとんどの場合に成り立ちますし、あの世について言えば、あらゆる場合に、すべてのことについて、完全に成り立ちます。このことは、事物の善にして完全なる管理という観念のなかに示唆されています。したがって、この世において自分の表面的な利益のことだけを考え、他人を傷つけ犠牲にしてきた賢しらな者たちは、最終的には次のことに気づくでしょう。すなわち、良心とさまざまな関係を損なうよりも、この世でのすべての便益を放棄することを選んだ者の方が、はるかに自分のためになることを行っているのであり、自分自身の利益と幸福とを確かなものとしているのだということを(p. 76)。

このように、ここでもまた同じことが述べられています。すなわち、おそらく従うべきは良心であり、その理由は義務と利益が完全に一致しているからで、どちらかと言えば良心の方がより安全な導き手であり、人間にとって権威のあるものだから、というものです。

(3) おそらく最も驚くべき一節は第一一説教第二一段落に見られます。「たしかに、正しいことや善いことを、まさにそれらが正しく善いという理由によって求める情や欲求のなかには、徳や道徳的な正しさが含まれています。しかしながら冷静なときに落ち着いて考えてみれば、どのような情や欲求であれ、私たちがそれを正当化できるのは、それが私たちの幸福のためになるか、あるいは少なくとも私たちの幸福と矛盾しないという確信がもてたときに限られるのです」(p. 206)。

ここでバトラーは、同時代に流行していた自己利益教説からの激烈な批判に対し、宗教やコモンセンス道徳を擁護することを試みています。ここで言われている「冷静なときに落ち着いて考えて」みた場合に、どのような自己愛の観念に依拠すべきなのか、バトラーは何も述べていませんので、この一節が、すでに冒頭で述べたような、私がおおまかに理解した範囲でのバトラーの立場と矛盾しているということにはなりません。とはいえ、私には、ここでバトラーが、とにもかくにも良心こそが最高の権威をもっているという見方に立ち戻っているとは思えないのです。私たちは、彼が第三説教第六段落(p. 71)で次のように述べていたことを忘れてはなりません。「良心は、私たちに、ただ歩むべき道を自ら示すだけでなく、その道に権威を付与します。すなわち、良心とは、私たちにとって、自然的な道標であり、この道標は、自然の創造主によって与えられたものにほかなりません。したがって、それは、私たちの存在の条件に属しており、私たちの義務は、何の咎めも受けずにそうした道を踏み外すことができるかどうかについて頭を悩ませることなく、ただひたすらにその道標に従い、示された道を歩むことなのです」。つまりバトラーによれば、それは私たちが神から与えられた道標で、私たちの義務はそれに従うことです。また、ご記憶のとおり、短論文「徳の本性について」の一節によれば、私たちの良心には、最高の幸福やそれとほぼ同義のものと解釈された慈恵とは異なる何かが含まれていることになっています。真の慈恵とは、あくまでもこうしたさまざまの観念が許容する枠内での、正しさや正義などに対する情としての、そして、他の人々の善に対する情としての慈恵にほかならないのです。

　以上をまとめますと、ここで紹介した文章――それらは実に厄介なものでありましたが――は、すでに示されているバトラーの一般的な解決策と矛盾するものではありませんでした。わかりにくさの一因は、おそらく、バトラー自身が『説教集』の序文において、この第一三、一四説教についてほとんど何も語っていないことにあります。そのため、ともすればこの部分は、見過ごしてよい程度のものとして軽視されてしまう可能性もあります。とはいえ、バトラーが慈恵、自己愛、幸福といったさまざまな観念についてつぶさに検討し、彼自身の道徳的心理学の原理について詳論しているのは、まさにこの部分であることも確かです。

第三節　バトラーの道徳的心理学のいくつかの原理

(1)　前回の講義で検討した次のような原理からはじめましょう。「憤慨であれ、慈恵であれ、学芸の愛好であれ、あらゆる個別的な情は、等しく、それ自体の充足のための行為を、換言すれば、私たちの自己充足のための行為を惹き起こし、そうした充足はつねに喜悦をもたらします。このように、あらゆる個別的な情が等しく私的利益を尊重していることは明らかです」(第一一説教第一四段落、p. 197)。

しかし「こうした充足は、情の目的ではありません。というのも、快楽そのものの熟慮された追求は、快楽を目的としないような情の存在を前提としているからです」。注目すべきことに、第一三説教第一三段落(pp. 239-240)でバトラーは、私たちに神を愛する義務があるのは神のためなのかそれとも私たち自身のためなのかという問いの立て方は、たんなる言葉の誤用にすぎないと述べています。同じような指摘を、彼はホッブズや他の利己主義信奉者に対しても行っています。私たち人間は、神を、自らの(理性の教化と指導を受けた)真の慈恵の最高で最適な目的として愛さなければなりませんが、その一方で、この愛のなかに私たちが見出す喜悦が私たちの自然本性の完全な充足を構成しており、それゆえ、自分の真の幸福を求める私たちの理に適った自己愛の要望に応えているということもまた確かなのです。ここでバトラーが用いている区別は、すでに私たちが、神への完全な愛と人間に固有の善との間に対立が存在しないということを示すために検討したものにほかなりません。

(2)　徳と公共善に対する情である慈恵については、慈恵を他の情一般と区別しているいくつかの重要な原理が存在します。

(a)　第一のものは、第一一説教第一六段落(p. 201)の次の一節に示されています。「徳の原理としての隣人愛は……他の人々の善を推進しようと努力する良心によって充足されます。しかし、隣人愛を自然的な情ととらえるならば、その充足は、まさにそうした努力が実際に達成されることにあります」。

しかし、こうした事実はどう説明すればいいのでしょうか。バトラーはここでは事実の存在をただ認めているにすぎません。ここで事実として述べられていることは、一つの基本的な原理なのでしょうか、それとも何らかの基本的な原理から必然的に導き出されることなのでしょうか。この問題への答えは、おそらく第一二説教第二三段落(第一三説教第七―一〇段落も参照してください)に見出すことができます。そこにおいてバトラーは次のように述べています。「人間本性の構成原理は、すべての善い情がそれ自体に対する愛をともなうように、つまり、すべての善い情が同一の人格において新しい情の目的となるように組み立てられています。したがって、正しくあるということは正しさに対する愛を含んでおり、慈恵をもつということは慈恵に対する愛を含んでおり、善くあるということは善に対する愛を含んでおり、それは自分自身の精神においてであれ、他人の精神においてであれ同じことです。そして、完全に善なる存在としての神に対する愛とは、まさに、一人の存在あるいは人格のなかに予期された完全な善さに対する愛にほかならないのです」(p. 228)。

同じことは第一三説教の第三段落(p. 230)と第六段落(pp. 234f)でも述べられていますが、そこには次のようにあります。「正義や、善や、正しさの原理を目的として観想するならば、正義を守る人、善い人、正しい人であるということが、正義や、善や、正しさに対する特別な情あるいは愛をともなっていることは明らかです。いまかりに、それ自体を目的とする何らかの原理に対して肯定的な評価あるいは情をもっている人がいると考えてください。その人は、環境が許せば、その原理を自分自身の精神のなかにも、他の人の精神のなかにも、つまり彼自身のなかにも、隣人のなかにも同様に見出すでしょう。こうしたことがあるがゆえに、私たちは、善い性格に対して高い評価を与えたり、道徳的な愛や情をいだくのです」。このことは、どの程度であれ自分のなかに真の善さをもち、他の人々のなかにも同様の原理が存在することに気づく人であれば、誰にでも当てはまることです。このことを反照的(反省的)情の基本原理と呼ぶことにします。すなわち、善い情――徳に対する情のことです――はそれ自体に対する情を発生させるという原理です。(6) なぜ良心に背くことが必ず自責の念をともなうのかということもこれで説明がつきます。悪徳は、必ず自分のなかの悪徳に対する嫌悪感を発生させるのです。

(b) 次に、愛を発生させる二つの原理について。第一は、第一三説教第七―八段落(pp. 234–235)で述べられている優れた卓越性の原理。第二は、第一三説教第九―一一段落(pp. 236–238)で述べられている互恵性の原理、すなわち、私たちの便益と善のための善い意図と行為は自然的な感謝と見返りの愛を発生させるという原理です。

(c) また、こうした原理については、ある基本的な前提があります。すなわち、こうした原理――とくに反照的(反省的)な愛の原理――は、私たちが道徳的な善さ、換言すれば、私たちの精神や性格のなかの善さに対する情をもっていない場合には機能しないという前提です(第一三説教第九段落、p. 236)。

(d) 適切な望みの原理(第一四説教第三段落、p. 244)。バトラーはこの原理を、神への服従(恐れ - 希望 - 愛)と結びつけて説明しています。

「神の意志に対する服従こそは、敬虔のすべてです。そこは、すべての善いものが含まれた、最も落ち着いた精神の平静と安らぎの源です。私たちの自然本性には、こうした一般的な服従の原理もそなわっているのです」。

（e）連続性の原理（第一三説教第一二段落、pp. 178f）[7]。

補遺　バトラーについての補足事項

バトラーにおける重要なポイント

（近代の道徳哲学の二大源泉は、ホッブズとバトラーです。ホッブズは問題提起を行った思想家、換言すれば、論駁の対象となった思想家であり、バトラーは、ホッブズが提起した問題に対して深い意味をもつ解答を与えた思想家です。）

（1）権威対強度。

（2）短論文《ディサティション》で述べられたREの観念は、ここからはじまります[8]。

（3）方法について。「人格的同一性についての短論文」最終段落。

（4）ホッブズと対抗関係にある利己主義。バトラーは道徳的プロジェクトが、人間の自然的欲求などの自我のさまざまな部分だけでなく、別の単一の部分をも構成していると考えていました。カントはこの考え方を、R＋R（合理的かつ理に適った（Rational and Reasonable））な存在としての自我のML（道徳法則（Moral Law））と結びつけることによって、さらに深めています。

(5) 短論文においてバトラーは、道徳感覚についてのハチスンの説を攻撃しています。

(6) バトラーの一般的な方法は、経験への訴えかけです。しかし、経験には(3)の文献にあるように)道徳的対非道徳的、記憶対非記憶といった相異なる種類があります。

(7) ヒュームはバトラーに、次の二つの方向から応答しています。

(a) ヒュームは、バトラーが用いている権威対強度という区別について、穏やかな情念対激しい情念という区別によって説明しようと試みています。

(b) ヒュームは、功利主義(ハチスン)の正議論についてバトラーが展開した批判に対し、自然的な徳と人為的な徳の区別によって応答を試みています(ヒュームは、正義が必ずしも有益ではないというバトラーの見解が正しいと認めています)。

(8) バトラーは、すべてを説明し尽くそうとはしていません。彼は、私たちの道徳的な経験が与えるものを深く掘り下げたり、体系化したりしようとはしませんでした。体系的な理論は彼の望むところではなかったのです。私たち人間は救済のために十分な知識をもっており、私たちにとっての義務は、その知識を明晰かつ確実なものにすることにほかなりません。

スタージョン…『フィロソフィカル・レヴュー』掲載のバトラー論(シュニーウィ

ンドによれば誤った解釈です)。

ヒューウェル『倫理学史』のバトラーの章…「バトラーが集めたデータは正しい。私たちの課題は、それをもとに理論を構築することだ」(云々)。

(9) こうした議論とカントとの――その理に適った信仰の観念を含めた――関連づけ。

(10) バトラーは道徳の権威の新しい基礎を提示しています。すなわち、啓示でも神の意志でもなく、(コモンセンスと良心にとって利用可能な)道徳経験という基礎を。

全文。

良心とその権威について

序文第二四―三〇段落、とくに第二六―二八段落。第一説教第八―九段落。第二説教

人間の社会的な本性について

第一説教第九―一三段落、とくに第一〇、一二段落。

人間のなかには自己嫌悪、自己目的として他人に危害を与えたいという欲求、不正、抑圧、裏切り、忘恩などといったものは一切ありません(カントも同様のことを述べています)。

序文第二六―二八段落…良心に背くことは、必ず自らを叱責することになります。し

たがって、良心に背くことは「真の自己嫌悪」を必ずともないます。

良心と自己愛との葛藤

序文第一六―三〇段落、とくに二四段落。第三説教第九段落。第一一説教第二〇段落。

『類比』p. 87, p. 87 の脚注。

自己愛の宗教的かつ世俗的な関心。pp. 70f を参照。

『類比』における良心

(1) 逸脱すれば、必ず自己叱責がともないます。―p. 111

(2) その命令は、制裁を含む神の法です。―p. 111

良心と自己愛との葛藤(関連する複数の記述)

序文…

自己利益との葛藤、すなわち適切な対処法のない幸福との葛藤についてのシャフツベリの説。―第二六段落。第二七―三〇段落も関連

良心の確実な認識によって解決される葛藤。―第二六段落

第一説教…

第一五段落…良心と自己愛は同等に扱われているように思われます。

第二説教…(良心と自己愛との比較は回避されています。)
心のなかにある至高の良心原理。—第八、一五段落
第三説教…第六—九段落の議論。
私たち人間にとって、偏狭な自己利益なるものはありえません。—第六、七段落
一般的な満足を最大化する(現在の世俗的な)自己利益は
徳やそれが生活において示す方向性と一致します。—第八段落
また、この一致は、事物の最終的な配置においてもたらされます。—第八段落
適切に理解すれば良心と自己愛は同等ですが、私たち人間は必ず良心に従うべきです。—第九段落
第一一説教…第二〇、二一段落。

バトラーの目的…私たちに自分自身のありようを示すこと。—第二説教第一段落
良心について
人間本性の構成原理における良心の役割について
人間本性の各部分の配置(構成原理=有機的組織《エコノミー》)。—序文第一四段落
人間本性の構成原理の決定的な特徴は良心の至上性です。—序文第一四段落
すべての部分が良心に統治されているということが、人間本性の構成原理あるいは

体系という観念をもたらします。―序文第一四段落。この体系は徳に適合するようつくられています。―序文第一四段落
私たちの構成原理にはときおり混乱が発生しますが、そのために構成原理でなくなるということはありません。―序文第一四段落
良心と自らの構成原理をもつがゆえに、私たちは、道徳的な主体であり、責任能力のある存在なのです。―序文第一四段落
私たちの本性と矛盾する最たるものは悪徳と不正です。―序文第一五段落
私たちの本性の構成原理は、私たちに、自らを良心によって統治するよう要求します。―序文第二五段落
私たちの構成原理は、私たちをして自らに対する法たらしめ、私たちがその制裁について疑いをいだいている場合でも、私たちを制裁の対象にします。―序文第二九段落

良心の権威について―序文第一六―三〇段落
特定の原理あるいは行為などに対する同意としての良心。―序文第一九段落
良心とその権威は、人間を動物から区別しているところのものです。―序文第一八―二四段落
良心は、私たちの構成原理を絶対的に指導する資格をもっています。―序文第二四

段落
この資格は、影響力の強さに左右されるものではありません。—序文第二四段落
シャフツベリの誤りは、強度に決定的な位置づけを与えてしまったことです。—序文第二六段落
なぜ良心が優位を占めるのか。……確実性と権威の観点からの認識論的議論。—序文第二六段落
良心に背けば、必ず自己叱責と自己嫌悪をともなわざるをえないということ。—序文第二八段落
良心と自己愛との葛藤。—第一六—三〇段落
良心の権威は、宗教ではなく、私たち自身の精神に由来します。—『類比』第一部第七章第一一段落
良心は、人間本性の他の要素を統治し、統制するために不可欠です。—第二説教第八段落
不均衡にもとづく議論。—第二説教第四〇段落
方法と直観主義
クラークなどとの関係。—序文第一二段落
バトラー独自の方法としての道徳的事実への訴えかけ。—序文第一二、二七段落。

第二説教第一段落

道徳経験という独特のもの《スイ・ゲネリス》への訴えかけ。—序文第一六段落

個々人の心と自然的良心の道徳的感覚への訴えかけ。—第二説教第一段落

（事物の知識についての感覚への訴えかけと比較しなさい。）

恥などの道徳的な情念とその役割への訴えかけ。—第二説教第一段落

こうしたものがすべて間違いであるとは言えないということ。—第二説教第一段落

なぜ私たちの本性は社会的なのでしょうか？

(1) 根拠——欲求や情などが存在すること（憤慨《ルサンチマン》、同情については、第一一、一二説教を参照）。

(2) 根拠——一般的な慈恵原理。

(3) 根拠——良心の文脈。

(4) 根拠——理に適った自己愛の導きによって、私たちが社会的になっているという事実。

人間本性の構成原理は現実的なものなのか、それともたんに理想的なものにすぎないのでしょうか？

(1) その各部分は、良心を含め、現実的です。

(2) 人間本性の構成原理は、混乱する可能性があるという点において理想的なものです。また、人々は一般的に良心に従っているわけではありません。

(3) 人間本性の構成原理が明確な形をとって現れるのは、中立で公平な精神の人が、冷静なときに、その良心によって現実的な判断を下す場合においてです。

(4) したがって、この構成原理は、一般的に良心に従って行為した場合の私たち人間のありようです。

(5) こうした構成原理と良心の至高性のおかげで、私たちは自分自身にとっての法となることができます。すなわち、そのおかげで私たちは、責任能力のある道徳的で理に適った主体でいることができるのです。

(6) バトラーならば次のように言うでしょう。これらのことはすべて、私たちの道徳経験という事実にもとづいている、と。

バトラーは、たとえばクラークと同じく、直観主義者なのでしょうか?

序文

バトラーはクラーク風の直観主義を受け入れています。—序文第一二段落

バトラー自身の方法。—序文第一二段落以下

事実問題としての道徳経験への訴えかけ。—第一二、二七段落

人間本性の構成原理(あるいは有機的組織)。—序文第一二段落以下、第一四段落
さまざまな部分について。—第一四段落
さまざまな部分の関係と良心の至高性。—第一四段落
目的…徳への適応。—第一四段落
　時計が時を告げるように。—第一四段落
混乱は大きな問題ではない。—第一四段落
構成原理の混乱に対して責任のある主体の構成原理。—第一四段落
人間本性と矛盾する最たるものは悪徳と不正。—第一五段落
　貧困と苦痛が含まれない理由。—第一五段落。第二説教第二段落
自己愛の原理。—第三五段落
個別的な情念と欲求。—第三五段落
さまざまな人間の動機について、順を追って。—序文第二一段落
良心の権威という観念。—第一四、一六、一九段落
ハーディングについてのさまざまな種類の道徳経験。—第一六段落
良心は私たちの構成原理の他の部分に対して権威をもっています。—第二四段落
この権威は、強度とは区別されます。—第二四段落
良心の権威は、賛同を反映しています。—第二五段落

シャフツベリ批判…彼はこうした権威を見落としています。—第二六—三〇段落
良心と理性的な自己愛との葛藤。—第二六、四一段落。第三説教第五—九段落。第一一説教第二〇、二一段落
必ず良心に優位が認められる理由(認識論的説明)。—第二六段落
利益と自己愛への訴えかけ。—第二八段落
良心に背くことは、自己叱責と自己嫌悪をともないます。—第二八段落
人間は、自分自身に対する法です。—第二九段落
刑罰が信仰をもたない者に対しても有効である理由。—第二九段落
シャフツベリ説への同意…徳は幸福へ、悪徳は悲惨へ向かうということ。—第二六、三〇段落
義務についての証明…私たちの本性と条件が要求すること。—第三三段落
道徳経験という独特のもの。—第一六、二四段落

第一説教
徳と私たちがそのもとに生まれる自然法。—第二段落
私たちの構成原理の全体は徳に適合するようつくられています。—第二段落
人間の社会的本性…私たちの構成原理の各部分の相補性。—第四段落以下、第一〇段

落

私たち人間は社会と自分自身の善のために生まれました。―第九段落

慈恵の原理。―第六段落

自己愛の原理。―第六段落。(冷静な自己愛)第一四段落。第二説教第一〇、一一段落。

『類比』第一部第三―七章

慈恵と自己愛との一致。―第六段落。第三説教第九段落。第三説教第五―九段落も

参照。

情念に対する優位。―第二説教第一〇、一一段落

個別的な情と情念。―第七段落

慈恵や自己愛の原理との違い。―第七段落

こうしたものが神の手段とみなされる理由。―第七段落

内省あるいは良心の原理。―第八段落

根拠――道徳経験への訴えかけ。―第八段落

人間本性はどういうものでないかということ。…

自己嫌悪。―第一二段落

反感。―第一二段落

不正に対する愛。―第一二段落

不正や悪行の原因。—第一二段落。広義のそれについては、第五六段落

人類の大多数が見た人間の本性。—第一三段落

良心の権威対影響力。—第二説教第一—八、一二—一四段落。第三説教第二段落

自然的であるということの意味。—第二説教第八段落

良心の任務。—第二説教第八段落。第三説教第二段落(管理・統括すること)

私たちをして自らに対する法とならしめること。—第二説教第四、八、九段落。第三説教第三段落

特別な大権、すなわち良心の自然的な至高性。—第二説教第八、九段落。第三説教第二段落

自然的ならざる行為の具体例。—第二説教第一〇段落

神は良心を、私たちの適切な支配者として、私たちの構成原理のなかに設けました。—第二説教第一五段落。第三説教第三、五段落

公平な精神の持ち主であれば(哲学の)原理や規則の助けがなくとも正邪を識別することは可能です。—第三説教第四段落

私たちの内には、正しさの規則があるということ。—第三説教第四段落

良心には独自の権威がともないます。…服従の義務は、それが私たちの本性の規則だという根拠にもとづいています。—第三説教第五段落

神の声としての良心。―第三説教第五段落(バーナードの解釈)。次も参照。『類比』第一部第三章第一五―一六段落。第一部第七章第一一段落。第二部第一章第二五段落。第一部第三章第一三段落

私たちの本性に適したものとしての徳。―第三説教第九段落

経験への訴えかけ。―第二説教第一、一七段落

バトラーの目的。―第二説教第一段落

良心と自己愛は同等である。―第三説教第九段落

注

(1)「理に適った」(reasonable)と「合理的な」(rational)の区別については、ホッブズについての講義を参照。

(2)［第一説教第一〇段落の全文は以下のとおり。――編者］

「そして、このように全体を見れば、人間本性について、これまで言われてきたものとは異なる、別の見取り図が得られるに違いありません。人類はその本性において互いに密接につながっており、誰かの心中の気持ちは魂の共鳴によって他の人々の心中にも伝わってしまうので、人々は、身体の痛みと同じぐらい気持ちを傷つけられることを忌避し、外面的な財を得ることと同じぐらい誰かに誉められたり愛されたりすることを望むのです。多くの個別的な事例において、人々は、その情の目的に従って、他の人々に善を行うよう導かれます。

そして、人々がこうした一連の行動のなかで、真の満足と喜びを得ていることが明らかになります。同じ道を歩んだことや、同じ土地の空気を吸ったことや、同じ地区で生まれたことが何年も後に親近感や身近さを産み出す機会となるという引き寄せの原理、すなわち人と人とを引き寄せる自然的な原理が存在します。というのも、あらゆることが、この目的のために資する可能性をもっているからです。このように、人々は、かりそめのものにすぎないとしても、結びつきを求めます。それも、統治に関わる人々ではなく、最も身分の低い人々が求めるのです。そうした結びつきへの欲求があれば、どれほど友愛や組織力が乏しくても、人々は集うことができるのです。たしかにそうした機会は弱い結びつきだし、人々を統一する真の原理と考えるには、滑稽なほど無力です。しかし、それはあくまでも機会にすぎず、重要なのはむしろ、その機会において、われわれの本性が予めそなわった傾向性に従ってわれわれを導くということなのです。機会はあくまでも機会にすぎず、こうした自然本性の傾向性がはたらくということがなければ、それ自体はまったく空虚なものでしかありません。人々の集まりは、まさに一つの体のごとくであり、人々は独特の仕方で、羞恥心や、突然の危機や、憤慨や、名誉や、繁栄や、悲嘆の感情を互いに分かちあう。一人ひとりがみな、一般的な社会的本性や慈恵によって、自然的なつながりや、親近感や、保護や、依存という結びつきの機会へと導かれていく。これらはいずれも社会をまとめる特別な接着剤です。したがって、人はその行動において他人からの制約を受けず、他人のことを配慮することもないという考え方は、自分自身のことを、単独で独立した存在、同じ被造物である他の人々に対する敬意を本性上もたない存在、たんなる行為や実践に還元されてしまう存在にすぎないと考える頭でっかちの思弁がもたらした誤謬です。それは、手などの体の部分の一つひとつが、他のすべての部分や体全体に対して自然的な敬意をもっていないと考えるのと同じく、間違っているのです」。

（3）［ここで言及されているヒュームとカントについての講義については次を参照。John Rawls, *Lectures on the History of Moral Philosophy*, ed. Barbara Herman (Cambridge, Mass.: Harvard University Press, 2000).〔『ロールズ 哲学史講義』〕——編者］

（4）とりわけ第一三段落の基本的な心理学的原理についての記述を参照。

（5）F. H. Bradley, *Ethical Studies* (Oxford: Oxford University Press, 1927).

（6）すでに引用した第一一説教第一六段落(p. 168)の説明を参照。本節(2)(a)で言及したバトラーの記述も参照。

（7）［この原理がどういうものかは明らかではない。講義録はここで唐突に終わっており、これ以上の説明も要約も記されていない。——編者］

（8）［「RE」とは反照的均衡(reflective equilibrium)を指しており、「短論文で述べられたREの観念」の「短論文《ディサティション》」とは、バトラーの「人格的同一性についての短論文《ディサティション》」か、あるいはロールズ自身の博士論文《ディサティション》、および同論文でいくつか示された反照的均衡についての説明——「倫理学にとっての決定手続きの概要」(一九五一年)として刊行され、Rawls, *Collected Papers*, ed. Samuel Freeman (Cambridge, Mass.: Harvard University Press, 1999)に第一章として収録された〔田中成明編訳『公正としての正義』木鐸社、一九七九年に所収〕——を指していると考えられる。——編者］

講義概要

哲学一七一――政治と社会の哲学（一九八三年春学期）

この講義では、社会契約説と功利主義を取り上げ、そのいくつかの見解について考察します。いずれも、哲学的な教説としてのリベラリズムの発展において、重要な位置を占めてきた考え方です。リベラリズムに批判的な政治哲学者として、マルクスも取り上げる予定です。時間に余裕があれば、最後の方で『正義論』と現代のさまざまな見方についての議論を扱いたいと考えています。講義では、かなり深い理解に到達したいので、議論の焦点は絞り込みます。

A 序論

B 二つの社会契約説（三週間）

1 ホッブズ

a 人間本性と自然状態の不安定

b ホッブズの命題と平和条項

c　主権者の役割と権力

2　ロック

a　FLN（根本的自然法）の教説

b　社会契約と政治的権威の限界

c　正統な国制＝憲法と不平等の問題

C　二つの功利主義（三週間）

1　ヒューム

a　社会契約論に対する批判

b　正義、所有権、効用原理

2　J・S・ミル

a　効用原理の修正

b　自由原理と自然権

c　女性の隷属と近代世界の原理

d　私有財産、競争的市場、社会主義

D　マルクス（二週間半）

a　正義のさまざまな構想の役割

b　イデオロギー意識の理論

c 疎外と搾取の理論
d 合理的な人間の社会という構想
E 結論——現代のいくつかの見解
a 『正義論』の思想的な骨子の素描
b 他のさまざまな見解との関係

テクスト
• ホッブズ『リヴァイアサン』マクファースン編(ペリカン・クラシックス)
• ロック『統治二論』ラズレット編(ニュー・アメリカン・ライブラリー)
• ヒューム『道徳原理研究』(リベラル・アーツ)
• J・S・ミル『功利主義』『自由論』(ハケット)、『女性の隷属』(MIT)
• マルクス『選集』マクレラン編(オックスフォード)

講読の範囲
• 『リヴァイアサン』第一部のとくに第五—一六章、第二部の全文
• 『統治二論』第二篇全文
• 『道徳原理研究』全文と「原初契約について」(コピーを使用)。

- 『功利主義』全文、『自由論』のとくに第一―三章
- 『女性の隷属』全文
- マクレラン編のマルクス『選集』から、『ユダヤ人問題に寄せて』#6、『経済学・哲学草稿』#8、『ジェイムズ・ミルについて』#10、『フォイエルバッハ・テーゼ』#13、『ドイツ・イデオロギー』#14、『賃労働と資本』#19、『経済学批判要綱』からの抜粋#29、『資本論』、『ゴータ綱領批判』#40

講義は月曜日と金曜日に行われます。学期末試験と約三千語のターム・ペーパーの提出が課せられます。

訳者あとがき

本書は、John Rawls, *Lectures on the History of Political Philosophy*, edited by Samuel Freeman (The Belknap Press of Harvard University Press, 2007) の全訳である。

著者のジョン・ロールズについてはすでに多くの紹介がなされているので、ここではごく簡単に紹介するにとどめたい。一九二一年、アメリカ合衆国メリーランド州ボルティモアに生まれ、プリンストン大学に学んだ(一九三九―四三年)。陸軍兵士として軍務に就いた後、一九四六年にプリンストン大学大学院に復学し、学位を取得(一九五〇年)。その後、コーネル大学、マサチューセッツ工科大学勤務を経て、一九六二年にハーバード大学教授に就任。一九七一年に、政治哲学史上の古典《キャノン》としての地位をすでに得ている、主著『正義論』を公刊した。一九九三年にはもう一つの主著『政治的リベラリズム』を出版し、いわゆる「政治的転回」を遂げた正義の構想を示した。九五年の心臓発作後は『正義論』の改訂や『万民の法』、『公正としての正義 再説』の執筆に精力を傾け、二〇〇二年にマサチューセッツ州レキシントンで亡くなった。

ロールズを著者とする単行本は、現在のところ次のとおりである。

A Theory of Justice (Harvard University Press, 1971, revised ed., 1999).（川本隆史・福間聡・神島裕子訳『正義論 改訂版』紀伊國屋書店、二〇一〇年）.

Political Liberalism (Columbia University Press, 1993, expanded ed., 1996).

The Law of Peoples: with "The Idea of Public Reason Revisited" (Harvard University Press, 1999).（中山竜一訳『万民の法』岩波書店、二〇〇六年）

Collected Papers, edited by Samuel Freeman (Harvard University Press, 1999).

Lectures on the History of Moral Philosophy, edited by Barbara Herman (Harvard University Press, 2000).（坂部恵監訳、久保田顕二・下野正俊・山根雄一郎訳『ロールズ 哲学史講義』上・下、みすず書房、二〇〇五年）

Justice as Fairness: A Restatement, edited by Erin Kelly (Harvard University Press, 2001).（田中成明・亀本洋・平井亮輔訳『公正としての正義 再説』岩波書店、二〇〇四年、同、岩波現代文庫、二〇二〇年）

A Brief Inquiry into the Meaning of Sin and Faith: With "On My Religion," edited by Thomas Nagel (Harvard University Press, 2009).

本書は、ロールズが、一九七〇年代後半から九〇年代前半にかけてハーバード大学で行った講義(バトラーに関する講義を除きすべて「近代政治哲学」と題する講義)から成っている(本書が成った経緯については、編者のサミュエル・フリーマンが「編者の緒言」に記している)。これは、彼が一九七一年に『正義論』を公刊し、九五年に教授職から離れるまでの時期に当たっており、読者は、政治哲学者として円熟したロールズが、近代の政治哲学をどのように論じたかをつぶさに知ることができる。

本書は、補遺を含め、ロールズが「範例」(exemplars)とみなす八人の政治哲学について論じている。ホッブズ、ロック、ルソーは社会契約論の伝統を代表する理論家、ヒューム、J・S・ミルは功利主義の伝統に属する理論家、そしてマルクスは、社会(民主)主義の伝統を代表する理論家として位置づけられている。社会契約論と功利主義は、あわせて、リベラリズムの伝統——「民主的な立憲主義の伝統」——を成しており、マルクスは、この伝統に対する批判者という観点から扱われている。シジウィックは、幸福の総和の最大化を社会が追求すべき善とみなす功利主義の「古典的系譜」(ベンサム-エッジワース-シジウィックの系譜)を最もよく代表する理論家であると考えられている(ロールズは、功利主義が、近代の英語圏の政治・道徳哲学において最も支配的な影響力をもち、しかも最も長い伝統を形成していること、したがって真剣に検討しなければならない対象であることを強調する)。バトラーは、ホッブズとともに「近代の道徳哲学の二大源泉」とみなされており、後に触れるように、彼がホッブズ(主義)への批判のなかで示した道徳心理学の議論をロールズは高く評価している。

講義に際して、ロールズが――R・G・コリングウッドの言葉を引きながら――強調するのは、各理論家は、それぞれ異なった問題に関心を寄せており、したがってその解決の仕方も異なっているということである。これは、ロールズも、理論家のテクストを歴史的なコンテクストのなかで解釈することを重視する、Q・スキナー流の政治思想史のアプローチをとっているとも思わせる言明だが、この講義における彼の主要な関心は、歴史的なコンテクストを再構成することにはない。もとより、テクストの正確な理解にとってコンテクストを参照することは不可欠であるが、本書のアプローチは、端的に言って、歴史的というよりも哲学的である。ロールズの関心は、正義の構想（社会の主要な制度編成を規定すべき正義についての考え方）に関する各理論家の議論にあり、その議論の妥当性を、自ら自身の正義の政治的構想、すなわち「公正としての正義」と照らし合わせながら、分析することにある。

ロールズ自身が述べるように、この講義で論じられる理論家はけっして多くはなく、それぞれの著作家について取り上げられるテクストも限られている（参照されている研究書もそう多くはない）。そうした焦点の「狭さ」を正当化するのは、ロールズによれば、各理論家について、その正義の構想を徹底して分析することにあり（二八四―二八五頁）、その分析は、しばしばロールズ自身の用語によってなされている――「合理性」

と「理に適っていること」、「社会の基本構造」、「社会的協働」とその「安定性」、「互恵性の原理」、「リベラルな社会主義」、「財産所有のデモクラシー」、「判断の重荷」など(それぞれの用語について詳しくは、『正義論』やこの講義が行われた時期に並行して書き進められた『公正としての正義 再説』をご参照いただきたい)。

テクストを解釈する際のロールズの主要な関心が、自ら自身の正義の政治的構想と突き合わせながら各理論家のそれを位置づけることにあることは、各理論家の構想に何らかの受け入れがたい点――「われわれの目的にとっては上手く論じられていない」と思われる事柄――が認められる場合には、その理由を注意深く探るよう受講生に促していることからもわかる。たとえば、ホッブズの描く社会的協働が安定的ではないように思われるのはなぜか、ロックが「階級国家」を許容しているのはなぜかといった問いがそれであり、それに対しては、人間の欲求の構造や(社会契約に際しての)交渉上の地位の偶然性に関わる問題点が指摘され、それぞれ「道徳心理学」や「原初状態」についての彼自身の議論と対比される。また、ミル講義においては、彼の正義の構想と「公正としての正義」との間に内容上著しい類似性が見出されるというのがロールズの議論の出発点であり(五三四―五三六頁)、ミルが効用概念を放棄することなしに――社会契約の観念に訴えることなしに――いかにしてそうした構想を正当化しえているのかという問いが提起される。このことも、講義に際してのロールズの関心がどこにあるかを示している。

もっとも、ロールズの読解は、ひたすら「われわれの目的」に照らして各理論家の議論の価値をはかるという外在的なものではない(先に触れたコリングウッドへの言及は、そうした読み方を避けるために示されている)。彼の講義は、各理論家のテクストを「最良の、最も興味深い仕方で」読もうとする「解釈上の善意《チャリティ》」を指針とするものであり、それは、各理論家の知性を、解釈する者のそれよりも優れたものと想定する態度によっても支えられている。

この講義において何が興味深いかを挙げることは訳者の役割を越えてはいるが、政治体制や統治の正統性を問う社会契約論の意義とともにロールズが重視している一つの論点に、読者の注意を惹いておきたい。それは「道徳心理学」に関する問いである。本書において、ロールズは、「公正としての正義」を含めて、あらゆる政治哲学(哲学的・道徳的教説)は、根底において道徳心理学に依拠していると述べている(六二九―六三〇頁)。彼は、I・カントのように人間の心理という経験的なものを捨象するのではなく、その どのような側面が正義の構想を支持しうるのか、本書の言葉を用いれば、「どのようにしたら人々が権利(正)の諸原理を学び、これらにもとづいて行動し、それらの諸原理をもつ政治的構想を肯定するような動機を身につけるか」(四三四頁)という問いを政治哲学にとっての本質的な問いであると考えている。人間の心理のうちに自らを支持する欲求を見出すことのできないような正義の構想(およびそれを現実化する諸制度)は、安定したもの、持続可能なものではありえないからである。

人間本性のうちには他者を尊重する何ものも存在しないとするホッブズ(主義)に対するバトラーの批判にロールズが注目するのも、このような観点からである。相互への尊重(互恵性)は、もちろんそれを可能にし、促す諸制度のもとで涵養されるとしても、それは、完全に人為的なものではなく、人間の心理(欲求の構造)のうちに基礎をもっているというのがロールズの見方であり、その見方は明らかに反原子論的《アトミスティック》であると言ってよいだろう。ホッブズ講義(対象に依存する欲求と原理に依存する欲求との区別)、ルソー講義(自然な本来の利己心《アムール・プロプル》)、ミル講義(一連の心理学的諸原理)、バトラー講義(理に適った自己愛)など、この講義では「道徳心理学」への関心が前面に出ている。

ロールズが人間の心理という経験的なものを排除していないことは、不平等の現実に対して人々が示す憤慨や怒りなど道徳的感情/情念(moral sentiments/passions)の重要性が指摘されていることにもうかがえる(八一九―八二〇頁)。彼によれば、そうした道徳的感情は、人々が妥当なものとして受容している正義の諸原理が損なわれているという判断を表しており、その感情を功利主義のように主観的な効用に還元することはできない。言い換えれば、そうした感情は人々のいだく「正義への関心」を示しており、人間の感性的次元に根ざす「正義への関心」を離れては、どのような正義の構想もその現実性と豊かさを失わざるをえない(マルクス講義末尾を参照)。

このように、この講義には、ロールズの考えが『正義論』など他の著作とはいくぶん異なった比重をもって示されており、彼のテクスト全体を理解するうえでも新たな示唆を与えてくれるはずである。

本書の翻訳にあたっては、訳者六名が分担して訳出したうえで、訳語の統一をはかり、訳文を調整するというかたちをとった。分担は次のとおりである。

編者の緒言、序言、序論、ミル講義……齋藤純一
ホッブズ講義……佐藤正志
ロック講義、ヒューム講義……山岡龍一
ルソー講義……髙山裕二
マルクス講義……谷澤正嗣
シジウィック講義、バトラー講義、講義概要……小田川大典

本書が講義であるということを考慮し、文体は「です・ます」調で統一した。訳出にあたっては、もとより正確で読みやすい文章にすることを心がけたが、著者の意に達していないところが残っているかもしれない。読者の皆様からご指摘、ご教示をたまわれ

ば幸いである。

一人ひとりのお名前は挙げないが、訳者の質問に快く答えてくださった方々にこの場を借りて御礼申し上げる。巻末の索引は、ロールズ研究を専門とする田中将人氏に作成をお願いした。記して感謝したい。

岩波書店の坂本政謙さん、清水野亜さんにも御礼申し上げたい。坂本さんは、本書の翻訳を訳者に勧めてくださり、清水さんは、訳文を丁寧に検討し、訳語や表現の統一について適切な助言をくださった。また、校正者の林恵子さんにもたいへんお世話になった。心より感謝を申し上げる。

二〇一一年八月

訳者を代表して

齋藤純一

岩波現代文庫版訳者あとがき

このあとがきでは、単行本の「訳者あとがき」ではほとんど触れられなかったロールズの「政治的転回」(political turn)について説明を補いたい。一九八〇年代半ばと見られるこの「転回」が生じたのは、『正義論』公刊の後に、価値観の深い多元性を真剣に受けとめる必要をロールズが認めたためである。宗教をはじめとして、エスニシティ、ジェンダーなど多文化的な「生き方」をどう承認すべきか、それらと社会の制度の関係はどうあるべきかについて問い直すことを迫られたのである。ロールズ自身が振り返って記しているように、『正義論』はなおもそうした多元的な価値観の一つ、つまりリベラルな価値観に依拠するものだった。

そうした個々の価値観は、後期ロールズにおいては「包括的教説」(comprehensive doctrines)と呼ばれる("doctrines"をどう訳すかは訳者にとって悩みの種だったが、この文庫版では訳語としての定着を踏まえ原則として「教説」とした)。現代の社会に対立・競合する——宗教的・哲学的・道徳的——教説が多元的に存在することをロールズは「理に適った多元性の事実」と呼ぶ。かりにこの多元的な教説のいずれかにもとづいて社会の制度を編成するなら、そうした制度を運用する政治的権力は、その教説を共有しない人々にとって抑圧的に行使されざるをえない。

そうした政治的抑圧を避けようとすれば、社会の制度は、多元的な教説からの支持を広範に得ることのできるような価値——これをロールズは「政治的価値」(political values)と呼び「包括的価値」(comprehensive values)から区別する——に依拠するものでなくてはならない。では、そうした政治的価値はどこに見出されるのか。ロールズによれば、立憲デモクラシーが長く存続してきた社会では、一群のリベラルな政治的価値に対する「重なりあうコンセンサス」が成立している。たとえば、信教の自由は、当初は宗教的内戦に倦み疲れた末の「暫定協定」にとどまっていたが、やがて安定した支持を得る政治的価値の一つとなった。「正義の二原理」のうち第一原理が挙げる基本的諸自由に加え、法のもとでの形式的な機会均等、ソーシャル・ミニマムの保障などが、「憲法の本質事項」としてリベラルな社会の中心的な政治的価値を構成する。

多元的な社会にあっては、再分配の強化など何らかの政治的主張を提起する場合、市民(とりわけ公職者やその候補者)は、政治的価値を根拠としてその主張を正当化しなければならない。つまり、市民は、自らがコミットする特定の教説にもとづいて正当化を行うのではなく、それらを異にする他の市民を名宛人として、かれらが理解し、受容することのできる公共的理由をもって自らの主張を正当化しなければならない。こうした

「公共的正当化」の実践が、立憲デモクラシーの社会を存続させる。
「政治的転回」は、ロールズ自身が一哲学者として真摯な探求をやめなかったことを示しているとともに、「反照的均衡」と呼ばれる彼の方法論の成果でもある。「反照的均衡」は、理論家が、政治文化に内在する社会や人格についての規範的直観を構成し、不偏的な手続きを経て導きだす「原理」と、市民の間に認められる「熟慮された判断」との均衡をはかる。両者の間に齟齬がある場合には、いずれを修正するかの検討が開かれた公共的熟議――本書の「序論」でも強調されているように、理論家はそこで特権的な立場を占めない――によって行われる。ロールズは、この方法論に忠実に従うことによって、自らの正義の構想を「包括的なもの」から「政治的なもの」へとラディカルに修正したのである。

立憲デモクラシーの体制は今後も存続しうるのかという問いが近年さかんに提起されるようになった。世界各地で台頭するポピュリズムや権威主義体制に向かう「脱‐民主化」の傾向が、デモクラシーの存続への疑念を招いているのだと思われる。実際、それらのなかには包括的価値にあからさまに訴えて自らを正当化し、その価値を共有しない人々を排除しようとする動きも含まれている。また、自らの抱く包括的価値は絶対的に正しく他者の抱くそれは誤りであると主張する「理に適っている」とはいえない勢力も含まれている。

こうした現実の動向に照らすとき、互いに受容しうる政治的価値によって法や制度を正当化しようとするロールズの議論はどう見えるだろうか。ロールズによれば、社会の「安定性」とは、正義に(ほぼ)適った制度からの逸脱が生じないことではなく、制度がそうした逸脱に十分に対抗しうる復元力をそなえていることを指す。もっとも、その復元力が実際に作動するかどうかは、そうした逸脱を一時的なものとして終わらせようとする市民がどれだけいるか、その政治的な力がどれだけのものであるかにもかかっている(ロールズは、そのような市民を指して"the dominant and controlling citizens"と呼ぶ)。

いずれにしても、本書に収録された各講義は、ロールズの二つの主著『正義論』と『政治的リベラリズム』の間の時期に行われたものであり、多元的な価値観の共存を理に適ったものとして受け入れながら、同時に相争う価値観による社会の分断を避け、市民がともに持続的に支持できるような社会制度とは何か、という問いに導かれていることは明らかである。訳者としては、分断が深まるなか、社会の統合はいかにして可能なのか、そしてどのような統合が正統なのかという読者の探求に本書が資することを願っている。本書でもたびたび参照される『公正としての正義 再説』もほぼ同時期(一九八〇年代)に執筆されたものであり、あわせてご参照いただければ幸いである(『再説』も本書に先立って岩波現代文庫に収録されており、本書で『再説』が参照される場合、この文庫版の頁数を補った。ただし、訳語の選択には若干の違いがある)。

幸い岩波現代文庫への収録という機会を得て、単行本に残っていたいくつかのミスを解消し、訳語に関しても点検を重ねることができた。ただし、ロールズが本書で取り上げている思想家自身による用法を考慮し、「義務」と「責務」などあえて統一をはからなかったところもある。

この収録にあたっても、人名・事項索引の作成をはじめとしてロールズ研究を専門とする田中将人さんから全面的な協力を得ることができた。また、この文庫が成るすべての過程で岩波書店編集部の中西沢子さんからも惜しみない助力をいただいた。訳者を代表して、心より感謝申し上げる。

二〇二〇年三月

齋藤純一

本書は二〇一一年九月、岩波書店より刊行された。

文庫版刊行にあたり、訳語・訳文を改訂し、第Ⅱ巻に「岩波現代文庫版訳者あとがき」を付した。

事項索引

nの後の数字は当該頁の注番号を示す

あ 行

さ 行

た 行

な 行

は 行

ま 行

や 行

ら 行

人名索引

ア 行

カ 行

サ 行

タ 行

ナ 行

ハ 行

マ 行

ラ 行

ワ 行

ロールズ 政治哲学史講義 II　ジョン・ロールズ

2020年4月16日　第1刷発行

訳　者　齋藤《さいとう》純一《じゅんいち》　佐藤《さとう》正志《せいし》　山岡《やまおか》龍一《りゅういち》
谷澤《やざわ》正嗣《まさし》　髙山《たかやま》裕二《ゆうじ》　小田川《おだがわ》大典《だいすけ》

発行者　岡本 厚

発行所　株式会社 岩波書店
〒101-8002 東京都千代田区一ツ橋 2-5-5

案内 03-5210-4000　営業部 03-5210-4111
https://www.iwanami.co.jp/

印刷・精興社　製本・中永製本

ISBN 978-4-00-600421-7　Printed in Japan

岩波現代文庫創刊二〇年に際して

二一世紀が始まってからすでに二〇年が経とうとしています。この間のグローバル化の急激な進行は世界のあり方を大きく変えました。世界規模で経済や情報の結びつきが強まるとともに、国境を越えた人の移動は日常の光景となり、今やどこに住んでいても、私たちの暮らしは世界中の様々な出来事と無関係ではいられません。しかし、グローバル化の中で否応なくもたらされる「他者」との出会いや交流は、新たな文化や価値観だけではなく、摩擦や衝突、そしてしばしば憎悪までをも生み出しています。グローバル化にともなう副作用は、その恩恵を遥かにこえていると言わざるを得ません。

今私たちに求められているのは、国内、国外にかかわらず、異なる歴史や経験、文化を持つ「他者」と向き合い、よりよい関係を結び直してゆくための想像力、構想力ではないでしょうか。

新世紀の到来を目前にした二〇〇〇年一月に創刊された岩波現代文庫は、この二〇年を通して、哲学や歴史、経済、自然科学から、小説やエッセイ、ルポルタージュにいたるまで幅広いジャンルの書目を刊行してきました。一〇〇〇点を超える書目には、人類が直面してきた様々な課題と、試行錯誤の営みが刻まれています。読書を通した過去の「他者」との出会いから得られる知識や経験は、私たちがよりよい社会を作り上げてゆくために大きな示唆を与えてくれるはずです。

一冊の本が世界を変える大きな力を持つことを信じ、岩波現代文庫はこれからもさらなるラインナップの充実をめざしてゆきます。

（二〇二〇年一月）

G382
思想家　河合隼雄
中沢新一
河合俊雄編
心理学の枠をこえ、神話・昔話研究から日本文化論まで広がりを見せた河合隼雄の著作。多彩な分野の識者たちがその思想を分析する。

G383
河合隼雄語録
カウンセリングの現場から
河合隼雄
河合俊雄編
京大の臨床心理学教室での河合隼雄のコメント集。臨床家はもちろん、教育者、保護者などにも役立つヒント満載の「こころの処方箋」。〈解説〉岩宮恵子

G384
新版 占領の記憶　記憶の占領
―戦後沖縄・日本とアメリカ―
マイク・モラスキー
鈴木直子訳
日本にとって、敗戦後のアメリカ占領は何だったのだろうか。日本本土と沖縄、男性と女性の視点の差異を手掛かりに、占領文学の時空間を読み解く。

G385
沖縄の戦後思想を考える
鹿野政直
苦難の歩みの中で培われてきた曲折に満ちた沖縄の思想像を、深い共感をもって描き出し、沖縄の「いま」と向き合う視座を提示する。

G386
沖縄の淵
―伊波普猷とその時代―
鹿野政直
「沖縄学」の父・伊波普猷。民族文化の自立と従属のはざまで苦闘し続けたその生涯と思索を軸に描き出す、沖縄近代の精神史。

2020. 4

G393
不平等の再検討
―潜在能力と自由―
アマルティア・セン
池本幸生
野上裕生訳
佐藤仁

不平等はいかにして生じるか。所得格差の面からだけでは測れない不平等問題を、人間の多様性に着目した新たな視点から再考察。

G394-395
墓標なき草原（上・下）
―内モンゴルにおける文化大革命・虐殺の記録―
楊海英

文革時期の内モンゴルで何があったのか。体験者の証言、同時代資料、国内外の研究から、隠蔽された過去を解き明かす。司馬遼太郎賞受賞作。〈解説〉藤原作弥

G396
過労死・過労自殺の現代史
―働きすぎに斃れる人たち―
熊沢誠

ふつうの労働者が死にいたるまで働くことによって支えられてきた日本社会。そのいびつな構造を凝視した、変革のための鎮魂の物語。

G397
小林秀雄のこと
二宮正之

自己の知の限界を見極めつつも、つねに新たな知を希求し続けた批評家の全体像を伝える本格的評論。芸術選奨文部科学大臣賞受賞作。

G398
反転する福祉国家
―オランダモデルの光と影―
水島治郎

「寛容」な国オランダにおける雇用・福祉改革と移民排除。この対極的に見えるような現実の背後にある論理を探る。

G399
テレビ的教養
―一億総博知化への系譜―
佐藤卓己

「一億総白痴化」が危惧された時代から約半世紀。放送教育運動の軌跡を通して、〈教養のメディア〉としてのテレビ史を活写する。〈解説〉藤竹 暁

G400
ベンヤミン
―破壊・収集・記憶―
三島憲一

二〇世紀前半の激動の時代に生き、現代思想に大きな足跡を残したベンヤミン。その思想と生涯に、破壊と追憶という視点から迫る。

G401
新版 天使の記号学
―小さな中世哲学入門―
山内志朗

世界は〈存在〉という最普遍者から成る生地の上に性的欲望という図柄を織り込む。〈存在〉のエロティシズムに迫る中世哲学入門。〈解説〉北野圭介

G402
落語の種あかし
中込重明

博覧強記の著者は膨大な資料を読み解き、落語成立の過程を探り当てる。落語を愛した著者面目躍如の種あかし。〈解説〉延広真治

G403
はじめての政治哲学
デイヴィッド・ミラー
山岡龍一
森 達也 訳

哲人の言葉でなく、普通の人々の意見・情報を手掛かりに政治哲学を論じる。最新のものまでカバーした充実の文献リストを付す。〈解説〉山岡龍一

2020. 4

G404
象徴天皇という物語
赤坂憲雄

この曖昧な制度は、どう思想化されてきたのか。天皇制論の新たな地平を切り拓いた論考が、新稿を加えて、平成の終わりに蘇る。

G405
5分でたのしむ数学50話
エアハルト・ベーレンツ
鈴木 直訳

5分間だけちょっと数学について考えてみませんか。新聞に連載された好評コラムの中から選りすぐりの50話を収録。〈解説〉円城 塔

G406
デモクラシーか 資本主義か
―危機のなかのヨーロッパ―
J・ハーバーマス
三島憲一編訳

現代屈指の知識人であるハーバーマスが、最近十年のヨーロッパの危機的状況について発表した政治的エッセイやインタビューを集成。現代文庫オリジナル版。

G407
中国戦線従軍記
―歴史家の体験した戦場―
藤原 彰

一九歳で少尉に任官し、敗戦までの四年間、最前線で指揮をとった経験をベースに戦後の戦争史研究を牽引した著者が生涯の最後に残した「従軍記」。〈解説〉吉田 裕

G408
ボンヘッファー
―反ナチ抵抗者の生涯と思想―
宮田光雄

反ナチ抵抗運動の一員としてヒトラー暗殺計画に加わり、ドイツ敗戦直前に処刑された若きキリスト教神学者の生と思想を現代に問う。

岩波現代文庫[学術]

G409
普遍の再生
―リベラリズムの現代世界論―
井上達夫

平和・人権などの普遍的原理は、米国の自国中心主義や欧州の排他的ナショナリズムにより、いまや危機に瀕している。ラディカルなリベラリズムの立場から普遍再生の道を説く。

G410
人権としての教育
堀尾輝久

『人権としての教育』(一九九一年)に「「国民の教育権と教育の自由」論再考」と「憲法と新・旧教育基本法」を追補。その理論の新しさを提示する。〈解説〉世取山洋介

G411
増補版 民衆の教育経験
―戦前・戦中の子どもたち―
大門正克

子どもが教育を受容してゆく過程を、国民国家による統合と、民衆による捉え返しとの間の反復関係(教育経験)として捉え直す。
〈解説〉安田常雄・沢山美果子

G412
「鎖国」を見直す
荒野泰典

江戸時代の日本は「鎖国」ではなく「四つの口」で世界につながり、開かれていた――「海禁・華夷秩序」論のエッセンスをまとめる。

G413
哲学の起源
柄谷行人

アテネの直接民主制は、古代イオニアのイソノミア(無支配)再建の企てであった。社会構成体の歴史を刷新する野心的試み。

2020.4

G414
『キング』の時代
―国民大衆雑誌の公共性―
佐藤卓己

伝説的雑誌『キング』――この国民大衆誌を分析し、「雑誌王」と「講談社文化」が果たした役割を解き明かした雄編がついに文庫化。〈解説〉與那覇 潤

G416
兵士たちの戦後史
―戦後日本社会を支えた人びと―
吉田 裕

戦友会に集う者、黙して往時を語らない者……戦後日本の政治文化を支えた人びとの意識のありようを「兵士たちの戦後」の中にさぐる。〈解説〉大串潤児

G417
貨幣システムの世界史
黒田明伸

貨幣の価値は一定であるという我々の常識に反する、貨幣の価値が多元的であるという事例は、歴史上、事欠かない。謎に満ちた貨幣現象を根本から問い直す。

G418
公正としての正義 再説
ジョン・ロールズ
エリン・ケリー編
田中成明
亀本 洋訳
平井亮輔

『正義論』で有名な著者が自らの理論的到達点を、批判にも応えつつ簡潔に示した好著。文庫版には「訳者解説」を付す。

G419
新編 つぶやきの政治思想
李 静 和

秘められた悲しみにまなざしを向け、声にならないつぶやきに耳を澄ます。記憶と忘却、証言と沈黙、ともに生きることをめぐるエッセイ集。鵜飼哲・金石範・崎山多美の応答も。

岩波現代文庫[学術]

G420-421

ロールズ政治哲学史講義(I・II)

ジョン・ロールズ
サミュエル・フリーマン編
齋藤純一ほか訳

ロールズがハーバードで行ってきた「近代政治哲学」講座の講義録。リベラリズムの伝統をつくった八人の理論家について論じる。

2020. 4